돈의 감각을 길러주는

경제
지식
첫걸음

돈의
감각을
길러주는

경제
지식
첫걸음

박의래, 이종현 지음

앞으로 돈은
어디로
흘러갈까?
오늘 다시,
'경제'라는
숲을 볼 때다.

🅱🅼 황금부엉이

자본주의 사회에서는
자본가가 돼야 한다

부자가 되려면 자본가가 돼야 한다. 우리 사회 시스템이 자본주의이기 때문이다. 자본주의는 자본이 지배하는 경제체제인데 이 자본을 가진 사람이 자본가다. 즉, 자본주의는 자본가가 지배하는 경제 시스템이다.

그렇다면 자본이란 무엇일까? 자본은 쉽게 말해 생산 수단이다. 농부의 땅, 택시기사의 택시, 음식점의 건물이 자본이다. 물론 가장 대표적인 자본은 앞에서 말한 땅과 택시, 건물을 살 수 있는 돈이다.

자본주의에서는 자본가가 이 생산 수단을 소유하고 노동자를 고용해 돈을 번다. 땅이 많으면 나는 가만히 앉아서 사람을 고용해 농사를 짓게 할 수 있다. 그 생산물 중 일부를 임금으로 주고 나머지는 내가 가지면 된다. 택시를 많이 갖고 있으면 역시나 나는 가만히 있고 다른 사람으로 하여금 택시를 운전하게 한 다음, 벌어온 돈 일부를 임금으로 주고 나머지는 내가 가지면 된다. 나는 가만히 있어도 저절로 돈이 벌린다. 그래서 생산 수단을 가진 자본가가 돼야 부자가 될 수 있다.

자본주의와 대척점에 있는 시스템이 공산주의다. 공산주의는 자본가를 인정하지 않는다. 자본은 모두가 함께 소유한다. '모두가 소유한다'는 결국 아무도 갖지 않는다는 뜻이다. 대신 국가가 소유하고 국가의 판단에 따라 생산이 결정된다. 공산주의가 탄생한 이유는 소수 자본가 노동력을 착취해 부를 독점하는 것을 막기 위해서였다. 이 책에서는 뭐가 옳고 그른지 따질 생각은 없다. 다만 우리가 사는 사회가 공산주의가 아닌 자본주의이니 이 사회에서는 자본가가 돼야 부자가 될 수 있음을 알 필요가 있다.

자본주의 시스템에서 합법적으로 돈을 버는 방법은 크게 세 가지로 나뉜다.

우선은 이전 소득이다. 누군가 아무 대가 없이 그냥 주는 돈이다. 부모님이 자녀에게 주는 용돈, 결혼식에서 받는 축의금, 학교나 장학재단에서 받는 장학금 등이다. 실업급여나 국민연금처럼 내가 받기 위해 미리 넣어놨다가 받는 돈도 이전 소득으로 구분된다. 사실 부자가 되는 가장 쉬운 방법은 부자의 자녀로 태어나 부모에게 막대한 자본을 이전받는 것이다.

금수저가 아니라면 노동 소득을 통해 돈을 벌어야 한다. 누군가가 해야 할 일을 대신 해주고 받는 대가다. 편의점 알바부터 대기업 사장까지, 버는 돈은 달라도 사용자를 위해 내 시간을 쓰고 돈을 받는다면 노동자다. 내가 분식집을 차려 사장님이 됐어도, 내가 직접 라면도 끓이고 서빙도 한다면 분식집 사장님도 사실은 노동자인 셈이다. 남에게 일을 시켰다면 그만큼 임금을 줘야 하는데 내가 대신 했으니 노동자다. 자영업자는 자본가이기도 하지만 동시에 노동자이기도 하다.

세 번째가 중요한데 바로 자본 소득이다. 돈이 돈을 번다는 말을 하는데, 이게 바로 자본 소득이다. 우리가 되고 싶어 하는 건물주는 건물을 빌려주고 돈을 받는다. 주식을 사서 배당을 받거나 남에게 돈을 빌려준 뒤 이자를 받는 것도 자본으로 돈을 버는 방법이다. 돈이 돈을 번다는 말은 비유가 아니다. 그저 매일 매 순간 일어나는 현상이다.

돈은 땀 흘리고 일해서 벌어야 한다는 말을 많이들 한다. 이 말을 만든 사람은 아마 자본가일 것이다. 노동 소득으로도 부자가 될 수 있다. 그러나 운동선수나 연예인, 의사나 변호사 같은 전문 직업을 가진 소수나 그렇다.

몇 해 전, 세계 경제학에서 슈퍼스타로 떠오른 토마 피케티 교수는 자신의 책《21세기 자본》에서 간단한 공식으로 자본주의를 설명했다.

'자본 수익률이 경제 성장률보다 크다.'

자본 수익률이 경제 성장률보다 크다는 이 말은 자본가가 돈을 버는 속도가 일반적으로 일해서 돈을 버는 노동 소득보다 빠르다는 의미다(물론 토마 피케티 교수는 이런 자본주의 구조가 부의 불평등을 가져온다며 비판했다).

상황이 이러하니 다들 노동 소득으로 돈을 많이 벌면 건물부터 사려고 한다. 건물주가 돼야(자본가가 돼야) 더 쉽게 부자가 될 수 있다는 사실을 모두가 본능적으로 아는 것이다. 토마 피케티 교수가 쓴 두꺼운 책을 읽을 필요도 없다.

결론은 부자가 되고 싶다면 하루라도 빨리 자본가가 돼야 한다는 말이다. 그런데 사실 우리는 대부분 자본가다. '내가 자본가라고?' 하는 의문이 들겠지만, 당장 여러분 통장을 열어보면 알 수 있다. 보통 3개월에 한 번쯤 아주 적은 돈이지만 이자를 받은 기록이 있을 것이다. 돈을 통장에 넣어 뒀다는 것은 정확하게 말하면 은행에 돈을 빌려줬다는 뜻이다. 직장인 대부분은 월급이 들어와도 며칠 지나지 않아 여기저기로 빠져나간다. 그래도 단 하루라도 통장에 돈이 있었다면 그 날짜만큼은 은행에 돈을 빌려준 것이기 때문에 이자를 받게 된다. 그러니 당신은 자본가다.

자본가인데 나는 왜 부자가 아닌 걸까? 이유는 간단하다. ① 내가 보유한 자본이 매우 작고, ② 제대로 활용하지 않아서다. 즉, 부자가 되려면 ① 자본을 늘리고, ② 자본을 제대로 활용해야 한다.

일단 '② 자본을 제대로 활용하는 방법'부터 생각해보자. 만약 나에게 100만 원이 있다고 치자. 이 돈을 어떻게 활용할까? 100만 원으로 아무것도 하지 않고 장롱 속에 넣어둔다면 나는 아무런 이득을 보지 못할 것이다(반드시 그런 건 아니다. 만약 물가가 떨어지는 디플레이션 시대에 있다면 그냥 돈을 들고만 있어도 돈 가치가 올라가 이득을 보게 된다).

100만 원을 장롱이 아닌 은행에 넣어두면? 이자 수익을 얻을 수 있다. 앞에서 말한 것처럼 은행에 예금을 한다는 것은 은행에 돈을 빌려주는 것과 같다. 요즘은 1년 정기예금 이자가 2% 정도 하니 이 100만 원을 1년 동안 은행에 빌려준다면 1년에 2만 원을 가만히 앉아서 받을 수 있다. 그런데 이렇게 해서 언제 돈을 벌겠는가?

다시 100만 원을 장롱이나 은행이 아닌, A라는 주식에 투자했다고 치자. 운이 좋았는지, 주식 고르는 능력이 뛰어나서인지, 아무튼 1년 뒤 주가가 두 배로 뛰었다. 1년 만에 100만 원을 벌었다. 예금의 경우 1년 수익률이 2%였는데, 주식을 했더니 수익률이 100%가 됐다. 같은 100만 원이라도 어떻게 쓰느냐에 따라 결과가 이렇게 다르다.

그렇다면 100만 원으로 주식을 사지 않고 예금이나 한 사람은 바보일까? 사실 은행에 예금하는 것은 가장 수익률이 낮은 자본 활용 방식이다. 예금은 결국 세상에서 가장 안전한 은행에 돈을 빌려주는 것이기 때문이다. 자본주의에서 이자율이 낮다는 것은 그만큼 안전하고 믿을 수 있다는 의미다. 반대로 주식에 투자하면 엄청난 수익을 올릴 수 있지만 수익은커녕 원금마저 모두 잃을 수도 있다. 그만큼 위험한 투자다. 위험을 많이 감수할수록 돈을 많이 벌 수 있지만, 잘못하면 모두 잃을 수도 있다. 수익률과 안전함 사이에서 얼마나 줄타기를 잘 하느냐가 자본주의에서 살아남기 위한 핵심 기술이다.

높은 수익률을 기록해도 결국 자본이 많지 않으면 돈을 많이 벌수 없다. 100만 원을 정말 잘 활용해 수익률 100%를 올려도 버는 돈은 100만 원에 불과하다. 이 100만 원을 벌기 위해 얼마나 큰 위험을 감당했을까? 만약 1억 원이 있었다면 가장 안전하다는 은행 예금의 2% 이자율로도 200만 원을 벌 수 있다. 연 5% 수익률의 회사채에 투자했다면 예금보다는 위험하지만 주식보다는 상대적으로 안전하게 500만 원을 벌 수 있다. 그러니 자본을 늘려야 한다.

그런데 우리는 돈이 없다. 가진 돈이 없으면 자본을 늘릴 방법이 없는 걸까? 아니다. 돈은 빌릴 수 있다. 앞에 나왔던 주식에 100만 원을 투자해 두 배로 불린 사람이 그때 100만 원이 아니라 은행에서 9,900만 원을 빌린 다음, 갖고 있는 100만 원을 더해 1억 원으로 주식을 샀다면 1년 뒤에 100만 원이 아닌 1억 원을 벌게 된다. 물론 은행에서 돈을 빌렸으니 이자를 내야 한다. 연 3%에 빌렸으면 297만 원(9,900만 원×3%)이다. 100만 원을 가지고 9,703만 원의 수익을 냈으니 수익률이 9,703%가 된다. 이걸 바로 레버리지 효과라고 한다.

주식은 너무 위험하니 회사채로 비교해보자. 역시 3% 금리로 9,900만 원을 빌리고 내 돈 100만 원을 더해 만든 1억 원을 연 5% 수익률의 회사채에 투자하면 1년 뒤에 1억 500만 원이 된다. 이자 수익에 대한 세금 15.4%를 적용하면 1억 423만 원이 남는다. 은행에 9,900만 원을 갚고 이자로 297만 원을 주면 226만 원이 남는다. 내 원금 100만 원을 회수하고도 126만 원을 남기니 수익률이

126%다.

여기에서 중요한 자본주의 핵심 개념이 등장한다. 바로 '얼마나 싸게 돈을 빌릴 수 있느냐'다. 만약 내가 연 3%가 아니라 연 2% 금리로 돈을 빌렸다면 이자 비용이 198만 원(9,900만 원×2%)이니 수익금은 225만 원(423만 원—198만 원)이 된다. 1%p 싸게 돈을 빌렸더니 수익률이 126%에서 225%로 확 뛴다. 반대로 연 5%에 돈을 빌렸다면 이자만 495만 원(9,900만 원×5%)이 나가니 수익은커녕 마이너스가 된다. 자본을 제대로 활용해 수익률을 올리는 만큼 얼마나 자본을 싸게 조달할 수 있는지가 중요하다는 것을 알 수 있다.

그렇다면 우리는 어떻게 돈을 싸게 구하고 어떻게 잘 굴려야 할까? 사실 그 정답은 아무도 모른다. 대신 경제의 전반적인 흐름을 알면 상황에 맞는 투자법을 알게 된다. 그리고 그 흐름을 알기 위해서는 기본적으로 경제 관련 지식을 알아야 한다. 그 경제 관련 지식을 알려주고자 이 책을 집필하게 됐다.

이 책은 10년 가까이 경제 현장을 밀착 취재한 경제 기자 2명이 공동으로 집필했다. 세종시의 경제부처에서부터 여의도 증권가, 거제와 울산의 조선소, 시화공단의 금형업체 등을 취재하며 접하고 익힌 경제 지식을 담으려고 노력했다. 사전에만 나오는 정의, 현장에서 무시하는 이야기는 배제했다. 이 책은 크게 3가지 챕터로 구성됐다.

1부에서는 자본주의 경제를 움직이는 요소들이 나온다. 금리와 환율, 주식, 채권, 부동산 등 경제를 구성하는 큰 덩어리들을 설명한다. 금리가 오를 때 환율과 주식, 채권, 부동산이 어떻게 움직이는지, 언제 환율이 뛰고 부동산이 내려가는지 서로 얽히고설킨 관계들이 나온다. 거시경제의 흐름인 '경기'라는 도도한 강물 속에서 우리가 탄 배는 어디로 가야 할지를 다루고 있다. 여기에 연금부분을 더했다. 결국 이 책을 읽는 목적이 잘 살기 위해서라면 미래를 대비하는 기본적인 방법도 함께 익혀야 할 필요가 있다.

1부가 경기의 자연스러운 큰 흐름을 설명한다면 2부는 경제 생태계에서 정부가 어떤 역할을 하는지 설명한다. 정부는 단일한 성격 같지만 사실 정권에 따라 그 역할이 천차만별로 달라지기 마련이다. 집권 세력의 정치 성향이 진보인지, 보수인지에 따라 시장주의와 사회주의를 오간다. 경기 사이클에서 정부가 수행하는 역할도 달라진다. 경제를 이루는 3요소로 기업과 가계, 그리고 정부를 이야기한다. 이 중에서 특별히 정부를 따로 빼내서 살펴본 것은 갈수록 정부의 역할과 선택이 중요해지고 있어서다. 정부의 선택에 따라 기업과 가계의 대응도 크게 달라진다. 2부는 보수와 진보 정부가 각각 어떤 선택을 하는지부터 재정과 세금, 정부의 보이지 않는 칼인 규제 등을 다룬다. 정부가 언제나 성공할 수는 없는 법이다. 정부의 실패도 다룬다.

3부는 1부에서 다루지 않은 또 다른 거대한 흐름을 이야기한다. 1부에서 경제를 일종의 사계절로 본다면, 3부는 일종의 이상 기후 현상이라고 이해하면 쉽다. 실제로 눈에 보이는 변화는 많지 않은데 어느 날 갑자기 내 삶을 송두리째 바꿔놓을 수 있는 거대한 변화의 흐름을 이야기한다. 4차 산업혁명이 가져올 기술 혁명, 코로나 19(이후 '코로나') 대유행으로 달라진 세상, 셰일 가스와 탈원전 논란은 도대체 왜 중요한 것인지를 다룬다. 그리고 신(新)냉전이나 통일 등 지정학적, 국제 정치적 변화에 따른 경제적 영향도 설명했다.

경제는 우리 모두의 매일의 일상을 좌우하는 비선실세나 마찬가지다. 자본주의 사회에서 경제와 무관하게 살 수 있는 사람은 없다. 집 밖으로 한 걸음도 내딛지 않는 히키코모리나 한강 밤섬에서 표류하는 (영화 〈김씨 표류기〉의) 김씨도 결국 경제라는 거대한 흐름에서 자유로울 수 없다. 히키코모리가 동굴처럼 여기는 집도 결국 정부가 계획을 짜서 건설사가 지은 것이고, 밤섬에서 표류하는 김씨가 모아두는 물건들도 어느 공장에선가 만들어져서 쓰임을 다하고 한강을 떠내려온 것이니 말이다. 매일 출근하고 학교에 가고 일상을 사는 대부분의 평범한 이들에게는 더 말할 것도 없다. 그런데 우리는 이렇게나 중요한 경제에 대해 사실 아는 것이 많지 않다. 공부하지 않기 때문이다.

경제는 가만히 있어도 사용법을 알 수 있는 숟가락이나 포크 같은 것이 아니다. 경제는 공부하면 할수록 더 잘 쓸 수 있고 더 유익한 정보를 제공한다. 자본주의 사회에서 더 잘 살기 위해서는 공부해야 한다. 마음을 단단하게 먹고 다음 장을 펼쳐보자.

4장. 채권

_ 주식 시장을 패닉에 빠뜨리는 금리 역전

5장. 부동산

_ 부동산 기사는 언제나 가장 많은 댓글을 불러온다

6장. 연금

_ 은퇴 가구 60%는 연금으로 최소 생활비도 해결 못한다

4장. 잘못된 정책이 부른 경제 위기
_ 미국 자치령 '푸에르토리코'의 파산 위기

1부

내 삶을 좌우하는 경제 요소

1장

금리

금리를 올렸더니

2022년 4월 14일, 한국은행은 금융통화위원회를 열고 기준금리를 연 1.25%에서 1.50%로 0.25%p 올렸다. 지난 1월에 이어 3개월 만에 다시 금리 인상을 단행했다.

한국은행이 금리를 올리자 다양한 기사가 쏟아졌다. 우선 현재 경기 상황을 진단하는 기사들이 나왔다. 전문가들은 우크라이나 사태로 물가 상승 압력이 심각한 수준이라 한국은행이 금리 인상으로 대응하지 않을 수 없다고 분석했다. 실제로 2022년 3월 소비자물가 상승률(4.1%)은 10년 3개월 만에 최고치를 기록했다. 한국 경제가 고물가, 고금리, 고환율의 3고(高)에 갇히게 됐다는 분석도 나왔다. 한국은행이 물가를 잡기 위해 금리를 올리다 보니 이자 부담이 커지면서 가계 부채가 한국 경제의 발목을 잡을 수 있다는 전문가들의 우려도 이어졌다.

한국은행이 추가 금리 인상에 나설 것인지 향후 금리 방향을 전망하는 기사들도 나왔다. 전문가들은 미국이 금리를 대폭 높이는 '빅 스텝'에 나설 것이라며 추가 금리 인상을 예상하고 나섰다.

시장의 치열한 눈치 싸움도 발 빠르게 전해졌다. 전날 크게 올랐던 코스피 지수는 기준금리 인상 소식에 보합세로 돌아섰다. 국고채 금리는 일제히 하락했다. 3년 만기 국고채 금리는 전 거래일부터 0.113%p 하락했고, 10년물 금리도 하락했다. 하지만 국고채 금리는 다음 날 미국의 금리가 급등하면서 다시 요동쳤다.

시중 은행들의 움직임도 포착됐다. 당장 예금금리를 올릴 것이고 대출금리도 오를 것이라는 기사가 나왔다. 당연히 재테크 관련 뉴스도 이어졌다. 예금금리가 오르니 이자 생활자들은 좋아지지만 변동금리 대출로 집을 산 사람들의 경우 이자 부담이 늘어날 것이라는 내용이었다. 또 대출을 받으려는 사람들은 고정금리와 변동금리 중 무엇을 택해야 할지, 앞으로 주식 시장과 채권 시장, 부동산 시장은 어떻게 될지에 대해서도 전문가들의 분석이 나왔다.

한국은행이 기준금리를 올렸다고, 그것도 겨우 0.25%p 올렸을 뿐인데 이 날 하루 경제 뉴스는 분야를 가리지 않고 쏟아졌다. 도대체 한국은행이 뭐길래, 기준금리가 뭐길래 이런 난리가 벌어진 걸까?

갯벌에서 세발낙지도 잡고 조개도 캐려면 한 가지 반드시 알아야 할 것이 있다. 바로 물때다. 물이 빠지는 썰물때를 알아야 타이밍 맞춰 갯벌로 나가고, 물이 언제 들어오는지 알아야 갯벌에서 최대한 오랫동안 안전하게 조개를 캘 수 있다.

우리 경제 활동도 마찬가지다. 금리가 어떻게 움직이는지를 알아야 '지금은 생산과 투자를 늘려야 할 때구나', '이제는 투자를 줄이고 현금을 확보해야 하는구나' 하고 알 수 있는 것이다. 금리가 움직이는 것은 경제라는 거대한 갯벌에서 물이 들어오고 나가는 것과 같다.

1부에서 다룰 주식과 환율, 물가, 부동산, 연금에 금리가 미치는 영향은 어마어마하다. 각각 경제를 구성하는 개별적인 요소들이지만 결국 금리의 움직임에 따라 방향성이 정해지기 때문이다. 도대체 금리는 무엇일까? 언제, 왜 움직이는 걸까? 어떻게 경제 각 요소에 영향을 미칠까? 지금부터 알아보자.

금리가 뭐길래

금리는 돈을 빌리는 값이다. 쉽게 말해 이자율이다. 1억 원을 빌리는데 금리가 연 10%라면 돈 빌리는 값으로 매년 1,000만 원을 내야 한다. 그런데 금리는 누가, 어떻게, 어디에서 얼마(규모)를 얼마나(기간) 빌리는지에 따라 가격이 달라진다.

가장 중요한 것은 '누가'이다. 여러분에게 1,000만 원이 있다. 그런데 대기업에 다니는 친구 재용이와 대리운전으로 생활을 유지하는 수근이가 각각 찾아와 1,000만 원을 1년만 빌려달라고 하면 누구에게 돈을 빌려줄 것인가? 당연히 재용이에게 빌려줄 것이다. 재용이는 상대적으로 많은 수익이 고정적으로 들어오니 돈을 떼먹을 가능성이 적지만, 수근이는 돈 버는 규모가 그때그때 다르고 적다 보니 돈을 떼일 수 있다고 생각하기 때문이다.

그런데 이건 빌리는 조건이 같을 때의 경우다. 재용이는 돈을 빌리는 대신 이자로 설렁탕이나 한 그릇 사준다고 한 반면, 수근이는 매달 10만 원씩 1년간 120만 원(연 12%)을 이자로 주겠다고 한다면? 아마 생각이 달라질 것이다. 같은 조건이라면 재용이에게 돈을 빌려주겠지만 이렇게 높은 이자를 준다고 하면 수근이에게 빌려줄 수 있다. 이 말은 수근이 입장에서 보면, 재용이보다 '신용'이 나빠 돈을 빌리려면 재용이보다 비싼 이자를 내야 한다는 의미다. 신용이 나쁘면 금리가 올라가고 신용이 좋으면 금리는 낮아진다. 신용 관리를 잘 해야 하는 이유다.

그런데 수근이가 돈을 빌리는 대신 지난해 새로 산 그랜저를 맡기겠다고 하면 어떻게 될까? 중고차 시장에 팔아도 1,000만 원 이상 받을 수 있으니 손해가 아닐 것이다. 그럼 금리를 최소한 연 12%보다는 낮춰줄 수 있다. 즉, 담보나 보증이 있다면 금리가 떨어진다.

또 한 가지 변수는 '기간'이다. 재용이가 1,000만 원 빌린다고 하면서 1개월 뒤에 보너스를 받아 갚겠다고 하면 정말 설렁탕 한 그릇만 얻어먹고 빌려 줄 수 있다. 1개월 뒤라면 생길 변수가 별로 없으니 돈 떼먹을 확률도 그만큼 낮기 때문이다. 그런데 아무리 신용도가 좋아도 30년 뒤에 갚겠다고 하면 돈을 빌려줄 수 있을까? 아무리 대기업에 다닌다고 해도 그건 지금 당장의 일이고, 앞으로 무슨 일이 생길지 어떻게 알까? 이 정도 되면 담보도 필요하고 이자도 설렁탕 한 그릇으로는 되지 않는다. 즉, 같은 사람이 돈을 빌려도 기간이 길면 금리가 올라간다.

'어디에서'는 빌리는 곳이다. 개인으로 보면 은행에서 빌려야 금리가 가장 낮으며 '카드사→캐피탈사→저축은행→대부업체' 순으로 금리가 올라간다. 보통 빌리는 돈이 많을수록 금리가 올라가고 적을수록 금리는 낮아진다. 많이 빌릴수록 빌려주는 사람 입장에서는 돈을 떼였을 때 감당해야 하는 손해가 크기 때문이다.

이처럼 돈을 빌리는 사람, 담보 여부, 기간, 빌리는 곳, 빌리는 규모에 따라 이자율이 달라진다. 정부나 은행, 회사들이 돈을 주로 빌리는 채권 시장에서 가장 신용도가 좋은 대상은 바로 정부다. 정부가 망하면 사실상 모든 경제 주체가 망하는 것이니 그만큼 망할 가능성이 가장 적다. 그래서 정부가 발행한 채권은 금리가 가장 낮다. 그다음으로는 보통 은행이다. 은행도 국가만큼이나 돈을 못 갚을 확률이 적으니 은행채금리는 국채보다는 아니어도 일반 회사들이 발행하는 회사채보다는 낮다.

그런데 회사라고 해도 한국전력처럼 사실상 나라가 신용을 보증해주는 기관의 채권이라면? 당연히 일반 회사채보다 금리가 낮으며 은행 수준에 가깝다. 또 같은 국채라고 해도 1년 만에 돈을 갚는 1년물 금리가 10년 후에 돈을 갚는 10년물보다 낮다. 또 은행끼리 돈을 빌리는 코리보(KORIBOR, KORea Inter-Bank Offered Rate) 금리는 1주일, 1개월, 2개월, 3개월, 6개월, 12개월 등 기간별로 다양하게 나오는데 역시 기간이 짧을수록 금리가 낮다. 10년물이니 코리보니 복잡해보이지만 기본 원리는 개인 간 금전 거래와 다를 바 없다. 돈을 빌려주는 사람이 감당해야 하는 위험이 커질수록 금리도 올라간다.

모든 금리는 '기준금리'를 따라 움직인다

채권 시장에는 돈을 빌리는 주체나 돈을 빌리는 기간에 따라 금리가 일정 간격을 유지한 채 촘촘하게 줄 서 있는데 이런 간격을 스프레드(Spread)라고 부른다. 그런데 이렇게 줄을 세우려면 제일 밑에 뭔가 기준이 되는 하나의 금리가 있어야 한다. 여기서 바로 기준금리가 나온다. 2023년 1월 현재, 한국은행 기준금리는 3.5%다.

3.5%를 기준으로 대부분은 금리가 위로 가있다. 만약 한국은행이 기준금리를 갑자기 5%로 올리면 국채금리도, 은행채금리도 5% 위로 올라가게 된다. 기준금리를 1%로 확 낮추면 다른 채권들의 금리도 그만큼 낮아진다. 물론 금리는 채권 시장에서 수요와 공급에 따라 매일매일 달라진다. 하지만 그 맨 밑에 있는 기준금리의 움직임에 가장 큰 영향을 받는다. 그리고 기준금리의 움직임은 단순히 채권 시장뿐 아니라 경제 전체의 움직임에도 영향을 미친다.

금리가 올라갈 때 경기가 어떻게 돌아가는지를 보자. 자본주의에서 돈을 버는 중요한 기술 중 하나는 얼마나 돈을 싸게 빌리는지다. 금리가 올라가서 자본 조달 비용이 늘어나면 그만큼 돈 벌기가 어려워진다. 당연히 투자가 위축된다. 여윳돈이 있어서 돈을 빌리지 않고도 투자할 수 있는 사람도 마찬가지다. 금리가 올라가면 이 돈으로 어설프게 투자하느니 은행에 저금해 이자 수익을 내는 것이 나을 수 있다. 한마디로 금리가 올라가면 '기회 비용'이 늘어나니 돈을 쓰기보단 그냥 저금하게 되면서 투자와 소비가 위축된다. '기준금리 인상→시장금리 상승→투자·수요 둔화→경기 둔화'로 이어진다. 반대로 금리를 낮추면 조달 비용이 싸지고 기회 비용도 줄어드니 투자와 소비가 늘어난다. '기준금리 인하→시장금리 하락→투자·수요 증가→경기 팽창'으로 이어진다.

이처럼 금리를 올리면 경기가 둔화되고 금리를 낮추면 경기가 팽창되니, 금리 상승기에는 빨리 투자를 접고 금리 하락기에는 투자를 늘려야 한다. 그러나 경제가 이렇게 단순하지만은 않다.

우선 기준금리를 조정해도 실제 경제 전반에 이 영향이 퍼지기까지는 시간이 많이 걸린다. 기준금리를 올리면 당장 심리적 영향으로 경기가 꿈틀거릴 수 있지만 이건 심리적 영향이고, 실제로 투자와 수요 위축을 거쳐 자산 가격 하락으로까지 오려면 최소 6개월은 걸린다. 밀물이 시작됐다고 당장 갯벌에서 나가기보다 지금 나가지 않으면 큰일 날 수 있겠다 싶을 때까지는 있어야 많은 수확을 거둘 수 있는 것처럼, 투자도 타이밍을 보면서 해야 한다.

여기서 한 가지 의문이 생길 것이다. 다들 경기가 좋길 바라는데 한국은행은 계속해서 금리를 낮추지 않는 걸까? 오히려 금리를 올리는 건 왜일까?

한국은행 설립 목적 1번은 '물가 안정'

서울 남대문로 한국은행 본부 본관에 들어서면 로비 정면에 크게 '물가 안정'이라는 글씨가 쓰여 있다(지금은 이 건물을 리모델링하고 있으며 인근 태평로 삼성본관빌딩을 임시본부로 쓰고 있다). 한국은행 설립 목적이 적힌 한국은행법 1조 1항에는 '효율적인 통화신용 정책의 수립과 집행을 통해 물가 안정을 도모함으로써 국민 경제의 건전한 발전에 이바지함을 목적으로 한다'라고 쓰여 있다. 영화 〈국가부도의 날〉을 보면 한국은행이라는 곳이 뭔가 엄청난 일을 하는 것 같았는데 하는 일이 겨우 물가 안정이라니, 이런 생각에 실망할 수도 있다. 하지만 영화는 둘째 치고, 물가가 불안해지면 정말 대재앙이 발생할 수도 있다. 물가를 관리하는 한국은행이 중요한 이유다.

한국은행 역할을 설명하기 전에 앞의 의문부터 해결하고 가자. 다들 경기가 좋길 바라니 한국은행은 계속해서 금리를 낮추지 뭐 하러 올리는 걸까? 이유는 금리를 한도 없이 낮춰서 돈을 너무 많이 풀어버리면 물가가 너무 크게 오를 수 있기 때문이다.

금리가 낮아져 시중에 돈이 많이 풀리면 넘치는 돈으로 개인은 소비를 늘리고 기업은 투자를 늘린다. 처음에는 돈을 원 없이 쓸 수 있으니 좋다. 그런데 이 돈으로 살 수 있는 것들은 한정되어 있다. 수요가 많으니 공급을 늘릴 수 있지만 돈이 늘어나는 속도가 물건이 공급되는 속도보다 훨씬 빠르면 감당이 안 된다. 그러면 당연히 물건 가격이 올라간다. 예전에는 시장에서 1만 원으로 떡볶이 2인분에 순대 2인분을 먹을 수 있었다면 이제는 1인분씩밖에 못 먹게 된다.

물가가 극단적으로 오르면 공급자는 더 이상 물건을 공급하지 않는다. 파는 사람 입장에서는 물건을 내놓고 파는 순간에도 물건 값이 올라가니 그냥 물건을 들고 있는 것이 낫기 때문이다. 또 돈을 들고 있어 봐야 돈의 가치가 계속 떨어지니 돈보다는 물물교환을 선택하게 된다. 원래 돈이라는 건 물물교환이 어려우니 내 물건을 팔아(혹은 노동을 해서) 돈을 받고 그 돈으로 다른 물건을 쉽게 사려고 만든 교환 수단인데 그 기능을 전혀 할 수 없게 되는 것이다. 이런 상황을 '하이퍼 인플레이션'이라고 한다. 통상 한 달에 물가가 50% 이상 오르는 현상을 말한다.

최근에는 중남미의 베네수엘라가 하이퍼 인플레이션을 겪고 있다. 베네수엘라는 고유가시절 과도한 복지 혜택과 보조금 정책을 펼치다가 2014년 유가 폭락을 겪으며 재정이 고갈됐다. 그런데도 복지를 줄이지 않는 대신 무작정 화폐를 찍어내는 방식으로 재정 정책을 유지하다 하이퍼 인플레이션을 맞았다. 국제통화기금(IMF: International Monetary Fund, 이하 'IMF')에 따르면 2018년 베네수엘라의 물가 상승률은 130만 퍼센트였다. 누구도 베네수엘라 화폐로는 물건을 거래하지 않는 상황이 됐다.

반대로 금리가 너무 높으면 아무도 돈을 빌리려 하지 않고 돈을 쓰지도 않으려고 한다. 그러면 물건값이 떨어지고 사람들은 더더욱 돈을 쓰지 않게 된다. 돈이 돌지 않고 생산도 되지 않으니 경기는 차갑게 식는다. 이렇게 물가가 떨어지는 것을 디플레이션(Deflation)이라고 한다.

최근에는 스태그플레이션(Stagflation)을 자주 관찰할 수 있다. 스태그플레이션은 경기 침체를 뜻하는 스태그네이션(Stagnation)과 인플레이션(Inflation)의 합성어다. 불황기에도 물가가 오르는 현상을 스태그플레이션이라고 한다. 보통 인플레이션은 경기가 좋을 때 나타나는데 스태그플레이션은 그 반대다. 경기가 좋지 않을 때 중앙은행이 쓰는 정책 수단이 금리 인하를 통해 인플레이션을 일으키는 것인데, 스태그플레이션은 이미 인플레이션이 발생한 상태여서 이런 정책의 약효가 약할 수밖에 없다. 스태그플레이션을 모든 정부와 중앙은행이 경계하는 이유다.

한국은행이 물가 하나만 보면서 기준금리를 정하는 것은 아니다. 성장률도 고려 대상이다. '물가는 상승률이 너무 높아도, 너무 낮아도 문제지만 성장률은 무조건 높으면 좋은 것 아닌가?'라고 생각할 수 있다. 그러나 성장만 생각해 금리를 낮추면 물가를 제어하지 못해 화폐 기능이 상실될 수 있다. 그래서 성장도 적당히 해야 하는데 이 적당한 성장률을 한국은행은 잠재 성장률로 따진다. 잠재 성장률은 한국 경제의 전반적인 규모를 고려해 물가가 안정된 상태에서 최대한 달성할 수 있는 성장률을 의미한다. 현재 한국은행은 한국 경제의 잠재 성장률을 2% 내외로 보고 있다. 현재 성장률이 잠재 성장률에 미치지 못하거나 웃돌면 이 차이를 GDP(국내총생산) 갭이라고 표현한다. 결국 한국은행의 역할은 기준금리 조정을 통해 경기가 안정적으로 성장하되 물가가 너무 차지도 뜨겁지도 않도록 안정시키는 것이다. 이 일이 어려워서 한국을 대표하는 수재들을 모아놓은 한국은행도 이따금 실수를 하고 잘못된 진단을 하기도 한다. 아이를 키워본 사람이라면 알 것이다. 아이에게 적당한 물 온도를 맞추는 게 얼마나 어려운지 말이다. 차가워도 안 되고 뜨거워도 안 되는 그 온도를 찾는 것이 한국은행이 우리 경제에서 하는 일이다.

은행은 돈이 필요하면 한국은행에서 빌린다

한국은행의 기준금리는 어떻게 정해질까? 한국은행 총재가 "오늘부터 기준금리를 0.25%p 올리니 다른 채권금리들도 0.25%p씩 올리세요"라고 하면 되는 것이 아니다. 기준금리는 한국은행의 공개 시장 운영을 통해 작동한다.

한국은행이 기준금리를 정하면 이 금리는 한국은행 환매조건부 증권(RP) 금리로 쓰인다. RP는 한국은행이 금융기관에 파는 채권인

데 7일 뒤 다시 사들이는 조건으로 발행된다. 한국은행은 시중에 돈을 많이 풀고 싶으면 이 RP를 많이 사들이고, 돈이 너무 많이 풀리면 RP를 많이 팔아 돈을 거둬들인다. 이 RP 금리가 기준금리다.

은행이 영업을 하다 보면 일시적으로 돈이 모자라거나 너무 많을 때 한국은행에 돈을 빌리거나 맡기게 된다. 이때도 기준금리가 말 그대로 기준이 된다. 한국은행에 돈을 맡길 때는 기준금리에서 1%p 낮은 금리로, 돈을 빌릴 때는 기준금리보다 1%p 높은 금리를 물리게 된다.

기준금리를 정할 때도 한국은행 총재가 어느 날 아침 출근해서 "오늘은 금리를 좀 내리지" 하고 결정하지 않는다. 금융통화위원회(금통위)라는 합의체 정책 결정기구가 1년에 8차례 회의를 해서 결정한다. 금통위는 총 7명의 위원으로 구성된다. 한국은행 총재와 부총재가 당연직 위원으로 들어가고 기획재정부 장관(부총리)과 한국은행 총재, 금융위원회 위원장, 대한상공회의소 회장, 전국은행연합회 회장이 추천한 사람을 대통령이 임명한다(그래서 사실상 청와대가 결정한다는 시각이 일반적이다. 물론 한국은행은 독립기관이라는 것을 강조한다).

금통위원은 상근직이고 차관급 대우를 받는데, 1년에 8번만 회의하고 그나마도 금리를 동결할 때가 많다 보니 도대체 뭐 하는 사람들인가 싶을 때가 있다. 그러나 금통위 회의에서 금리를 정하기까지는 한국은행 각 조직에서 올라오는 각종 보고서와 통계 자료를 보며 어떤 통화 정책을 펼쳐야 할지 고민하는 중요한 역할을 수행

[물가 상승률 및 기준금리 추이]

소비자 물가 상승률(전년 동월비)
한국은행 기준금리

• 자료: 한국은행

한다. 또 회의 의사록을 통해 통화 정책에 대한 자신들의 생각을 밝힌다. 이 때문에 금리를 조정하지 않더라도 이 의사록과 금통위 이후에 열리는 총재의 기자 회견이 매우 중요하다. 금융 시장 참가자들은 의사록이나 기자 회견 등을 통해 경기와 물가에 대한 금통위원의 시각을 읽고 향후 통화 정책을 예측해 투자의 방향을 정한다.

기준금리를 낮추면 왜 집값이 오를까?

2008년 9월, 미국의 4대 투자은행 중 하나인 리먼브라더스가 파산하자 전 세계 금융 시장은 그야말로 쑥대밭이 됐다. 글로벌 금융 위기로 수십조 달러가 순식간에 증발하자 공포에 질린 투자자들은 빠르게 자금 회수에 나섰다. 국내 금융 시장도 마찬가지였다. 외국인투자자 탈출 행렬에 2007년만 해도 2,000을 넘던 코스피 지수는 금융위기 당시에 892.16까지 떨어졌다. 900원대이던 달러 대비 원화 환율도 2009년 3월에 1,597원대까지 올라갔다.

금융 시장의 불안은 실물 경기 악화로 옮겨졌다. 전 세계 소비와 투자가 위축되자 수출로 먹고사는 한국 경기도 급속도로 나빠졌다.

금융 시장은 물론 실물 경기마저 비상이 걸리자 한국은행은 빠르게 기준금리를 낮춘다. 2008년 9월 5.25%였던 한국은행 기준금리는 반년도 안 돼 2.0%까지 떨어진다. 갑작스러운 위기에 한국은행도 전례 없이 빠른 속도로 금리 인하를 단행한 것이다.

한국은행의 빠른 대응은 좋은 결과로 이어졌다. 2009년 한국의 경제 성장률은 0.8%에 그쳤지만, 전 세계 주요국이 마이너스 성장하고 세계 성장률이 0%에 그쳤던 것을 고려하면 매우 선방한 결과였다. 당시 IMF는 한국을 향해 '위기 극복의 교과서 사례'라고 찬사를 보내기도 했다. 실제로 이듬해인 2010년에는 6.8% 성장하며 위기에서 완전히 벗어났다.

효과가 셀수록 부작용도 큰 법

누가 뭐래도 2008년 금융위기에는 과감한 기준금리 인하가 경기 회복을 위한 즉효약으로 작용했다. 그러나 모든 약은 부작용을 동반한다. 효과가 빠르고 강할수록 부작용도 센 법이다.

대표적인 부작용은 부동산 거품이다. 경기 부양을 위해 기준금리를 내리면서 시중에 자금을 공급했는데 시장에 풀린 돈이 경기 전반으로 퍼지지 않고 특정 자산으로 쏠리는 경우가 있다. 이때 부작용이 발생한다.

예를 들어 저금리 시대라서 돈이 많이 풀리면 소비가 늘어 옷을 사려는 사람이 많아질 수 있다. 그러면 옷 공장은 기계를 늘려 옷을 더 만들어 팔고 돈이 들어오면 옷 공장을 더 늘리면 된다. 이렇게 공급을 늘리면 수요 증가로 가격이 올라도 어느 정도 수준에서 균형점을 찾는다.

그러나 공급을 무한정 늘릴 수 없는 것도 있다. 바로 부동산이다.

땅은 수요가 늘어난다고 새로 만들 수가 없다. 땅이 작아도 높게 건물을 올리면 되겠지만 역시 한계가 있고 시간도 오래 걸린다. 공급이 수요를 충족시키지 못하니 가격은 뛰게 된다. 한번 부동산 가격에 불이 붙으면 다른 어떤 투자 수단보다 수익률이 높으니 다른 데투자하기보다 부동산으로 돈이 몰리게 된다. 경기가 나빠 금리를낮췄는데 경기 회복은 더디고 부동산값만 올라가는 것이다.

한국은행은 2014년 저물가, 저성장이 계속되자 다시 기준금리인하에 나섰다. 2014년 7월 2.5%였던 기준금리는 2016년 6월1.25%로 떨어졌다. 하지만 2014년 3.2%였던 성장률은 2015년2.8%, 2016년 2.9%에 그쳤다. 물가도 여전히 1%대에 머물렀다. 기준금리 인하의 영향이 실물 경기 회복에 별 도움이 되지 않은 것이다. 대신 이렇게 풀린 돈은 부동산 시장으로 흘러갔다. 경제 전문가들은 2016년부터 이어진 서울 부동산 시장의 급격한 상승 원인 중하나로 이때 풀린 돈을 꼽는다. 물론 당시 서울마저 미분양 아파트가 속출할 정도로 부동산 경기가 좋지 않았기 때문에 이런 식으로라도 부동산을 띄우는 게 맞았다는 주장도 있다.

그렇다면 2008년과 2014년의 금리 인하는 뭐가 달랐을까? 가장중요한 부분은 한국은행의 의지였다. 2008년에는 금융위기를 이겨내기 위해서라면 얼마든지 금리를 낮추겠다는 의지가 분명했다. 하지만 2014년에는 그렇지 않았다. 두 달 연속으로 금리를 내린 적은한 번도 없었으며 항상 시장이나 특히 정부에서 경기가 좋지 않으니 금리를 내려야 한다는 목소리가 나오면 마지못해 끌려가듯 움직였다.

시장에서는 한국은행이 금리를 낮출 때마다 이번이 마지막 금리 인하일 것이라고 받아들였다. 시장 심리가 이렇다 보니 돈이 풀려도 소비나 투자 확대로 이어지기보다는 상대적으로 안전한 부동산 시장으로만 돈이 흘러갔다. 전문가들은 한국은행이 금리 인하라는 실탄만 낭비하고 경기는 살리지 못한 채 가계 부채만 늘렸다고 비판했다.

경기는 좋지 않은데 한국은행이 기준금리를 올린 이유는?

한국은행이 금리를 올린다고 하면 경기가 좋다는 뜻일까? 보통 한국은행이 금리를 올릴 때는 과열된 경기를 식혀야 할 때라고 설명하고는 한다. 그런데 이것 역시 그렇게 단순하지가 않다.

2018년 11월 한국은행은 1년 만에 기준금리를 올렸다. 그런데 2018년 경제 성장률은 2.7%로 2012년 이후 가장 낮았다. 그렇다고 물가가 너무 올랐을까? 2018년 소비자 물가 상승률은 1.5%로 2017년(1.9%)보다 낮았다. 한국은행이 '물가 상승률이 이 정도 되도록 통화 정책을 펼치겠습니다'라고 공개적으로 밝히는 물가 안정 목표도 2.0%였다. 이렇게 보면 오히려 금리를 내려야 할 것 같은데 반대로 금리를 올렸다. 왜 그랬을까?

물가 안정을 강조한 한국은행법 1조 1항 밑의 줄에는(1조 2항) '통화 신용 정책을 수행할 때에는 금융 안정에 유의하여야 한다'라고 쓰여 있다. 한국은행이 이때 금리를 올린 것은 '금융 안정'에 방점이 찍힌 결정이었다.

가장 큰 문제는 1,500조 원이 넘는 가계 부채였다. 기준금리가 1.25%까지 떨어지면서 부동산 시장이 달아오르자 빚내서 집 사는 사람이 많아졌고, 가계 부채의 증가 속도도 매우 빨라졌다. 이렇게 부채가 빠르게 늘어나면 금융 시장의 위험요인이 된다. 갑자기 부동산 시장이 폭락하거나 경제가 어려워지면 빚을 갚지 못하는 사람이 많아지고 은행 부실로 이어질 수 있다. 이런 위험을 줄이기 위해 금리 인상 카드를 쓴 것이다. 금리를 올리면 조달 비용과 기회 비용이 늘어나면서 투자가 위축돼 부동산 시장에 붙은 불이 꺼지고 대출 증가 속도도 느려진다.

일부 전문가들은 금리 인상을 향후 금리를 내리기 위한 실탄 확보의 차원으로 설명한다. 경기가 안 좋아지면 금리를 쭉쭉 내리면서 대응해야 하는데 그때 한 번이라도 금리를 더 내리려면 그나마 버틸 여력이 있을 때 미리 금리를 올려놔야 한다는 것이다(한국은행은 금리 인상 후 1년도 채 버티지 못하고 8개월 후인 2019년 7월에 금리를 인하했고, 3개월 만에 또 낮췄다).

미국과 한국의 기준금리 차이가 더 벌어지는 것을 막기 위한 이유도 있었다. 2018년부터 한국과 미국의 기준금리가 역전됐고, 2018년 11월에 금리를 올리지 않았다면 한·미 금리 차는 1.0%p까지 벌어질 상황이었다. 한·미 금리 차가 지나치게 커지면 한국 경제에 좋을 게 없다. 이쯤 되면 머리가 복잡해질 수 있다. 도대체 미국이 뭐길래 미국의 기준금리까지 우리가 신경 쓰고 살아야 하는

[2000년 이후 기준금리 및 연도별 경제 상승률 추이]

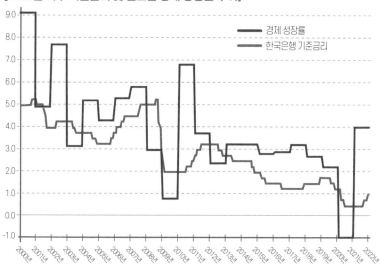

- 자료: 한국은행 경제통계시스템

걸까? 바로 다음 내용에서 자세히 살펴보자.

미국의 금리가 올랐다고
왜 내 대출금리까지 오를까?

앞에서 살펴본 것처럼 대출금리는 기준금리를 따라 움직인다. 하지만 2016년 6월부터 2018년 10월까지 한국은행의 기준금리가 1.25%에서 1.50%로 0.25%p 오르는 동안 은행 주택담보대출 평균금리(가중평균)는 최저 2.66%에서 3.49%까지 0.83%p가 올랐다. 기준금리 인상 폭과 비교해 3배 넘게 오른 것이다.

모든 금리의 기준이라는 한국은행 기준금리는 별로 변한 게 없는데, 왜 내 대출금리는 훌쩍 오른 걸까? 우리가 미국의 금리를 알아야 하는 이유가 여기 있다.

결론부터 말하면 미국 금리가 오르면 한국에 사는 내 대출 금리도 오른다. 미국 땅 한 번 밟아본 적 없는데 왜 미국 금리가 올랐다고 내 대출금리까지 오르는 건지 열불이 나는 사람도 있음직하다. 차분히 설명을 들어보자.

우선 대출금리가 어떻게 결정되는지 알아야 한다. 은행 대출금리는 해당 대출 상품이 추종하는 대출 기준금리에 은행들이 대출 원가와 리스크 비용 등을 반영한 가산금리를 더해 정해진다. 이때 가장 중요한 것이 대출 기준금리다.

대출 기준금리는 해당 은행이 발행하는 은행채나 양도성예금증서(CD) 금리, 코픽스(COFIX, 자금조달비용지수) 금리 등을 기준으로 정한다. 은행이 대출자에게 대출을 해주려면 은행도 어디선가 돈을 조달해야 한다. 대출 기준금리는 은행이 자금을 조달해 오는 금리에 따라 결정되는 것이다.

우선 은행채나 CD 금리는 국내 채권 시장에서 결정된다. 국내 채권 시장에서 가장 영향력이 큰 채권은 역시 한국 정부가 발행하는 한국 국채다. 한국 국채는 미국 등 다른 나라 국채들과 경쟁관계다. 그런데 미국이 기준금리를 올리면서 미국 국채금리가 올라가자 이와 경쟁해야 하는 한국 국채금리가 오르고 이 영향으로 국내 채권 시장에서 CD나 은행채금리가 올라 대출금리 상승으로 이어진 것이다. 순서대로 보면 다음과 같다.

미국 기준금리 인상 → 미국 국채금리 상승 → 한국 국채금리
상승 → CD·은행채금리 상승 → 대출금리 상승

미국이 기준금리를 빠르게 올리면 한국은행도 결국 기준금리를 올릴 것이라는 믿음도 대출금리 상승의 원인이다. 실제로 한국은행

이 2018년 11월 기준금리를 올렸는데도 대출금리에는 큰 변화가 없었다. 한국은행 기준금리 인상의 기대감이 이미 채권 시장에 반영되면서 채권금리를 올려놓은 탓이다.

미국을 따라가지 않으면 투자자들이 한국을 떠난다

그런데 미국이 기준금리를 올린다고 왜 한국은행까지 기준금리를 따라서 올려야 하는 걸까?

제로금리를 유지하던 미국은 2015년 말부터 금리를 올리기 시작, 2018년 12월까지 총 9번 금리를 올렸다. 특히 2018년에만 금리를 4번 올려 2.25~2.50%까지 올라갔다. 이 때문에 2018년부터 한국과 미국의 기준금리가 역전됐다.

당시 상황을 자세히 보자. 2018년 11월 당시 한국은행이 기준금리를 올리지 않고 12월에 미국이 기준금리를 올리면 한·미 간 금리 차는 역대 최대 폭인 1.0%p로 커질 상황이었다. 이렇게 한·미 간 금리 차가 커지면 전 세계 채권투자자들은 한국 채권 시장에 머물 이유가 없다. 미국 채권 시장에서 더 많은 금리를 주니 말이다. 그러면 채권투자자들이 한국 채권시장에서 돈을 뺄 테고, 이내 대규모 자본 유출이 발생해 한국 금융 시장은 불안해질 수 있다. 금융 시장 안정이 중요한 목표인 한국은행은 이런 상황을 두고 볼 수 없다. 결국 한국은행은 2018년 11월 기준금리를 올렸다.

이처럼 미국의 금리 정책은 한국은 물론 전 세계 금융 시장에 큰 영향을 미친다. 특히 2008년 금융위기 이후 이런 현상은 더 강해지

고 있다. 그만큼 미국 금융 시장이 세계 금융 시장에 미치는 영향이

크고 전 세계 금융 시장의 동조화 현상이 강해지고 있다는 의미다.

미국은 2008년 금융위기 당시 금리를 0~0.25%까지 낮췄다. 금

리를 더 낮출 수 없게 되자 미국의 중앙은행 격인 연방준비제도

(Fed)는 국공채나 주택저당증권 등을 무제한으로 사들이는 양적완

화를 단행한다. 중앙은행이 엄청난 규모로 채권을 사주면 채권금리

가 내려가게 되는 효과가 나타난다. 무제한 양적완화를 실시하던

미국은 2013년 경기 회복 기미가 보이자 양적완화를 점진적으로

축소하는 조치를 하겠다고 밝혔다. 그러자 전 세계 금융 시장이 흔

들리는 현상이 일어났다. 특히 신흥국 통화 가치와 주가가 급락하

는 발작 현상이 나타났다. 이를 '긴축 발작(Taper Tantrum)'이라 부

른다. 최근에는 미국이 너무 빨리 기준금리를 올리자 전 세계 금융

시장이 흔들리는 현상이 나타나기도 했다.

이처럼 미국의 통화 정책이 전 세계 금융 시장에 영향을 미치다

[한국 기준금리 및 미국 기준금리 변화 추이]

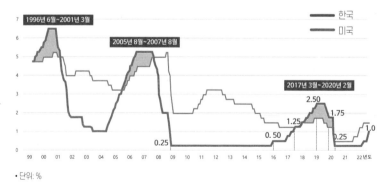

• 단위: %

1부. 내 삶을 좌우하는 경제 요소

보니 미국 FOMC(연방공개시장위원회)는 투자자라면 반드시 주목해야 하는 뉴스가 됐다. FOMC에서 기준금리를 움직이지 않더라도 의사록을 통해 향후 통화 정책 방향을 예측할 수 있고 이에 따라 시장이 반응하기 때문이다. 그러니 미국 땅을 밟아본 적도 없는데 미국 때문에 내 대출 금리가 올랐다고 하소연할 일은 아니다. 시간이 갈수록 내 자산, 내 재테크에 미국의 통화 정책이 끼치는 영향은 커질 것이다. 어쩌면 한국은행의 통화 정책보다 더 중요할 수도 있다.

금리가 움직인다. 나는 어떻게 해야 할까?

금리가 오르고 내릴 때 나는 어떻게 해야 할까? 정리할 겸 구체적으로 살펴보자.

우선 대출금리부터 보자. 기준금리가 오를 때는 고정금리로 대출받는 것이 유리하다. 그래야 앞으로 기준금리가 오르는 바람에 대출금리가 올라도 내 대출금리는 변하지 않기 때문이다. 변동금리 상품 이용자라면 고정금리 대출로 갈아타야 한다.

그런데 실제로는 이렇게 단순하지가 않다. 우선 고정금리 상품은 변동금리 상품보다 금리가 높다. 금리 변동의 위험을 은행 등 금융기관이 감당하기 때문에 처음부터 금리가 높다. 그래서 고정금리와 변동금리 상품의 금리 차이를 우선 계산하고 앞으로 금리가 얼마나 오를지, 내가 얼마나 오래 돈을 빌릴지를 따져봐야 한다. 만약 내가 돈을 5년 정도 빌릴 계획인데 고정금리가 변동금리보다 1.0%p 높다면 5년 안에 금리가 2.0%p는 올라야 손해가 아니다. 예를 들어, 1,000만 원을 5년 동안 쓰려고 하는데 변동금리 상품의 금리는 연 3.0%, 고정금리 상품의 금리는 연 4.0%이다. 그러면 고정금리 상품은 5년 동안 이자로 총 200만 원을 내게 된다. 반면 변동금리 상품은 매년 금리가 0.5%p씩 올라야 총이자 부담이 200만 원으로 고정금리 상품과 같아진다. 이보다 금리 인상 속도가 느리다면 변동금리 상품을 택해야 한다.

[5년 동안 1,000만 원을 빌릴 때 총이자 비용 비교]

	변동금리	이자	고정금리	이자
1년차	3.0%	30만 원	4.0%	40만 원
2년차	3.5%	35만 원	4.0%	40만 원
3년차	4.0%	40만 원	4.0%	40만 원
4년차	4.5%	45만 원	4.0%	40만 원
5년차	5.0%	50만 원	4.0%	40만 원
합계	-	200만 원	-	200만 원

　　단, 주택담보대출처럼 10년 이상 대출이 길 때는 고정금리 상품이 좋다. 고정금리 상품을 택해서 손해 보는 경우는 금리가 떨어질 때다. 그런데 이렇게 금리가 많이 떨어지면 그때 가서 낮은 금리 상품으로 갈아타면 된다. 중도 상환 수수료가 있지만 보통 3년이면 수수료도 사라진다. 하지만 변동금리 상품을 택했다가 한도 없이 금리가 올라가면 대응할 방법이 없다. 이 밖에도 변동금리지만 금리 상승 폭이 제한되는 상품이나 금리가 올라도 매월 내는 원리금 상환액은 같은(대신 상환 기간은 늘어나는) 상품을 선택하는 것도 방법

이다.

주식 시장은 어떨까? 금리가 오르면 주식 시장은 나빠진다는 것이 정석이다. 투자가 위축되기 때문이다.

그런데 반드시 그런 것도 아니다. 미국은 2015년 12월부터 2018년 12월까지 기준금리를 9번, 2.25%p나 올렸다. 그러나 그 사이 S&P500, 나스닥, 다우존스 30 등 대표적인 뉴욕증시 지수들은 연일 최고치를 경신하며 30~40%씩 올랐다. 금리를 계속 올린다는 것은 경기를 좀 식혀야 할 만큼 경기가 좋다는 뜻이고, 경기가 좋은 만큼 기업들의 수익도 좋으니 주가가 오를 수밖에 없다. 그래서 오히려 금리 상승기를 주가 상승기로 보는 투자자도 많다. 금리 상승이 끝나면 '이제 경기 확장이 끝났다는 뜻이구나'라고 판단해 주식에서 돈을 빼는 경우도 많다.

반면 금리가 떨어질 때는 오히려 주식 투자 시기가 아니라고 한다. 금리를 낮춰야 할 만큼 경기가 좋지 않다는 의미이기 때문이다. 또 앞에서 언급한 것처럼 금리 인하의 효과가 경기 부양으로 바로 연결되지 않을 수 있다. 금리가 낮으면 원화 가치 하락으로 인해 외국인투자자의 국내 주식 시장 이탈로 이어질 수 있어 주식 시장에 악재가 될 수 있다. 이 때문에 기준금리의 움직임만 보면서 단순히 투자 여부를 결정하기보다는 기준금리 움직임을 바탕으로 중앙은행이 경기를 어떻게 진단하는지가 더 중요하다.

금리 변동에 가장 직접적인 영향을 주는 영역은 부동산 투자다. 금리가 높으면 부동산 경기는 위축된다. 조달 비용과 기회 비용 때문이다.

내 돈 1억 원에 대출 1억 원을 받아 2억 원으로 오피스텔 한 채를 샀다. 대출금리는 연 6%였다. 매월 이자로 50만 원을 내야 한다. 대신 이 집을 빌려주고 월세로 50만 원씩 받았다. 그리고 3년이 지났다. 3년간 취득세와 재산세 등 각종 세금과 비용이 1,000만 원 정도 들었다. 그럼 이 집을 얼마에 팔아야 손해가 아닐까?

이자는 월세로 다 충당했고 세금 등 각종 비용이 1,000만 원 들었다면 2억 1,000만 원 이상만 받으면 이익이라고 생각하기 쉽다. 만약 이렇게만 생각했다면 바로 손해다. 기회 비용을 빼먹었기 때문이다. 내 돈 1억 원으로 집을 사지 않고 예금을 하거나 채권에 투자해서 연 3%씩 이자를 받았다면 1년에 300만 원씩 900만 원을 벌었을 것이다. 그러니 2억 1,900만 원이 손익분기점이 되는 것이다.

이처럼 금리가 올라가면 이자 비용과 기회 비용이 늘어나니 부동산 투자에 주저하게 되고, 수요와 공급에 따라 부동산 가격도 하락한다. 대출금리도 부담이다. 그러니 금리가 오를 때는 부동산 투자를 신중히 해야 한다.

하지만 반대로 생각하면 내 집 마련의 적기가 될 수도 있다. 가격 하락으로 내 집을 싸게 살 수 있기 때문이다. 투자는 이렇게 반대로 생각할 줄도 알아야 한다. 경제에 정답은 없다. 매 순간의 선택이 미래를 결정한다는 오래된 클리셰가 늘 통하는 분야가 바로 경제다.

2장

환율

환율조작국 지정될 것 같아 1년에 두 번씩 떠는 정부

2018년 10월 17일, 미국 재무부는 한국과 중국, 일본 등 6개국을 환율 '관찰대상국'으로 지정했다. 언론에는 '환율조작국' 지정을 피하게 돼 다행이라는 보도가 이어졌다. '관찰대상국'은 뭐고 '환율조작국'은 또 뭘까?

미국 재무부는 매년 두 차례 의회에 환율 보고서를 제출한다. 이 보고서는 미국의 주요 교역국을 대상으로 현저한 대미 무역수지 흑자(200억 달러 초과), 상당한 경상수지 흑자(GDP 대비 3% 초과), 환율 시장의 한 방향 개입 여부(GDP 대비 순매수 비중 2% 초과) 등을 평가한다. 인위적으로 고환율(자국 통화 가치 하락)을 유지하는지 보겠다는 뜻이다. 만약 이 3가지 기준에 해당하면 환율조작국으로 지정된다.

환율조작국으로 지정되면 일단 1년 동안 간접 제재를 통한 시정 요구를 받는다. 1년 뒤에 재평가해 시정이 되어 있지 않으면 미국 기업의 투자가 제한되는 등 미국 정부의 직접 제재를 받게 된다.

한국은 2016년 4월부터 계속해서 관찰대상국에 포함되고 있다. 관찰대상국이라고 하면 환율조작국은 아니지만 환율조작국이 될 수 있으니 잘 봐야 하는 나라라는 뜻이다. 수출로 먹고사는 한국 경제가 미국의 무역 제재를 받으면 팔다리가 잘리는 것과 마찬가지가 된다. 이 때문에 매년 3월과 10월이 되면, 환율조작국으로 지정되면 어떡하나 걱정할 수밖에 없다. 이런 상황은 우리뿐 아니다. 중국이나 대만, 일본 등도 매번 환율조작국 지정을 놓고 미국과 신경전을 벌인다.

우리 정부는 매번 환율조작국이 아니라고 주장한다. 그렇다고 우리 정부가 아예 환율 시장에 손을 놓고 있는 것도 아니다. 정부도 환율 시장 개입을 어느 정도 인정하고 있다. 실제로 외환 시장 주요 참가자에는 정부나 중앙은행이 포함되며 직접 거래를 하기도 한다. 시장에서 정해지는 환율에 영향을 미치는 것이다. 다만 환율을 특정한 방향으로만 끌고 가려고 하는 것은 아니라고 설명한다.

　사실 환율 시장 개입은 우리나라뿐 아니라 세계 모든 나라에서 공공연하게 벌어지는 일이다. 다만 한국이나 중국 등은 워낙 대미 무역수지 흑자 규모가 크다 보니 매년 미국과 이런 신경전을 벌이게 된다. 따지고 보면 세계 2강인 미국과 중국이 무역 전쟁을 벌이는 중요한 이유 중 하나도 환율이다. 미국, 중국처럼 큰 국가가 아니어도 대부분의 국가는 어떻게 하면 자국 통화 가치를 낮출까 늘 고민하고 있다. 언뜻 생각해보면 자국 화폐 가치가 올라야 좋을 것 같은데 말이다. 만약 자국 통화 가치가 너무 많이 오르면(환율이 떨어지면) 어떤 일이 벌어질까? 환율은 어떻게 결정되고 경제에 어떤 영향을 미칠까?

환율은 어떻게 결정되고
어떻게 움직이나?

금리가 '돈을 빌리는 값'이라면 환율은 '그 나라의 돈값'을 의미한다. 한국은 원화, 미국은 달러화, 중국은 위안화를 쓰는 것처럼 보통은 나라마다 쓰는 돈이 다르다. 유럽연합(EU)에 속한 국가들은 나라가 달라도 대부분 유로라는 통일된 화폐를 쓰기도 한다. 이렇게 국가마다 다양한 화폐를 교환하는 비율을 '환율'이라고 한다.

나라마다 다양한 화폐를 쓰지만 보통 환율의 기준은 미 달러화가 된다. 1달러를 사는데 자국 돈을 얼마나 써야 하는지로 표기하거나 자국 돈을 살 때 달러가 얼마나 필요한지를 표시하는 방식으로 환율을 이야기한다. 예를 들어, 우리나라는 환율을 이야기할 때 흔히 '달러 대비 원화'를 기준으로 삼는다. '1달러를 사는데 얼마를 내야 하느냐'는 식이다. 환율이 1,100원이면 1달러 사는데 1,100원을 내야 한다는 뜻이다. 달러/원화 기준이었다면 1,000원에 0.91달러 식으로 표시하게 된다. 표시 방식이 다를 뿐이지 가치는 같다. 실제로 유로화나 영국 파운드화 등은 자국 통화를 기준으로 놓고 몇 달러를 내야 한다는 식으로 표시한다. 달러/유로 환율이 1.2라면 1유로를 살 때 1달러 20센트를 내야 한다는 의미다.

환율이 올랐다 혹은 내렸다고 표시하는데 환율이 올랐다는 것은 원화보다 달러 가치가 올랐다는 뜻이다. 어제는 1달러에 1,100원이었는데 오늘 1,200원이 됐다면 환율이 올랐다고 말하고 달러 가치 상승(달러 강세), 원화 가치 하락(원화 약세)이라고도 말한다. 반대로 1달러가 1,100원에서 1,000원이 되면 환율이 내렸고 달러 가치 하락(달러 약세), 원화 가치 상승(원화 강세)이라고도 말한다.

환율도 주식이나 채권처럼 외환 시장에서 결정된다. 한국에는 원화와 달러, 원화와 위안화, 이렇게 두 종류의 외환 시장만 있다. 만약 원화로 유로화를 사고 싶으면 원화로 달러를 산 뒤 이 달러를 가지고 해외 외환 시장에서 유로화를 사야 한다(물론 소액 환전은 은행에서 하면 된다). 이렇게 되면 거래가 두 번 이뤄져야 하니 그만큼 거래 비용이 더 많이 든다. 거래 비용을 생각하면 외환 시장이 많을수록 좋겠지만 실제 이용자가 많아야 시장이 유지된다. 과거에는 원화와 엔화를 직접 사고파는 직거래 시장이 있었는데 거래가 적어 1997년에 만든 지 4개월 만에 없앴다.

그렇다면 환율은 어떻게 결정되는 걸까? 외환 시장에서 달러를 사려는 사람이 많으면 달러 가치가 오르면서 환율이 올라간다. 반대로 달러를 팔려는 사람이 많으면 달러 가치가 떨어지고 환율은 내려간다. 환율은 외환 시장에서 실시간으로 움직이는데 기본적인 작동 원리는 '수요와 공급의 법칙'을 따르는 셈이다.

이렇게 외환 시장에서 수요와 공급의 법칙에 따라 환율이 결정되는 것을 변동환율제도라고 한다. 반대로 환율을 특정 수준에 딱 정해놓고 변하지 않게 고정하는 고정환율제도도 있다. 홍콩의 페그제가 대표적이다. 달러에 홍콩달러 가치를 못(Peg) 박아 고정해놨다는 뜻이다. 홍콩달러는 1983년부터 '1달러=7.80홍콩달러'로 고정해놨다가 2005년부터는 '1달러=7.75~7.85홍콩달러'로 0.1홍콩달러만큼의 변동 폭을 허용하고 있다.

고정환율제와 변동환율제 사이에는 중간적 형태의 다양한 환율제도가 있다. 예를 들면, 중국의 환율제도인 관리변동환율제가 있다. 관리변동환율제는 원칙적으로는 환율이 신축적으로 움직일 수 있도록 허용한다. 그러나 현실에서는 외환당국이 적극적으로 개입해 환율이 적정 수준에서만 움직이도록 관리한다. 중국의 경우 중국인민은행이 매일 아침 달러를 비롯해 주요 통화들의 움직임을 가중 평균해 위안화 가치를 정해 고시한다. 그러면 외환 시장에서는 이 고시환율의 ±2% 범위 안에서만 움직일 수 있다. 중국 정부에서 그렇게 정해 놓았다.

우리나라는 원래 고정환율제였지만 환율 변동 폭을 늘려가며 점점 변동환율제로 옮겨온 케이스다. 1980년에는 지금의 중국처럼 달러화 등 5개 국가의 통화 가치 변동에 따라 환율이 결정되는 복수통화 바스켓제도를 사용했다. 1990년부터 시장평균환율제를 채

택했다. 그 대신 주식 시장처럼 하루에 움직일 수 있는 변동 허용 폭을 정했다. 이후 이 변동 허용 폭을 점점 늘리다가 외환위기 직후인 1997년 12월, 환율 변동 허용 폭을 완전히 없앴다.

말 한마디로 외환 시장을 움직이는 정부

환율은 외환 시장에서 시장 참가자의 움직임에 따라 정해진다. 일반 개인은 환율의 움직임에 별 영향을 미치지 못한다. 외환 시장 참가자들은 최소 중소기업 이상의 규모를 가지고 있다. 우선 외환 시장의 주요 참가자 중에는 은행이 있다. 여기에 달러가 필요한 수출입 기업도 중요한 참가자다. 그리고 기획재정부와 한국은행 같은 외환당국도 있다.

은행이나 기업, 개인은 외환 시장에서 수익을 내기 위해 거래를 한다면 외환당국은 외환 시장 안정을 위해 움직인다. 환율이 너무 빨리 오르면 달러를 팔고, 너무 빨리 떨어지면 달러를 사들이는 식으로 속도 조절을 한다.

꼭 직접 거래를 하지 않더라도 말 한마디로 시장에 개입하기도 한다. 환율의 움직임이 과도하면 경제부총리 등 관료들이 기자들과 만난 자리에서 "환율 쏠림 현상이 있다. 환율 움직임을 예의 주시하고 있다"라고 말하는 식이다. 급할 때는 기자들이 묻기도 전에 외환당국 관계자가 직접 출입 기자들에게 '시장 쏠림으로 변동성이 확대되는 것은 바람직하지 않다'라는 식으로 문자를 보내 기사화하기도 한다. 이를 구두 개입이라고 한다. 이렇게 하면 외환 시장에서는 정부가 시장에 개입할 수 있다고 우려해 거래가 줄어들면서 환율이 안정된다. 외환당국이 한번 움직이면 상대적으로 워낙 많은 돈을 한꺼번에 풀기 때문에 시장 흐름을 일순간에 바꿀 수 있다.

그러나 이런 외환당국의 개입은 외환 시장을 안정시킬 목적으로만 해야 한다. 고정환율제가 아닌 이상 정부가 특정 환율 수준을 만들기 위해 개입해서는 안 된다. 이것이 국제사회의 약속이다. 하지만 대부분의 국가는 각종 통화 정책을 통해 너무 티 나지 않는 선에서 자국 경제에 유리한 환율을 만들려고 노력한다. 이런 노력이 미국이 봤을 때 자국(미국)의 이익에 반하고 규모가 지나치게 크다고 생각하면 해당 국가를 '환율조작국'으로 지정하고 불이익을 주는 것이다. 전 세계 경제에서 미국이 차지하는 위상이 워낙 크기 때문에 거의 모든 국가가 미국이 세운 기준을 따를 수밖에 없다.

환율이 오르면 주식 시장은 무너지고 수출업체는 살아난다고?

2008년 이명박 정부가 출범하고 경제 수장에 오른 강만수 기획재정부 장관은 취임 기자간담회에서 "환율은 경제주권"이라며 "환율은 시장에 맡기는 것이 아니다"라고 말했다. 강 장관이 내세운 '환율주권론'은 경제 성장을 위해서는 정부가 외환 시장에 얼마든지 개입할 수 있다는 뜻이다.

실제로 강 장관이 취임하자 2007년 한때 800원대까지 떨어졌던 달러 대비 원화 환율은 1,000원대로 올라갔다. 당시 전 세계 시장에서 달러화가 약세였는데 원화 가치는 더 빠르게 하락했다.

강 장관은 왜 원화 가치를 떨어뜨린 걸까? 당시 이명박 정부는 수출 중심의 한국 경제 상황에서는 고환율(낮은 원화 가치) 정책을 펴야 경제 성장에 도움이 된다고 생각했다. 환율이 올라가면 해외에서 팔릴 한국 제품의 가격이 내려가면서 수출 기업들에 도움이 되고 수출업체들은 벌어온 돈을 다시 국내에 투자하면서 선순환이 일어날 것으로 기대했다.

이런 판단은 경제학의 상식에 기댄 것이다. 나라를 가정이라고 생각해보자. 밖에서 벌어오는 돈보다 쓰는 돈이 많으면 어떻게 될까? 부족한 돈은 빚으로 메워야 하고 빚이 많아지면 파산에 이르게 된다. 나라도 똑같다. 해외에서 벌어오는 돈(수출대금)이 쓰는 돈(수입대금)보다 많아야 나라 경제가 좋아진다. 일반 가정에서는 그저 돈을 많이 버는 방법밖에 없지만 국가 간의 거래에서는 환율에 개입하는 방법도 있다. 같은 물건을 팔더라도 환율에 따라 가격이 달라지기 때문이다.

원화 가치를 떨어뜨리는 것이 한국 경제에 어떤 식으로 도움이 되는지 자세히 살펴보자. 달러 가치가 올라가면 상대적으로 수입품 가격도 올라 수입이 줄어든다. 또 수출업체의 경우 가격 경쟁력이 생겨 수출이 늘어난다. 1달러가 1,000원일 때는 1만 원짜리 물건을 만들면 해외에서 10달러에 팔아야 하는데 1달러가 2,000원이 되면 1만 원짜리 물건을 해외에서 8달러(1만 6,000원)에 팔아도 된다. 해외 소비자 입장에서는 가격이 떨어진 것이니 더 살 것이고 국내 생산업체 입장에서는 오히려 가격을 올렸는데도 물건이 더 팔리니 이익이 늘어난다. 결국 수출 경기가 살아나면서 경기가 다시 회복된다.

반대로 경기가 너무 좋으면 원화 가치가 오르면서 환율이 떨어진다. 그러면 이전보다 수입품 소비도 늘고 해외여행도 더 많이 가면서 달러를 더 많이 쓰게 된다. 또 수출업체 입장에서는 이전과 같은 가격에 팔아도 해외 소비자가 달러로 표시된 상품 가격을 보면 가격이 오른 것이 되니 덜 사게 되고 수출 경기는 나빠지게 된다.

환율 효과는 양날의 칼

환율이 경제에 미치는 영향은 조금 복잡하지만 독일과 그리스를 보면 알 수 있다. 1999년 유로존 국가들이 유로화를 쓰면서 유로화를 쓰는 국가들끼리는 환율의 의미가 없어졌다. 미국과 캐나다 국민들이 영어를 함께 쓰면서 언어의 장벽이 사라진 걸 생각해보면 이해가 쉽다.

하지만 언어를 통일하더라도 두 나라는 엄연히 다른 나라고 많은 차이가 존재한다. 유로화를 함께 쓰기로 한 유로존 국가들도 마찬가지였다. 가장 큰 차이는 물가 상승률이었다. 그리스 같은 남유럽 국가들은 높은 물가 상승률에 높은 금리를 바탕으로 경제를 운영했는데 유로존에 편입되면서 금리는 낮아지고 물가 상승률은 높은 수준을 유지하게 됐다. 문제는 여기서 생겼다. 물가가 높으면 보통 화폐 가치가 떨어지고 환율이 오르게 된다. 환율이 오르면 앞에서 선명한대로 수출 경쟁력이 좋아지기 때문에 경제에는 긍정적이다. 그런데 그리스는 유로화를 쓰다 보니 이 같은 환율 효과를 누리지 못했다. 결국 경상수지 적자가 쌓이면서 경제는 위기를 맞았다.

물가 상승률이 낮았던 독일은 반대의 경우다. 물가가 낮으면 화폐 가치가 올라 환율이 떨어지고 수출 경쟁력이 나빠져야 한다. 그러나 유로화를 쓰면서 환율이 그대로 유지되다 보니 실제 독일 경제 수준에 비해 환율이 저평가돼 수출 경쟁력을 유지할 수 있었다. 이는 경상수지 흑자가 계속되는 결과를 낳았고 지금의 독일 경제를 만든 원동력 중 하나가 됐다.

결국 실제 경제력보다 환율이 낮았던 그리스는 불황에 빠졌고, 독일은 실제 경제력보다 환율이 높아 경쟁력을 유지할 수 있었다. 이런 이유 때문에 거의 모든 국가는 자국 통화가 약세이기를 바란다. 또 환율 전쟁이라는 말이 나올 만큼 다른 나라의 환율 정책이나 환율 움직임에 민감하게 반응한다.

최근에는 이런 '경제학의 상식'이 깨지고 있다. 고환율 정책이 경제 성장은 물론 수출업체에도 별 도움이 안 된다는 분석이 나오고 있기 때문이다. 수출 기업도 국내에서 모든 물건을 만드는 것이 아니라 수입한 물건을 바탕으로 제품을 만들어 판다. 우리나라 수출 기업의 평균 국내 부가가치 비중은 50% 내외다. 즉, 물건 하나를 만들어 팔아도 매출의 절반은 해외에서 들여온 것이란 뜻이다. 결국 환율이 오르면 이전보다 싸게 물건을 팔 수 있을 것 같지만 이미 제품 생산 비용이 올라가 전체적으로는 이익이 아니라는 말이다. 물론 수출업체마다 국내 부가가치 비중이 달라 고환율 효과를 보는 기업도 있겠지만 전체 나라 경제로는 환율 상승이 도움이 되지 않는다는 분석이 많아졌다.

주식 시장은 고환율을 싫어한다

더군다나 금융 시장만 놓고 보면 환율이 올라가는 것은(원화 가치 하락) 전반적으로 나쁜 뉴스에 속한다. 주식 시장에 들어와 있는 외국인투자자 때문이다.

국내투자자가 국내 기업의 주식을 사는 것과 외국인투자자가 국내 기업의 주식을 사는 것은 크게 다른 일이다. 국내투자자는 주가라는 한 가지 변수만 생각하면 되지만 외국인투자자는 주가와 함께 환율 손익을 함께 고려해야 한다. 주식 투자로 10% 이익을 내도 환율이 20% 오르면 주식 판 돈을 달러로 바꿔 나갈 때 결국 10% 손해가 되기 때문이다. 채권 시장에서도 마찬가지다.

일부에서는 환율이 크게 오르면 현대자동차나 삼성전자와 같은 수출업체 주가는 오르지 않겠느냐 생각할 수 있다. 그러나 환율 상승에 따른 손해는 바로 나타나지만, 환율 상승으로 인한 수익 개선 효과는 시간이 꽤 지나야 나타난다. 환율 상승이 수익 개선을 가져와 주가 상승으로 이어지기까지는 시차가 있다.

무엇보다 환율이 너무 급하게 올라 외국인투자자의 매도세가 강해지면 이 영향으로 주가가 더 내려가고 환율은 더 오르는 악순환이 생길 수 있다. 일종의 뱅크런(Bank Run) 현상이 주식 시장과 외환 시장에서 생길 수 있다. 1997년 외환위기나 2008년 금융위기에 겪었던 일들이다.

이럴 때 국내투자자는 어떻게 해야 할까? 외국인투자자처럼 달러 자산에 투자하면 된다. 미국 주식이나 달러 표시 채권을 사면 된다. 환차익만 노리고 그냥 달러통장을 만들어 달러만 사도 된다.

주식 외에도 국제유가나 금 가격도 달러와 반대로 움직인다. 기본적으로는 유가나 금이나 모두 달러로 거래되기 때문에 달러 가치와 반대로 움직인다.

한 명의 투자자가
영국 파운드화를 무너뜨리다

기업이나 투자자 입장에서 환율은 참 골치 아픈 존재다. 기업 입장에서는 수출입 계약을 하거나 각종 투자를 할 때 환율 변수를 반드시 고려해야 한다. 외국인투자자도 국내 금융 시장에 들어올 때 환율 변동을 고려해야 하니 투자를 망설이게 된다. 내가 투자한 회사의 주가가 10% 올라도 환율이 20% 오르면 결국 10% 손해가 된다. 이런 변수를 감당하느니 그냥 투자를 포기할 우려가 있다.

그래서 차라리 고정환율제를 쓰는 것이 좋지 않나 생각할 수 있다. 실제로 홍콩이 아시아의 금융 중심지가 된 이유도 고정환율제 덕분이다. 홍콩은 '1달러(미국달러)=7.75~7.85홍콩달러'로 환율을 고정시켜 놓고 있다. 홍콩달러를 사면 언제든지 항상 동일한 가격으로 미국 달러와 바꿀 수 있기 때문에 금융 시장 참가자들은 환율 변동에 신경 쓰지 않고도 홍콩 금융 시장에 투자할 수 있다. 홍콩은

이 지위를 이용해 각종 금융 상품을 다양하게 만들 수 있다. 또 외환이 필요한 아시아 주요 기업들은 미국까지 가지 않아도 홍콩에서 각종 채권 발행이나 기업 공개(IPO) 등을 할 수 있다. 특히 중국은 아직 자본 시장을 완전히 개방하지 않아 외국인투자자들이 중국 기업에 투자하는 것이 쉽지 않은데, 홍콩이 중국 투자의 관문 역할을 하고 있다. 외국 투자자들은 홍콩을 통해 중국에 투자하고, 중국 기업도 홍콩에서 자금을 조달하고 있다.

이렇게 보면 고정환율제가 좋아 보이지만 자세히 따져보면 단점도 적지 않다. 고정환율제의 가장 큰 단점은 중앙은행이 자율적으로 통화 정책을 펼치기 어렵다는 점이다. 경기가 어려우면 금리를 낮추고 경기가 과열되면 금리를 올리는 식으로 자국 경기 상황에 맞춰 통화 정책을 펴야 하는데 고정환율제에서는 환율을 고정시킨 국가의 통화 정책이 항상 최우선이 될 수밖에 없다.

예를 들어 우리나라가 '1달러=1,000원'에 환율을 고정시켰다면, 우리는 미국의 기준금리를 그대로 쫓아가야 한다. 만약 미국 기준금리가 한국 기준금리보다 높으면 금방 한국 국채 발행이 안 된다. 국가 신용도는 미국이 더 좋은데 금리가 한국보다 높으면 한국 국채에 투자할 이유가 없다. 현재 미국 국채보다 한국 국채금리가 더 낮은데도 한국 국채를 사는 이유는 환율이 떨어져(원화 가치가 올라) 환차익을 볼 수 있다는 기대감 때문이다. 다시 말해 달러에 원화를 고정시킨다면, 기준금리도 미국 기준금리를 그대로 쫓아가거나 오히려 조금 높게 유지해야 한다. 국가 신용도는 한국이 미국보다 떨어지는데 금리가 같으면 자금이 빠져나갈 수 있기 때문이다. 이 경우 경기 변동에 따른 금리 정책을 쓸 수 없게 된다. 우리나라 경기가 어려워도 미국 경기가 좋은 상황에서 미국이 금리를 올려버리면 우리나라도 금리를 올릴 수밖에 없다. 실제로 2017년 미국 금리 상승기에 홍콩이 페그제를 포기할 것이란 전망이 쏟아졌다. 홍콩은 미국의 저금리 정책을 쫓아 약 6년 동안 0.5%의 낮은 기준금리를 유지했다. 여기에 부족한 주택 공급과 중국 본토 자금 유입으로 부동산 가격이 급등했고 가계 부채도 빠르게 늘었다. 문제는 미국이 금리를 빠르게 올리면서 홍콩의 부동산 거품이 빠르게 꺼질 수 있다는 점이다. 부동산 가격은 너무 빨리 올라도 문제지만 너무 빨리 떨어지는 것은 더 큰 문제다. 부동산 가격이 급락하면 부동산을 담보로 한 대출에 문제가 생기면서 금융기관 부실로 이어질 수 있다.

고정환율제는 외환보유고가 막대해야 한다는 단점도 있다. 고정환율제는 언제든지 정해진 값에 화폐를 달러로 바꿔 나갈 수 있다고 그 나라의 중앙은행이 보장해주는 제도다. 이렇게 하기 위해서는 중앙은행에 외환보유액이 풍부해야 한다. 우리가 은행에 돈을 맡길 수 있는 것은 은행에 돈이 많으니 내가 필요하면 언제든지 돈을 찾을 수 있어서인 것과 같다.

문제는 경상수지 적자가 이어질 때다. 이럴 때 변동환율제라면 달러가 모자라는 만큼 환율이 올라가면 된다. 그러나 고정환율제에서는 경상수지 적자가 이어지면 외환보유고를 헐어가며 달러를 공급해 환율을 유지해야 한다.

또 환율이 오르면 수출업체의 가격 경쟁력이 올라가고 수입품 가격 상승으로 수입은 줄어 경상수지 흑자로 돌아설 수 있는데 고정환율제에서는 이런 가격 조정 기능이 작동하지 않아 만성적인 적자가 지속될 수 있다. 결국 부족한 외환을 해외에서 빌려와야 하니 외채가 늘어난다. 무엇보다 자본 시장에서 이런 상황을 눈치 채면 대거 자본 유출사태가 벌어질 수 있다. 은행이 불안하면 고객들이 몰려들어와 돈을 빼가는 뱅크런 사태처럼 말이다.

조지 소로스의 성공과 실패

실제로 이런 맹점을 활용해 큰돈을 번 사람이 있다. 바로 투자자 조지 소로스다. 유럽은 1979년 유럽통화제도(EMS)의 하나로 유럽환율메커니즘(ERM)이란 시스템을 도입했다. 독일, 프랑스 등 주요 국가들의 화폐 가치를 계산해 유럽환율단위(ECU)라는 가상의 통화를 만들어 각국 화폐 변동 폭을 ECU의 ±2.25%로 묶어 놨다. 일종의 고정환율제인 셈이다.

영국은 초기에는 ERM을 도입하지 않다가 1990년부터 도입했다. 단, 영국 1파운드당 독일 2.95마르크화를 기준으로 해서 ±6%의 변동 폭으로 움직이도록 합의했다.

문제는 독일의 통일이었다. 통일 독일은 동독 화폐와 서독 화폐를 1대 1로 맞교환 했고, 동독 경제를 끌어올리기 위한 대대적인 투자도 단행했다. 독일 중앙은행은 이로 인한 물가 상승을 막기 위해 기준금리를 2년 동안 10차례나 올렸다.

이렇게 독일이 금리를 올리니 ERM을 적용하는 유럽의 다른 나라들도 함께 금리를 올릴 수밖에 없었다. 그 결과, 경기가 위축되고 실업률이 크게 올라가는 사태가 벌어졌다. 그러나 영국은 금리를 올리기보다는 외환보유고로 맞섰다. 영국 중앙은행인 영란은행 금고에 돈이 많으니 금리를 올리지 않고도 환율을 유지할 수 있다고 생각한 것이다. 반면 조지 소로스는 영국 외환당국의 생각이 잘못됐다는 것을 알았다. 조지 소로스는 언론을 통해 파운드화가 대폭락할 것이라며 분위기를 조성했다. 그리고 1992년 9월 15일 하루에만 100억 달러를 동원해 파운드화를 공격했다. 달러를 맡기고 파운드화를 빌린 다음, 파운드화를 대거 팔아버리는 식이다. 조지 소로스의 움직임에 다른 헤지펀드들도 동참했는데 그 규모가 1,100억 달러에 달했다. 영란은행은 외환보유고를 총동원해 파운드화를 사들이면서 환율을 유지하려고 했지만 결국 환율 방어에 실패했다.

다음 날인 9월 16일, 영국은 ERM 탈퇴를 선언한다. 고정환율제를 포기한 것이다. 고정환율제를 포기하면서 영국 파운드화 가치는 크게 떨어졌고, 파운드화 하락에 배팅했던 조지 소로스는 큰돈을 벌었다. 1997년 아시아 외환위기 때도 이런 식으로 외환보유고에 의존해 환율을 유지하는 나라를 공격, 큰돈을 벌었다.

물론 조지 소로스가 항상 성공한 것은 아니다. 2016년 조지 소로스가 중국 위안화 하락에 배팅하자 중국인민은행은 홍콩 외환 시장에서 외환보유고로 위안화를 대거 매입해 방어에 성공했고, 조지 소로스는 큰돈을 잃었다.

달러는 어떻게 세계의 화폐가 됐나?

환율은 그 나라 돈의 값이라고 했다. 여러 나라 화폐들 간의 교환 비율이라는 뜻이다. 그러나 이를 좀 더 현실적으로 말하면 환율은 미국 달러화를 사는 값이다. 우리나라에서 환율이라고 하면 1달러를 사는데 몇 원이 필요한지를 나타낸 것이고, 일본에서는 1달러를 사는데 몇 엔이 필요한지, 아프리카 탄자니아에서는 1달러를 사는데 몇 탄자니아실링이 필요한지를 의미하는 것이다. 전 세계 환율의 기준은 달러화다.

이유는 간단하다. 전 세계 여러 나라가 무역을 할 때 달러로 결제하는 비중이 가장 크기 때문이다. 국제 은행 간 통신협회에 따르면 2022년 1월 기준, 달러화가 국제 결제에서 차지하는 비중은 약 40%다. 2위는 유로화로 약 30%다. IMF에 따르면 각 나라가 쌓아놓는 외환보유고에서 달러가 차지하는 비중은 약 60%다. 원유나

금 등 각종 원자재는 달러로만 가격을 표시한다. 달러를 가장 많이 쓰니 환율을 이야기하는 기준도 자연스럽게 달러가 된 것이다.

달러는 어떻게 전 세계의 화폐가 됐을까? 1944년으로 거슬러 올라가 보자. 2차 세계대전이 끝으로 치닫던 1944년 7월 미국 뉴햄프셔주 브레튼우즈에 44개 연합국 대표들이 모여 전후 국제통화 질서에 대해 논의했다. 이 회의를 통해 지금의 IMF와 국제부흥개발은행(IBRD)을 만들었다. 그리고 달러를 기축통화로 하는 금본위제가 도입된다.

금본위제는 각 나라가 자국 화폐를 찍을 때 금을 기준으로 하는 제도다. 과거에는 금으로 만든 금화가 물건을 교환하는 수단이었다. 그러나 보관이나 관리가 어렵고 일일이 확인도 어려워 이를 대체하기 위해 만든 것이 지금의 지폐 형식의 돈이다. 은행은 금이 있는 만큼 돈을 찍어내고 이 돈을 갖고 은행에 가면 다시 금으로 바꿔주는 것이 금본위제다.

예를 들어, 우리나라가 금본위제를 하면서 금 1그램은 1만 원이라고 결정했다고 치자. 이 말은 돈 1만 원을 들고 한국은행에 가면 언제든지 금 1그램을 준다는 약속이다. 이걸 금태환이라고 한다. 만약 한국은행에 금이 1톤(100만 그램)이 있다면 한국은행이 찍어낼 수 있는 돈(본원통화)은 100억 원이 된다. 만약 지금보다 100억 원을 더 찍고 싶으면 금 1톤을 더 구해오거나 금 1그램은 5,000원이라고 교환 기준을 바꿔야 한다(그런데 이렇게 되면 원화의 신뢰성이 확 떨어져 아무도 원화로 거래하려고 하지 않을 것이다).

원래 금본위제는 두 차례의 세계대전을 치르면서 사실상 무너졌다. 전쟁을 하려면 워낙 돈이 많이 필요해진다. 그래서 각 나라들은 보유한 금과 관계없이 일단 돈을 찍어냈고 그런 바람에 금태환이 불가능해진 것이다.

그런데 전 세계에서 단 하나, 미국만은 이게 가능했다. 브레튼우즈체제를 만들 당시 전 세계 금의 70%는 미국에 있었다. 2차 세계대전 동안 유럽 각국은 미국으로부터 전쟁 물자를 구입하면서 주로 금으로 결제했기 때문이다. 브레튼우즈에서 열린 회의를 통해 미국은 금 1온스를 35달러에 고정시키고 다른 나라는 미국 달러에 환율을 고정시켰다. 이때부터 '달러=금'이라는 공식이 성립됐고 달러가 전 세계의 대표 화폐로 올라섰다.

그러나 금태환이 가능한 유일한 화폐라는 달러의 지위는 오래가지 못했다. 유럽 국가들이 전쟁을 치르면서 금태환을 포기한 것처럼 미국도 결국 전쟁의 덫에 빠졌기 때문이다. 국제 거래에서 달러가 쓰이면서 그렇잖아도 달러를 많이 찍어내던 와중에 베트남 전쟁이 장기전의 늪에 빠지자 미국 정부의 지출이 급증했다. 이를 심상치 않게 보던 샤를 드골 당시 프랑스 대통령은 1966년부터 달러가 생기는 족족 금을 요구했다. 당시 드골 정부는 비행기와 군함, 잠수함 등을 동원해 뉴욕에서 프랑스로 금을 날랐다. 이를 본 다른 나라들도 미국에 금태환을 요구했고 결국 1971년 8월 15일 리처드 닉슨 당시 미국 대통령은 금태환 정지를 선언했다.

달러를 구한 사우디, 사우디를 지킨 미국

달러를 위기에서 구해준 건 다름 아닌 원유였다. 미국이 금태환을 포기하고 전 세계에서 달러에 대한 신뢰가 무너지던 1975년, 미국은 세계 최대 원유 생산국 중 하나인 사우디아라비아와 원유 결제를 달러화로만 하기로 하는 합의를 체결했다. 이 합의에는 다른 석유수출국기구(OPEC) 회원국들도 동참했다. 또 중동 산유국들은 이렇게 벌어들인 달러를 미국 국채에 투자하기로 했다.

미국은 대신 중동 지역의 인프라 건설과 기술 이전 등 경제적 지원을 하기로 한다. 특히 미국은 사우디 왕조에 군사 장비를 팔고 소련의 위험에서 보호해주기로 하는 등 외교적, 정치적 후원자가 돼준다. 이른바 '페트로—달러'체제가 구축된 것이다. 이처럼 원유를 달러로만 살 수 있게 되면서 원유가 필요한 국가는 미국에 물건을 팔고 달러를 얻어야 하는 시스템이 만들어졌다.

달러의 위치가 공고해진 데에는 미국의 소비력도 한몫했다. 미국은 1970년대부터 거의 매년 경상수지 적자를 유지하고 있다. 미국이 해외에 물건을 파는 것보다 해외에서 사와 소비하는 규모가 훨씬 큰 것이다. 보통의 국가라면 유지가 불가능한 경제 구조지만, 미국은 달러를 찍어내는 기축통화국이기 때문에 이런 구조를 유지할 수 있다.

미국 정부는 모자라는 돈만큼 대규모 채권을 찍어내 충당하고, 다시 이 채권은 중국을 비롯해 경상수지 흑자를 내는 국가들이 사고 있다. 2021년 말 기준 미국의 국가 부채는 약 30조 달러로 미국

GDP 대비 130% 수준이다.

우리나라처럼 열심히 일해서 수출로 먹고살아야 하는 나라가 볼 때에는 참 부럽기만 하다. 그러나 미국이 이렇게 빚을 내면서 경상수지 적자를 유지하지 않으면 미국이 전 세계 달러를 빨아들이게 되고 달러 유동성이 줄어들면서 경기 위축이 올 수 있다. 자전거 페달을 굴리지 않으면 쓰러지는 것처럼 전 세계 경제라는 자전거 바퀴가 계속 돌아가려면 미국은 계속 빚을 내서 돈을 쓰고 중국은 물건을 팔아 번 돈을 미국에 다시 빌려주는 수밖에 없다.

경기가 나빠지면 달러 자산에 투자할 때다

    일반인 입장에서는 해외여행 할 때가 아니고서는 환율에 신경 쓸 일이 거의 없다. 경제 구석구석 환율의 영향을 받지 않는 곳이 없지만, 평범한 직장인이나 국민들의 경우 환율을 체감할 일은 많지 않다. 하지만 누구나 환율에 민감하게 반응해야 하는 분야가 하나 있으니, 바로 주식 시장이다. 환율에 따라서 내 재테크의 성패가 갈리니 누구나 환율 전문가가 되어야 한다.

    환율이 재테크에 어떤 영향을 미치는지 자세히 살펴보자. 우선 경기가 나빠지기 시작하면 달러화에 투자할 때라는 신호다. 미국 경기가 나빠지면 미국 소비가 줄어든다. 전 세계 최대 소비국의 소비가 줄어드니 우리나라나 중국처럼 무역으로 먹고사는 신흥국의 수출이 줄어든다. 그러면 경상수지가 나빠지면서 달러가 그만큼 들어오지 않아 환율이 오르게 된다. 또 자본 시장에서는 불안심리가 커지면서 가장 안전한 미국 국채로 돈이 몰린다. 신흥국 자본 시장에 있던 돈이 미국 국채로 들어가니 달러 가치는 더 올라가게 된다. 그러니 경기가 안 좋아질 때에는 달러 자산에 투자하면 된다. 가장 쉬운 방법은 은행에서 달러통장을 만들어 예금하는 것이다. 원화를 넣으면 달러로 환전해서 맡아준다. 이자도 주고 원화 예금처럼 5,000만 원까지 예금자 보호도 된다. 환율이 올라 환차익을 봐도 세금이 붙지 않는다.

달러 표시 채권도 좋은 투자처다. 증권사에 가서 달러 표시 채권을 사거나 HTS를 이용해서 사도 된다. 특히 요즘처럼 한·미 간 금리가 역전된 상황에서는 한국 채권보다 더 높은 이자를 받을 수 있다. 미국 기업을 잘 몰라 불안하면 한국의 은행들이나 증권사 등에서 발행하는 달러 표시 채권도 투자 대안이 된다. 경기가 불안할 때는 상대적으로 높은 금리의 채권을 발행하기 때문에 좋은 조건의 채권을 살 수 있다. 단기 자금이면 증권사가 판매하는 달러 표시 환매조건부채권(RP)을 사는 것도 괜찮다. 상품에 따라 하루나 1주일, 1개월, 3개월 등 기간이 다양하다. 역시 환차익을 기대할 수 있다.

미국 주식에 투자할 수도 있다. 미국 주식 역시 HTS에서 살 수 있다. 신한금융투자의 일명 '소수점 주식 구매' 서비스를 이용하면 적은 돈으로도 미국 주식에 투자할 수 있다. '소수점 주식 구매'는 1주 단위로 주식을 사는 것이 아니라 0.1주나 0.01주 등 소수점 단위로 주식을 쪼개 사고팔 수 있다. 이렇게 되면 1주에 200만 원 정도 하는 아마존 주식도 0.01주 단위로 살 수 있다. '소수점 주식 구매'는 신한금융그룹 앱에서 거래할 수 있다. 단, 달러 상승기에는 경기가 둔화하는 시기이니 주식 투자에는 그만큼 신중해야 한다. 이 외에도 달러로 가입할 수 있는 종신보험도 있다.

실생활에서 환율로 돈 아끼는 법

꼭 투자로 돈을 벌지 않아도 실생활에서 환전이나 송금할 때 조금만 신경 쓰면 돈을 아낄 수 있다. 명동이나 남대문 환전소는 여전히 가장 유리한 환율로 환전할 수 있는 곳이다. 과거에는 환전소마다 돌아다니며 환율을 비교해야 최대한 유리하게 환전할 수 있었지만, 요즘은 은행과 환전소 간 환율을 비교할 수 있는 앱(마이 뱅크)이 나오면서 발품을 팔아야 하는 수고도 덜게 됐다. 특히 외화를 원화로 바꿀 때는 환전소가 은행보다 압도적으로 유리하다. 외화를 살 때 은행들의 각종 수수료 할인 이벤트를 이용하면 사설 환전소와 비슷한 환율을 적용받을 수 있지만 외화를 팔 때에는 은행들이 이런 이벤트를 별로 하지 않아서다. 명동 환전소까지 가기 어렵다면 그냥 은행 앱을 통해 미리 환전한 뒤, 공항에 있는 해당 은행 창구에서 찾아도 나쁘지 않다.

환전할 때는 달러나 엔화, 유로화, 위안화 등 주요 통화가 아니라면 그냥 달러로 환전하는 것이 가장 좋다. 만약 태국에 놀러가려고 바트화를 산다면 한국에서 원화로 바트화를 사기보다는 원화로 달러를 산 뒤 태국 현지에서 달러로 바트화를 사는 것이 유리하다. 한국에서는 원화를 바트화로 바꾸려는 수요가 많지 않으니 환율이 나쁘지만, 달러를 가지고 태국에 가면 바트화와 달러를 교환하려는 수요가 많아 환율을 잘 쳐준다. 해외에서 카드로 결제할 때는 꼭 현지 통화로 결제해야 한다. 원화로 결제하면 수수료를 한 번 더 내기 때문이다. 해외 나가기 전에 원화 결제 서비스 차단을 신청하고 가면 안전하다.

해외 송금할 때도 조금만 신경 쓰면 수수료를 크게 아낄 수 있다. 과거에는 해외로 돈을 보내려면 스위프트 결제 시스템을 이용해야 했다. 국내 은행에서 돈을 보낼 때 중개 은행과 현지 은행을 거치는 구조다. 때에 따라서는 중개 은행이 2개 이상 붙기도 한다. 그러면 수수료가 더 붙고 시간도 며칠이 걸렸다. 은행에서 1,000달러를 보내면 송금 수수료에 전신료, 중개 은행 수수료, 환전 수수료 등으로 몇 만 원이 들었다.

최근에는 인터넷 은행들이나 핀테크업체가 해외 송금 시장에 진출하면서 이 스위프트망을 쓰지 않는 다양한 송금 방식이 나오고 있다. 인터넷은행은 전 세계 주요국에 지점을 두고 있는 씨티은행의 망을 활용해 송금한다. 핀테크업체들은 해외 대형 송금업체에 미리 목돈을 보낸 뒤, 고객이 요청하면 현지에서 송금하거나 핀테크업체가 여러 소액 송금을 모아서 한 번에 보내는 일종의 공동 구매 방식으로 송금하기도 한다. 이런 새로운 방식이 나오면서 송금 서비스 수수료도 10분의 1 수준으로 떨어졌고, 송금 시간도 빨라지고 있다.

3장

주식

대통령 지지율도 움직이게 만드는 주식 시장

"도대체 주식이 뭐길래…."

2018년 말, (당시) 여당인 더불어민주당 관계자들 사이에서 탄식처럼 나온 말이다. 무슨 일이 있었던 걸까? 2018년 12월 13일 여론조사 전문기관인 리얼미터는 문재인 (당시) 대통령 지지율이 48.1%로 취임 후 최저치를 기록했다고 발표했다. 문 (당시) 대통령의 지지율이 하락한 데에는 여러 가지 이유가 있겠지만 주식 시장의 부진을 빼놓을 수 없다는 것이 당시 정치권과 금융업계 관계자들의 공통된 의견이었다.

실제로 문 대통령의 지지율과 코스피 지수는 2018년 한 해 동안 비슷한 움직임을 보였다. 문 대통령의 지지율과 코스피 지수 모두 2018년 1~2월에 하락했다가 상반기에 천천히 오름세를 기록했다. 그러다 6월을 전후로 해서 급락하는 모습을 보였다. 싱가포르에서 열린 미·북 정상회담 직후 문 대통령 지지율은 하락세로 돌아섰고 코스피 지수도 마찬가지였다. 9월 들어 문 대통령 지지율과 코스피 지수는 상승 반전했다. 문 대통령의 평양 방문이 있었던 때다. 하지만 10월 들어 문 대통령 지지율과 코스피 지수 모두 하락세로 돌아섰고 속절없이 떨어졌다.

물론 문 대통령 지지율과 코스피 지수의 관계를 갖고 어느 한 방향으로만 움직인다고 볼 수는 없다. 코스피 지수가 하락해서 문 대통령 지지율이 하락하는 게 아니라 그 반대일 수도 있다. 대북관계에서 이렇다 할 돌파구를 찾지 못한 탓에 외국인투자자가 한국 증시를 부정적으로 바라봐서 코스피 지수가 하락한 것일 수도 있다. 대통령의 지지율과 코스피 지수가 1년 내내 동행하는 모습을 보일 정도로 주식 시장이 정치적으로도 중요한 의미를 가진다는 것이 중요하다. 〈중

양일보〉는 2018년 12월 14일자에서 대통령 지지율과 코스피 지수의 상관관계를 분석하며 '대통령 지지율은 주가지수를 따라간다', '2018년 말에 지지율이 하락한 건 주식 시장 부진 때문'이라고 결론 내렸다. '아버지를 죽인 원수는 잊을 수 있지만, 재산을 빼앗은 사람은 여간해서 용서하지 않는다'라는 오래된 격언까지 인용하며 집권 여당에 대한 주식 시장의 차가운 시선을 전했다.

이 같은 분석에 신빙성이 있는 건 한국 주식 시장의 독특한 구성 때문이기도 하다. 한국은 자본 시장 선진국들과 달리 주식 시장에서 개인투자자가 차지하는 비중이 크다. 한국거래소에 따르면 한국 주식 시장에서 개인투자자가 차지하는 비중이 67% 이상이다. 주식 시장 투자자 세 명 중 두 명은 개인투자자라는 것이다. 외국인 투자자는 18.4%, 기관투자자는 13.1%에 불과했다.

문제는 개인투자자 대부분이 투자에서 좋지 않은 성적표를 받아든다는 점이다. 2018년에만 해도 개인투자자 순매수 상위종목 10개 중 주가가 오른 종목은 4개뿐이었다. 기준점을 어디로 잡아도 상황은 비슷하다. 〈조선일보〉가 2019년 초부터 4월 17일까지 투자자별 성적표를 비교해봤더니 외국인투자자와 기관투자자는 각각 18.4%, 14.7%의 수익률을 기록했지만 개인투자자는 -2.7%를 기록하는 데 그쳤다. 자금력과 정보력, 헤지(hedge) 능력 등 모든 면에서 열세인 개인투자자는 주식 시장에서 돈 버는 게 만만치 않다. 이런 상황에서 정부의 경제 정책이 주식 투자에 불리하게 작용한다는 생각까지 들면 개인투자자들은 정권에 부정적인 입장으로 돌아서게 되는 것이다.

"도대체 주식이 뭐길래?"라고 묻는다면, 정권의 운명까지 좌지우지할 수 있는 역린이라고도 할 수 있겠다.

주식으로 돈 벌고 싶다면
주식이 무엇인지부터 알아야 한다

다시 처음의 질문으로 돌아가 보자. 도대체 주식이 뭐길래 주가지수의 상승, 하락에 세상이 들썩들썩하는 걸까? 이번에는 푸념이 아니라 진짜 질문이다.

'도대체 주식은 뭘까?'

이 질문을 주변에 던져보라. 주식에 투자하는 사람은 셀 수 없이 많지만 정작 주식이 뭔지 대답할 수 있는 사람은 얼마 되지 않는다는 걸 알 수 있다. 그리고 이 질문에 대한 대답이야말로 주식 투자를 잘하는 비법이라는 것도 알게 된다. 어려울수록 본질로 돌아가야 하는 법이다.

좋은 회사를 만들 수 없으니 좋은 회사의 주식을 사자

'주식'을 백과사전에서 찾아보자. '주식회사의 자본을 이루는 단위로서의 금액, 또는 이를 전제로 한 주주의 권리와 의무'라는 아리송한 문장이 나올 것이다. 이게 무슨 말인지 이해하는 것이 주식 투자의 첫걸음이다.

먼저 주식회사란 무엇일까? 주식회사는 주주들이 낸 자본으로 구성된 회사를 말한다.

여기 기가 막힌 아이디어를 가진 A라는 사람이 있다. A의 아이디어는 정말 대단해서 물건을 만들기만 하면 소위 대박이 날 수 있다. 문제는 아이디어만 있고 제품을 만들 수 있는 돈이 별로 없다는 것이다. 이때 몇 가지 선택권이 있다. 우선 아이디어를 기존에 있는 회사에 팔 수 있다. 특허권을 매각하는 것이다.

그게 아니라면 투자를 받아 회사를 설립하는 방법이 있다. A의 아이디어를 듣고 투자자 9명이 모였고, A를 포함해 이들 10명은 1억 원씩 모아 주식회사 '대박'이라는 회사를 만들기로 했다. 이 회사의 자본금은 10억 원이 된다. 대신 회사는 주식 10만 주를 발행한 뒤 액면가 1만 원인 주식 1만 주씩 나눠 가졌다. 돈을 낸 10명은 대신 이 회사의 주주가 된다. 각자가 갖는 지분은 10%씩이다.

이렇게 해서 A는 자신의 아이디어를 제품으로 만들 수 있게 됐고, 실제로 A가 만든 회사는 대박이 났다. 주식회사 '대박'이 만들어낸 제품은 전 세계로 수출이 되고 많은 매출을 올리기 시작했다. 이제 어떻게 해야 할까? 당연히 공장을 늘려 회사를 키워야 한다. 그렇게 하기 위해서는 더 많은 자본이 필요하다. A는 투자자 9명을 모아 회의를 하고 주식 시장에 자신들의 주식을 상장하기로 결정한다. 일단 회사는 주식을 10만 주 더 발행한다. 이를 증자라고 한다. 그러면 전체 주식은 20만 주가 된다. 대신 투자자들이 가진 주식은 20만 주 중 1만 주씩이니 지분은 10%에서 5%(1만 주÷20만 주)로 줄어든다. 그리고 회사는 이 10만 주를 주식 시장에 내놓는다. 주식회사 '대박'을 높게 평가한 사람들은 회사의 가치를 1,000억 원으로 보고 10만 주의 주식을 주당 50만 원에 샀다. 이렇게 생긴 500억 원은 회사에 재투자된다. A를 비롯한 9명의 투자자는 당장 지분이 5%로 줄었지만 가진 주식의 가치는 1억 원에서 50억 원으로 50배가 됐다.

주식회사 '대박'이 처음 생겼을 때 주식 가격은 주당 1만 원이었지만 지금은 50만 원이 됐다. 그런데도 사람들이 주식회사 '대박'의 주식을 사는 것은 시장 참가자들이 앞으로도 주가가 더 오를 것으로 기대하기 때문이다. 즉, 미래 가치에 투자하는 것이다.

모두가 A처럼 뛰어난 아이디어를 가지고 좋은 회사를 만들 수는 없다. 그 대신 주식 시장에 나온 회사 중에 좋은 회사를 찾아서 투자하는 건 누구나 가능하다. 주식투자인 B는 여윳돈이 있어 주식 시장에 상장한 '대박'의 주식 10주를 샀다. B는 이때부터 '대박'의 주주가 된다. 한마디로 '대박'의 20만 분의 10 만큼 주인이 되는 것이다.

주주가 되면 자신이 투자한 주식회사에 대해 여러 가지 권리와 의무를 갖게 된다. 권리의 경우 회사의 중요한 경영사항이 결정되는 주주총회에 참가하고 투표하는 것이 대표적이다. 회사의 각종 서류를 열람할 수 있는 권리도 있다. 더 나아가서는 주식회사의 해산을 청구할 수 있는 권리도 있다. 회사가 수익이 많이 나 배당을 하면 배당금도 받을 수 있다.

동시에 주주는 자신이 가진 주식의 인수가액만큼 회사 경영에 대한 책임을 진다. 기본적으로 주식은 평등하다. 대한민국 상법에서는 일주(一株)의 금액은 100원 이상으로서 균일해야 한다고 규정하고 있다. 주가가 균일해야 한다는 건 같은 주식회사의 주식은 평등하다는 뜻이다. 내가 가진 삼성전자 주식 1주와 이건희 회장이 가진 삼성전자 주식 1주의 가치가 똑같다는 뜻이다.

그런데 가끔 뉴스를 보다가 고개를 갸웃하게 되는 순간이 있다. 모든 주식은 평등하다고 했는데 '삼성전자' 주가와 '삼성전자우'의 주가가 다르기 때문이다. 2023년 1월 31일 기준으로 삼성전자 주가는 6만 1,000원, 삼성전자우 주가는 5만 5,000원이다. 삼성전자우는 삼성전자가 아니란 말인가? 왜 주가가 다른 걸까?

상법은 회사의 정관에 따라 권리의 내용이 다른 주식을 발행할 수 있도록 하고 있다. 이때 가장 기본이 되는 주식을 보통주라고 한다. 앞에서 말한 삼성전자 주가는 보통주 주가를 의미한다. 보통주와 다른 권리를 가지는 주식으로는 우선주, 후배주, 혼합주 등이 있다. 앞에서 말한 삼성전자우가 바로 삼성전자 우선주를 말하는 것이다. 우선주는 보통주보다 이익, 이자 배당, 잔여재산 분배 등 재산과 관련된 부분에서 우선적인 지위를 가지는 주식을 뜻한다. 대신 우선주는 의결권이 없기 때문에 재산과 관련된 부분을 제외하면 주주의 권리를 행사하기 어렵다. 의결권이 없기 때문에 보통주보다 가격이 낮은 것이다. 우선주 중에서도 일정한 배당을 약속하는 우선주도 있다. 정해진 이자를 보장하는 채권(Bond)과 비슷하다는 의미에서 우선주 종목 뒤에 B를 붙인다.

여기까지가 주식과 주식회사의 기본적인 개념이다. 그렇다면 이런 기본 개념을 주식 투자에 접목하면 어떻게 될까?

좋은 회사의 주식을 사면 주식의 가치(주가)가 오르고 주주는 그만큼 이익을 얻는다. 반대로 나쁜 회사의 주식을 사면 주가가 내려가고 주주는 그만큼 손해를 본다. 좋은 회사를 찾아서 오랫동안 가지고 있는 것만큼 확실한 주식 투자법이 없다는 이야기는 바로 이런 기본 개념에서 출발하는 것이다.

주식 시장과 주식 투자가 복잡해지면서 온갖 투자법이 등장하고 있지만, 가장 확실하고 안전한 투자법은 변함이 없다. 좋은 회사를 찾아서 그 회사의 주주가 되면 된다. 주요한 경영사항에 의결권을 행사하고 싶다면 보통주에 투자하고, 그렇지 않고 배당 등 경제적 이익에 더 많은 관심이 있다면 우선주를 사면 된다.

한국 최초로 주식 시장에 상장한 회사?

한국 전쟁이 끝난 직후 우리나라에도 주식 시장이 만들어졌다. 대한증권업협회는 1953년부터 주식 시장 개설을 추진해 1956년 2월 11일 서울 명동에 대한증권거래소를 설립했다. 주식 거래가 시작된 건 그로부터 한 달 뒤였다. 한국의 첫 상장 기업은 조흥은행, 저축은행, 상업은행, 흥업은행 등 은행 4개와 대한해운공사, 대한조선공사, 경성전기, 남선전기, 조선운수, 경성방직 등 일반 기업 6개, 대한증권거래소, 한국연합증권금융 등 총 12개였다.

정부가 주식 시장 개설을 서둘렀던 건 전후 복구를 위한 자본이 필요했기 때문이다. 당시 한국은 한국 전쟁의 참상에서 벗어나기 위해 발버둥 치던 시기였고, 당연히 막대한 자본이 필요했다. 정부 관계자들이 민간투자자로부터 자본을 모을 수 있는 주식에 관심을 가진 것은 당연한 일이었다.

주식 시장 개설 초기에는 거래가 활발하지 않았다. 주식 대부분을 정부가 보유하고 있었고, 주식을 살만한 투자자도 마땅치 않아서다. 한국의 주식 시장이 활발해진 시기는 1962년 시작된 제1차 경제 개발 5개년 계획 때부터다. 경제 개발이 본격화되면서 정부도 주식 시장 활성화에 나섰고 투기세력까지 나타나면서 주식 투자 붐이 일었다. 아직 인프라와 시스템이 제대로 갖춰지지 않은 상태에서 과열 현상이 생겨 주가가 급등락하는 일이 잦았고 한동안 주식 시장이 침체하기도 했지만, 초창기의 혼란이 끝난 뒤에는 안정기에 접어들었다.

한국 주식 시장에 상장된 기업은 1973년에 100개를 넘겼고, 1997년에는 1,000개를 넘겼다. 상장 기업이 2,000개를 넘긴 건 2016년이다. 주식 시장이 생기고 상장 기업이 1,000개가 되기까지 40여 년이 걸렸는데 1,000개에서 2,000개가 되는 데에는 20년이 채 걸리지 않았다. 그만큼 한국에 좋은 기업이 많이 등장했다는 뜻

이다. 주식 시장이 커지면서 한국 경제와 투자자들의 자산도 함께
성장했다.

내가 투자한 주식은 언제 오를까?

많은 사람이 주식 투자를 하는 이유는 간단하다. 주식의 가격인 '주가'가 오르면 그만큼 돈을 벌 수 있어서다. 은행에 돈을 맡겨서 받는 이자만으로는 목돈을 마련하기 쉽지 않다. 매주 로또를 사지만 당첨자는 100만 명 중 1명이다. 언제 내 차례가 돌아올지, 내 차례가 돌아올 때까지 내가 살아 있을지 장담할 수 없다. 하지만 주식 투자는 잘만 하면 사나흘에 투자금을 두 배 넘게 늘릴 수 있다. 주가가 오르기만 하면 말이다.

문제는 여기에서 생긴다. 주가가 오르기만 하면 돈을 벌 수 있다. 그런데 어떤 기업의 주가가 언제 오를지 알 방법이 마땅치 않다. 사실 당연한 이야기다. 어떤 주식이 언제 오를지 정확히 알 수만 있으면 모두가 큰돈을 벌 수 있을 테니 말이다. 세계적인 투자가인 짐 로저스나 워런 버핏, 조지 소로스도 투자에 실패한 경험이 있다. 언제 어떤 주식의 주가가 오를지 100% 정확하게 알 방법은 없다.

　다만 조금이라도 가능성이 높은 방법을 찾을 수는 있다. 주식 투자란 결국 확률 싸움이다. 조금이라도 주가가 오를 가능성이 큰 기업을 누가 더 빨리 찾아서 투자하느냐에 따라 투자의 성과가 갈린다. 그렇다면 주가는 언제 오를 가능성이 큰 걸까?

경제가 좋으면 주식 시장도 살아난다

　경제 성장률과 주식 시장의 상관관계를 놓고 전문가들 사이에서도 의견이 분분하다. 경제 성장률이 높을 때 주식 시장도 좋아진다는 의견이 있는가 하면, 경제 성장률과 주식 시장은 직접적인 관련이 없다는 의견도 있다. 하지만 국내 주식 시장만 놓고 보면 경제 성장률과 주식 시장 사이에는 확실한 관련이 있다는 게 전문가들의 대체적인 의견이다.

　자본시장연구원에 따르면, 코스피200 지수가 정체기에 접어든 2011년 말 전후로 국내 경제 성장률도 부진한 모습을 보였다. 코스피200 지수는 2017년 상반기에 20%의 높은 수익률을 보였는데, 이때 국내 경제 성장률은 전년 동기 대비 3.8%를 기록하며 모처럼 좋은 모습을 보였다. 경제 성장률이 좋은 모습을 보인다는 건 그 나라의 경제 여건이 좋다는 의미다. 많은 기업이 투자에 나서고 국민들의 소득 수준이 높아지면서 소비도 활발해진다. 당연히 기업의 이익과 투자가 늘면서 주식 시장도 활발하게 돌아갈 수밖에 없다. 주가가 오르려면 그 나라의 경제가 좋아야 한다. 가장 기본이고 가장 중요한 조건이다.

단, 경제가 좋다고 해서 모든 기업의 주가가 오르는 건 아니다. 경제와 상관없이 주가가 부진한 기업도 많다. 반대로 경제가 어려울 때도 홀로 주가가 오르는 기업도 있다. 이런 차이는 어디에서 생기는 걸까?

주식 투자에 관심 있다면 반드시 읽어야 할 책이 한 권 있다. 미국의 전설적인 헤지펀드투자자인 조엘 그린블라트가 쓴《주식 시장을 이기는 작은 책》이다. 사실 이 책에 주식 투자의 A to Z(A부터 Z까지 모든 것)가 담겨 있다고 해도 과언이 아니지만, 여기에서 간단하게 책의 내용을 전하겠다.

이 책에서 조엘 그린블라트는 두 개의 지표만 있으면 투자할 종목을 고를 수 있다고 말한다. 바로 자본 수익률과 이익 수익률이다. 여기서 자본 수익률은 '법인세전이익÷(유동자산—유동부채)+(비유동자산—감가상각비)'이다. 회사가 투입된 돈에 비교해 얼마나 수익을 내는지 보는 지표로 자본 수익률이 높으면 수익이 좋은 회사다. 또 이익 수익률은 '법인세전이익÷(시가총액+순차입금)'이다. 이익 수익률이 높으면 그만큼 저평가됐다는 뜻이다. 그는 이 두 개의 지표로만 20년 동안 주식 투자를 했는데 누적 수익률이 8만 3,600%에 달했다. 자본 수익률과 이익 수익률로만 투자한다는 건 어떤 의미일까? 간단하게 말하면 저평가된 좋은 기업을 찾으라는 것이다.

주식 시장에 상장된 기업은 여러 가지 이유로 투자자의 외면을 받기도 한다. 기업의 성장 가능성이 크고 자산이 많은데도 잘 알려지지 않거나 약점이 강점보다 크게 평가받으면서 주가가 지지부진한 경우가 많다. 조엘 그린블라트의 전략은 이런 기업을 찾아서 투자하라는 것이다. 기초 체력이 좋은 기업은 언젠가는 주가가 오를 수밖에 없으니 그런 기업을 많이 찾아서 갖고 있으면 언젠가는 수익을 낼 수 있다는 설명이다. 워런 버핏의 스승으로 유명한 벤저민 그레이엄은 자산이 많은 기업에만 투자했다. 수익성이 높지 않아도 망하지 않을 회사에만 골라서 투자를 한 것이다. 이런 투자법은 경제가 좋든 나쁘든 꾸준한 성과를 낼 수 있다는 장점이 있다.

이유 없이 오르는 테마주는 조심

기업의 성과나 경제 상황과 상관없이 주가가 급등하거나 급락할 때도 있다. 바로 수급 때문이다. 주식 시장에는 다양한 유형의 투자자가 참여하고 있다. 크게 세 가지 부류로 나뉜다. 개인투자자가 있고, 기관투자자와 외국인투자자가 있다. 기관투자자는 국민연금이나 민간 펀드를 의미한다. 이들은 고객이 맡긴 돈을 대신 운용하기 때문에 안정적인 투자 전략을 가지고 있는 경우가 많다.

주식 시장은 이들 세 부류의 투자자가 서로 종목을 사고팔면서 돌아가는 시장이다. 이 과정에서 특정 종목에 많은 투자자가 몰리면 그 종목은 별다른 이유가 없어도 주가가 오른다. 주식 시장도 결국 하나의 시장이기 때문에 수요보다 공급이 많으면 가격이 내려가고, 공급보다 수요가 많으면 가격은 오른다.

뉴스에서 흔히 접하는 '테마주'가 바로 수급 때문에 주가가 오르는 대표적인 경우다. 테마주는 특정한 '테마'와 관련된 종목들을 묶어놓은 것이다. 예컨대 5G 테마주는 5G 이동통신과 관련된 종목들을 말한다. 이동통신 네트워크 장비를 공급하는 기업이나 콘텐츠 제작사들이 5G 테마주로 묶이고, 5G와 관련된 이슈가 있을 때면 이들 종목에 대한 투자자의 관심이 늘면서 주가가 오르기도 한다.

투자자는 주식 시장에 상장된 2,000여 개의 종목을 모두 알 수 없다. 그러니 이런 식으로 테마주에 맞춰서 투자하는 경우가 많고, 특정 테마주가 뜰 때면 이들 종목에 대한 수요가 증가해 주가가 오르는 것이다.

문제는 이런 테마주 투자는 좋지 않은 결말로 이어지는 경우가 많다는 점이다. 갑자기 수요가 몰리면서 주가가 오르는 건 지속 가능하지 않다. 수요가 줄어들면 주가는 내려갈 수밖에 없다. 특정 종목이 테마주에 묶여서 갑자기 주가가 오르면 개인투자자들이 몰리기 마련인데 주식 시장의 작전세력은 이런 심리를 이용해 주가를 띄운 다음, 개인투자자가 몰리면 자신들은 수익만 챙겨서 먼저 빠져나간다. 선거철에 많이 등장하는 정치 테마주가 대부분 이런 구조다. 뒤늦게 주식을 사들인 개인투자자는 손해 보기 쉬운 구조다. 실제로 한국거래소나 금융감독원이 정치테마주에 투자한 개인투자자들의 수익률을 분석했더니 10명 중 7명은 이익은커녕 손해를 본 것으로 조사된 적도 있다.

사실 개인투자자도 이런 사실을 안다. 그런데도 테마주에 투자하는 것은 '내가 산 뒤에 바로 떨어지지는 않을 테니 조금만 수익을 내고 빠지자' 하는 생각 때문이다. TV 예능에 나오는 폭탄 돌리기 게임처럼 설마 내 차례에서 폭탄이 터질까 생각하는 것이다. 그러나 폭탄은 터지기 마련이고, 특히 내가 테마주 정보를 알고 들어갈 때는 이미 폭탄이 터질 시기가 아주 많이 가까워졌다는 것을 알아야 한다.

이 외에도 주가가 오르는 이유는 다양하다. 하지만 주식 투자를 할 때 잊지 말아야 할 것은 좋은 기업이 아니라면 주가는 결국 좋지 않을 수밖에 없다는 점이다. 주식 시장에서 거품은 언젠가 사라질 수밖에 없다. 그리고 거품이 사라질 때는 늘 개인투자자가 손해를 본다. 어렵게 모은 투자금을 허공에 날리지 않으려면 투자자가 스스로 조심할 수밖에 없다.

주가가 오르지 않아도
주식으로 돈 버는 방법

주식 투자의 기본은 주가가 오를 만한 종목을 찾아서 투자하는 것이다. 그런데 주가가 오르지 않아도 주식 투자로 돈을 벌 수 있다. 바로 배당과 공매도다.

주식은 주식회사의 자본에 대한 주주의 권리라고 앞에서 배웠다. 회사는 영업 활동을 하고 그에 따른 매출과 이익을 낸다. 이때 회사는 이익의 일부를 주주들에게 분배한다. 이를 '배당'이라고 한다. 현금을 배당하는 경우도 있고 주식을 배당하는 경우도 있는데 대부분은 현금 배당을 한다.

한국거래소에 따르면 2021년 전체 유가증권시장 상장회사 779 개사(12월 결산법인) 가운데 71.4%인 556개사가 현금을 배당했다. 배당하는 회사의 비율은 2014년 66%에서 꾸준히 늘어나는 중이다. 주식 시장에 상장된 회사가 배당을 통해 주주들에게 준 배당금은 2021년에 총 28조 6,107억 원에 달했다. 2017년에는 총배당금이 21조 8,085억 원이었다. 국내 주식 시장에서 배당은 확실한 투자 방법의 하나로 떠오르고 있다.

약세장에선 배당주 투자가 좋다

주식 시장이 부진할 때는 배당을 많이 하는 회사의 주식이 주목받는다. 주가가 오를 가능성이 적기 때문에 주가가 오르는 데 베팅하기보다는 배당을 많이 주는 회사의 주식을 사려는 것이다. 그러다 보면 수요가 몰려 주가가 크게 떨어지지 않고 오히려 오를 때도 있다. 2018년 코스피 지수는 17.2% 하락했는데, 배당법인의 주가는 9.27%만 하락했다. 배당하는 기업은 전체 주식 시장 하락률의 절반 수준으로 선방한 것이다.

배당법인에 투자하는 걸 배당주 투자라고 하는데, 전문가들은 앞으로 배당주 투자가 유망할 것으로 보고 있다. 한국 주식 시장에 상장된 기업들은 그동안 배당에 소극적이었는데 앞으로 배당을 늘릴 가능성이 크다. 배당주에 대한 관심이 커질 가능성도 덩달아 높아지는 것이다.

실제로 2018년 국내 주식 시장의 시가 배당 수익률은 처음으로 2%대를 기록했다. 시가 배당 수익률은 한 주당 배당금을 현재 주가로 나눈 비율을 말한다. 배당을 얼마나 많이 하는지를 보여주는 대표적인 지표인데 그동안 국내 주식 시장은 1%대에 머물렀다. 그러다 2018년에 사상 처음으로 2.15%를 기록하며 2%대로 올라섰다.

2018년 기준으로 은행들의 1년 정기예금 평균 이자가 연 2.02%인 것을 고려하면 배당주 투자의 매력이 높아졌다는 걸 알 수 있다.

하지만 여전히 한국 기업들은 배당에 소극적이다. 기업의 순이익에서 배당액이 차지하는 비율을 배당 성향이라고 하는데 한국은 20.7%로 세계 평균(47.8%)에 크게 못 미친다. 하지만 앞으로는 기업들이 배당을 계속 늘릴 것으로 보인다. 국민연금이 스튜어드십코드(기관투자자의 의결권 행사지침)를 시행하는 등 기업들이 주주 친화적인 정책을 강화하도록 하는 환경이 만들어지고 있어서다. 삼성전자만 해도 2019년 총 배당금액이 9조 6,192억 원으로 전년 대비 65.1%나 증가했다.

전문가들은 배당금이 늘어날 가능성이 큰 업종으로 자동차, 음식료·담배, 제약·바이오 등을 꼽는다. 이들 업종의 배당주에 직접 투자하는 방법이 어렵다면 배당주 펀드나 배당주 랩(Wrap) 같은 금융 투자 상품을 이용하는 것도 방법이다.

개인투자자도 공매도 투자를 할 수 있다

공매도(空賣渡)는 최근 몇 년간 한국 주식 시장에서 가장 뜨거운 이슈였다. 개인투자자가 많이 투자한 제약·바이오주를 대상으로 외국인투자자가 공매도를 하면서 공매도제도 자체를 없애야 한다는 주장까지 나왔다. 청와대 국민청원에 공매도를 검색해보면 적지 않은 청원 글이 나온다. 정부가 외국인투자자의 공매도를 수수방관하면서 개인투자자가 큰 손해를 보고 있다는 내용이 대부분이다.

실제로 외국인투자자의 공매도 때문에 국내 기업이 손해를 보고 있으니 제도를 개선해야 한다는 전문가들의 목소리도 심심치 않게 들린다. 도대체 공매도가 뭐길래 이렇게 시끄러운 걸까?

공매도는 주식을 빌려서 파는 것을 말한다. A 종목의 주가가 하락할 것으로 예상한 투자자가 증권사에서 A 종목의 주식을 빌려서 판 뒤에 실제로 주가가 하락하면 A 종목 주식을 사서 빌린 주식을 갚는 방식의 투자다. A 종목 주가가 1만 원일 때 투자자는 A 종목을 빌려 판다. 그러면 투자자 손에 1만 원이 들어온다. 이후 A 종목 주가가 9,000원으로 하락하면 얼른 A 종목을 사서 주주에게 주식을 돌려준다. 이렇게 하면 주가가 하락했는데도 투자자는 1,000원의 이익을 낼 수 있다(물론 주식을 빌리는 대가로 이자를 내야 하니 이 비용을 고려하면 이익은 1,000원보다 다소 줄어든다). 하락장에서도 수익을 낼 수 있는 투자법이다.

국내에서는 공매도 투자가 탈법적인 것으로 인식되지만, 사실 전 세계 주식 시장 대부분에서 공매도를 일상적인 투자법으로 본다. 주가는 오를 수도 있고 내릴 수도 있다. 오르는 데 투자할 수 있다면 당연히 하락하는 데도 투자할 수 있어야 하는 법이다. 그런데 왜 이렇게 공매도 투자가 한국에서 논란이 되는 걸까? 여기에는 분명한 이유가 있다.

공매도 투자의 경우 한국에서는 기울어진 운동장에 가깝다. 한국 주식 시장의 투자 주체별 공매도 거래 비중을 보면 외국인투자자가 70% 정도를 차지한다. 나머지 30%는 기관투자자와 개인투자자다.

그런데 이 중에서도 기관투자자의 투자 비중이 거의 29.9%에 달한다. 개인투자자가 전체 공매도 시장에서 차지하는 비중이 0.1%에 불과한 것이다. 앞에서 말한 것처럼 주가가 오르는 데 투자할 수 있으면 하락하는 데도 투자할 수 있어야 한다. 그런데 한국 주식 시장에서 개인투자자는 주가 하락에 투자할 방법이 마땅치 않다. 개인투자자가 불만을 가질 수밖에 없는 부분이다.

법적으로는 개인투자자도 공매도 투자를 할 수 있다. 그런데 현실적으론 불가능에 가깝다. 한국에서는 무차입 공매도가 금지돼 있기 때문에 공매도 투자를 하려면 반드시 주식을 빌려야 한다. 외국인투자자나 기관투자자는 연기금이나 증권사에서 쉽게 주식을 빌릴 수 있다. 빌린 주식을 언제든 돌려주기만 하면 되는데, 외국인투자자나 기관투자자는 자금력이 충분하기 때문에 어렵지 않다.

하지만 개인투자자는 공매도 투자를 위한 주식을 빌리기가 쉽지 않다. 개인투자자가 주식을 빌리려면 유안타증권처럼 대주(貸株, 주식을 빌려줌) 서비스를 하는 증권사로 가야 하는데, 이 과정 자체가 굉장히 복잡하다. 대주 서비스를 하는 증권사가 증권금융에서 주식담보대출의 방식으로 주식을 빌려야 하고 대출자의 동의도 구해야 한다. 과정이 굉장히 복잡하기 때문에 공매도 투자를 실제로 하는 개인투자자는 거의 없다시피 하다.

최근 공매도 투자에 대한 불공평 논란이 불거지면서 금융당국도 제도 개선을 검토 중이다. 개인투자자도 공매도 투자를 쉽게 할 수 있도록 할 방법을 찾고 있다. 하지만 이 또한 공식적인 입장일 뿐,

금융당국 내부적으로는 개인투자자의 공매도 투자 확대에 부정적인 의견이 많다. 주가 상승을 기대하면서 투자할 때는 최악의 경우 투자금만큼만 손해를 보게 된다. A 기업의 주식이 1만 원일 때 1억 원을 투자했다가 A 기업이 망해 주식이 휴지가 되면 딱 투자한 돈만큼만 손해다. 그러나 A 기업의 주식이 1만 원일 때 1만 주를 빌려 팔았는데, 이 주식이 10만 원으로 오르면 10억 원을 주고 주식을 사서 갚아야 한다. 주가가 오르는 만큼 손해가 무한대로 늘어나는 것이다. 물론 개인투자자도 증거금을 넣고 증거금에 근접하게 평가손실을 보면 자동으로 주식을 매입해 갚도록 하는 안전장치를 만드는 방법도 있다.

재벌의 후계자를 보면
오르는 주식이 보인다

주식 투자 전략에는 국적이 없다. 미국에서 통하는 투자 전략은 영국에서도 일본에서도 중국에서도 통한다. 돈에는 국적이 있지만, 돈을 버는 법은 만국 공통이다. 그런데 한국 주식 시장에서만 유독 두드러지는 투자 전략이 있다. 이른바 '황태자 주식 따라 사기'다.

황태자 주식은 재벌 기업의 지배 구조에서 화룡점정에 위치한 기업의 주식을 말한다. 재벌 기업을 상속받게 될 후계자가 여러 계열사 주식을 갖고 있겠지만 유독 특정 계열사 지분을 많이 갖고 있다면 이 회사의 주식이 바로 황태자 주식이다. 상속 후계자들은 기업을 물려받으려면 세금이나 지분 인수 비용 등 많은 돈이 필요한데 이 황태자 주식의 가격을 끌어올려 비용을 마련하는 경우가 많다. 이 때문에 지배 구조 개편이나 상속 작업이 진행될 만한 재벌 기업을 잘 골라 황태자 주식을 찾으면 손쉽게 수익을 낼 수 있다는 것이 황태자 주식 따라 사기의 전략이다. 한진그룹과 경영권 분쟁을 벌였던 강성부 KCGI 대표가 황태자 주식 따라 사기 전략으로 돈을 많이 번 경우다.

최근에는 재벌 기업에 대한 견제와 감시가 강하기 때문에 과거처럼 황태자 주식 전략이 늘 성공하지는 않는다. 하지만 여전히 재벌 기업의 지배 구조에 관심을 두고 있으면 좋은 수익률을 낼 기회를 잡을 수 있다.

재벌 기업이 투명 경영을 강화하고 있지만, 여전히 총수 일가의 지분은 한 자릿수에 머무르고 있다. 공정거래위원회에 따르면 2021년 기준으로 상위 10대 재벌 그룹의 총수 지분은 0.8%에 불과했다. 오너 일가 전체로 확대해도 지분은 2.4% 정도에 그친다. 2.4%의 지분으로 수백조 원 규모의 기업을 장악하고 있다. 적은 지분으로 그룹 전체를 지배하려다 보니 상속 등 중요한 이벤트가 발생할 때마다 주가가 요동치는 주식이 나오기 마련이다.

복잡한 지배 구조가 투자의 기회

한국의 재벌 기업은 과거 문어발식으로 사업을 확장하면서 지배 구조가 복잡해진 경우가 많다. 재벌 기업은 하나의 단일한 기업이 아니라 적게는 수십 개에서 많게는 수백 개의 계열사로 이뤄져 있다. 이런 계열사들은 서로 다른 계열사의 주식을 보유하면서 하나의 그룹사로 이어지게 된다. 이런 계열사 간 주식 보유 관계를 순환출자 고리라고 부른다. 예컨대 A 계열사가 B 계열사 주식을 갖고 B

계열사는 C 계열사 주식을 갖고 C 계열사가 A 계열사 주식을 보유하면 'A→B→C→A'로 이어진 순환출자 고리가 하나 형성된다. 순환출자 고리가 많을수록 재벌 기업의 지배 구조는 복잡해진다.

대표적인 기업이 롯데그룹이다. 과거 롯데그룹의 순환출자 고리는 꼬리에 꼬리를 물며 복잡하게 얽혀 있어 분석하기 어려운 것으로 유명했다. 2014년 6월 이전에 롯데그룹의 순환출자 고리는 무려 74만 8,963개에 달했다. 롯데그룹 순환출자 현황을 도표로 정리하려던 공정거래위원회 공무원이 몇 날 며칠 밤을 꼬박 새웠다는 우스갯소리가 있을 정도다. 롯데그룹은 투명 경영에 대해 정부와 사회적인 압박이 거세지자 대대적인 지배 구조 개편에 나섰고, 2017년 10월 지주회사체제가 출범할 때는 순환출자 고리를 13개로 줄였다. 불과 3년여 만에 74만 여개에 달하던 순환출자 고리 대부분을 정리한 것이다.

재벌 기업의 지배 구조 개편에 주식 시장이 관심을 가지는 건 이 과정에서 주가가 오르거나 내리는 주식이 많기 때문이다. 특히 상속이나 경영권 다툼이 벌어지면 주가는 가파르게 오르내린다. 많은 투자자가 이런 틈을 놓치지 않고 투자해서 큰 수익을 내기도 한다. 2019년 초에는 한진그룹과 금호그룹의 지배 구조 개편이 주식 시장에서 가장 큰 화제였다.

삼성, 현대차 같은 한국을 대표하는 재벌 기업들의 지배 구조 개편 작업도 활발하다. 당장 주식 시장에서 관심이 쏠리는 건 현대차그룹의 지배 구조 개편이다. 2018년 현대차그룹은 지배 구조 개선

차원에서 핵심 계열사인 현대모비스와 현대글로비스의 분할 및 합병을 추진했다. 현대모비스의 모듈 및 AS 부품 사업 부문을 분할해 현대글로비스에 붙이고, 정몽구 현대차그룹 회장과 아들 정의선 부회장이 현대글로비스 지분을 팔아 현대모비스 지분을 매입하는 내용이었다. 이렇게 지배 구조를 개편하면 총수 일가가 현대모비스를 지배하고 현대모비스가 현대차를, 현대차가 기아차를, 기아차가 다시 현대글로비스를 지배하는 방식으로 그룹의 지배 구조가 단순화된다. 하지만 미국의 헤지펀드인 엘리엇이 이 같은 방안에 공개적으로 반대하고 나서면서 현대차그룹의 지배 구조 개편 작업은 무산됐다.

주식 시장에서는 현대차그룹이 처음 꺼내든 지배 구조 개편 방안이 현대글로비스에 유리하다고 판단했는데, 이후 개편 방안이 좌초되면서 현대글로비스 주가는 요동쳤다. 반대로 개편 방안이 불리하게 작용할 것으로 보였던 현대모비스 주가는 반등했다.

중소·중견 기업 지배 구조 개편에도 관심 가져야 한다

삼성, SK 등 다른 재벌 기업의 지배 구조 개편도 주식 투자자 입장에서는 중장기적으로 관심을 가질 만한 사안이다. 지배 구조 개편 방향에 따라 유리한 계열사는 주가가 오르고 불리한 계열사는 주가가 내릴 수 있다.

뉴스에서는 관심이 덜하지만, 중소·중견 기업의 지배 구조 개편도 주식 시장에서는 중요한 이슈 중 하나다. 예컨대 화장품 연구 개발 및 생산업체인 코스메카코리아는 잉글우드랩이라는 회사를 인수한 적이 있다. 잉글우드랩 자체는 주식 시장에서 크게 주목받는 회사가 아니었는데, 코스메카코리아 대표의 아들이 지분을 매수했다는 소식이 전해지면서 주가가 들썩였다.

우리는 코스메카코리아도, 코스메카코리아의 아들도, 잉글우드랩도 잘 모르지만, 주식 시장에서는 이런 차이가 중요하지 않다. 돈에는 편견도, 선입견도 없다. 이건희 회장의 아들이든, 코스메카코리아의 아들이든 어느 회사의 대주주 아들이 투자를 결정하는 것만으로도 주식 시장에서는 큰 변화를 일으킬 수 있다. 뉴스에 나오지 않더라도 공시에는 나온다. 안테나를 세우고 촉각을 기울이고 있으면 투자 기회를 잡을 수 있다.

주식 투자를 쉽게 만들어주는 금융 투자 상품들

주식에 관심이 많더라도 어떤 주식을 사야 할지 도저히 결정하기 힘들 때가 있다. 한국 주식 시장에 상장된 기업은 2,000개가 넘는다. 좋은 주식을 찾겠다고 2,000개가 넘는 기업의 재무제표와 분석 리포트를 모두 들여다볼 수 없는 노릇이다.

다행스럽게도 주식 시장에 투자하기 위해 꼭 개별 기업의 주식을 사야만 하는 건 아니다. 증권사나 은행에서는 주식 투자자를 위해 다양한 금융 투자 상품을 만들어 판매하고 있다. 약간의 수수료만 내면 증권사가 만들어놓은 상품에 투자해 비교적 손쉽게 이익을 얻을 수 있다. 물론 이런 방식의 투자도 직접 주식을 사는 것처럼 손실의 우려는 있다.

은행 PB들의 단골 추천 상품 ELS와 ETF

경제 기사를 읽다 보면 주가연계증권(ELS)이라는 단어를 자주 볼 수 있다. 주식에 관심이 많은 사람이라면 더욱 자주 접할 수 있는 단어다. 그런데 막상 ELS가 뭔지 정확하게 설명할 수 있는 사람은 많지 않다.

ELS는 주식이나 주가지수를 주로 기초자산으로 쓴다. 주식이나 주가지수가 일정 범위 안에 들거나 일정 목표를 유지하면 약속한 수익률을 지급한다. 예를 들어, 코스피200과 현대차 주식을 기초자산으로 정한 뒤 가입일 기준으로 1년 안에 이 두 기초자산의 가격이 한 번도 40% 아래로만 떨어지지 않으면 연 8%의 수익률을 보장해주는 식이다. 그러나 두 기초자산 중 하나라도 그 가치가 40% 아래로 한 번이라도 떨어지면 원금이 쭉쭉 깎이게 된다.

이런 조건은 정하기 나름이다. 어떤 ELS는 주가가 일정 수준까지 오르지 않으면 수익률을 보장해주기도 하고 특정 구간에 머물러 있을 때 주기도 한다.

ELS의 기초자산으로는 코스피200이나 홍콩의 HSCEI, 미국의 S&P500, 유럽의 유로스톡스50, 일본의 니케이225 등 주요 주가지수를 활용하거나 삼성전자, LG전자 등 특정 주식으로 하기도 한다. 보통은 2~3개 자산을 섞어서 만든다.

ELS는 웬만큼 주식 시장이 나쁘지만 않으면 수익을 낼 수 있기 때문에 인기가 많다. 하지만 금융위기 같은 위기 상황이 터지면 ELS는 원금을 크게 잃을 수 있는 상품이다. 어느 정도 위험을 부담해야

해 중위험·중수익 상품으로 불린다.

파생결합증권(DLS)도 있다. DLS 구조도 ELS와 같다. 사실 ELS는 DLS의 한 종류다. ELS가 주가나 주가지수를 기초자산으로 한다면 DLS는 채권이나 환율, 원유, 원자재, 농산물 등 다양한 파생 상품을 기초자산으로 한다.

ETF(상장지수펀드)도 코스피200 같은 특정 주가지수의 등락에 따라 수익률을 얻을 수 있는 금융 투자 상품이다. 보통 주식 시장에 상장돼 거래되는 주식은 개별 기업의 주식인 경우가 많다. 그런데 ETF는 개별 기업이 아닌 주가지수의 움직임에 따라 수익률이 결정되는 상품이다. 투자자들이 개별 주식을 고르지 않아도 주식 시장 전체의 움직임에 따라 이익을 얻을 수 있다. 주식 시장에서 바로 거래가 가능하기 때문에 펀드의 간편함과 주식의 신속함을 결합한 상품으로 불린다. 예를 들어, 코스피200을 기초자산으로 하는 ETF라면 코스피200 지수가 1% 오를 때 이 상품 가격도 1% 오른다. 반대로 1% 떨어지면 이 상품 가격도 1% 하락한다. 물론 100% 딱 떨어지게 움직이는 것은 아니지만 거의 비슷하게 움직인다.

ETF는 종류도 다양하다. 예를 들어 코스피200 레버리지 상품은 코스피200 움직임의 2배로 움직인다. 코스피200이 1% 오르면 레버리지 상품은 2% 오르고, 1% 떨어지면 레버리지 상품은 2% 떨어진다. 특정 지수와 반대로 움직이는 인버스 상품도 있고 전체 지수가 아닌 반도체나 은행, 고배당주, 중형주, 삼성그룹 등 특정 업종이나 기업집단, 테마로 묶은 상품도 있다. 국고채나 금값 등 다양한 파생 상품을 기초자산으로 하는 ETF도 있다.

ETF를 잘 활용하면 금이나 원유 등 직접 투자하기 어려운 다양한 상품에 쉽게 투자할 수 있다. 최근에는 국내뿐 아니라 해외지수에 투자할 수 있는 ETF 상품도 많은 관심을 받고 있다.

펀드 투자도 있다. ETF도 펀드의 하나다. 펀드는 여러 주식을 한데 모아놓은 것을 의미한다. 빵집을 생각하면 이해하기 쉽다. 빵집에 가면 빵 하나하나를 따로 살 수 있지만, 마감 시간에 가면 여러종류의 빵을 하나의 묶음으로 파는 걸 볼 수 있다. 이런 식으로 주식을 파는 걸 펀드라고 한다. 증권사에서 일하는 펀드매니저가 특정한 주제를 정해서 그 주제에 맞는 주식을 여러 개 모아 펀드로 만들어 투자자가 살 수 있게 내놓는 식이다. 펀드매니저의 선택에 따라 셀 수 없이 다양한 종류의 펀드가 나올 수 있다. 국가에 따라 차이나펀드, 일본펀드, 인도펀드, 브라질펀드 같은 펀드 상품이 나올수 있고, 투자 테마에 따라서 분류하면 농산물펀드나 원자재펀드도 만들 수 있다. 이런 식으로 펀드매니저가 적극적으로 펀드 구성을 결정하는 것을 액티브펀드라고 부른다. 액티브펀드는 시장 상황에 따라 구성한 상품 포트폴리오에 변화를 주면서 대응한다. 이 때문에 펀드를 굴리는 매니저의 역량이 매우 중요하다. 스타 펀드매니저가 만드는 펀드는 김철수펀드처럼 매니저 이름을 펀드 닉네임으로 붙이기도 한다.

반면 ETF처럼 특정 상품의 움직임을 그냥 따라가기만 하는 펀드를 패시브펀드라고 부른다. 주식 시장이 좋을 때는 주가지수에만 투자해도 되기 때문에 액티브펀드에 대한 관심이 덜하고, 주식 시장이 나쁠 때는 어떻게든 수익률을 끌어올리기 위해 액티브펀드에 대한 관심이 커진다.

선물과 옵션도 있다

웬만한 개인투자자는 시도하기 힘들지만, 선물과 옵션이라는 금융 투자 상품도 있다. 선물과 옵션은 앞에서 설명한 파생 상품 중 하나다. 선물은 주식을 미리 얼마에 사고팔지 약속해두는 계약을 말한다.

A라는 주식이 있다. A 주식의 주가는 현재 1만 원이다. 그런데 아무리 봐도 이 주식 가격이 올라갈 것 같다. 지금 당장 사고 싶은데 내 손에는 500원밖에 없고 한 달 뒤에 1만 원이 생긴다. 그래서 A 주식을 가진 사람을 찾아가 내가 지금은 돈이 없으니 한 달 뒤 1만 100원에 A 주식을 사게 해달라고 했고, 상대방도 좋다고 한다. 이렇게 약속하는 것을 선물이라고 한다. 대신 나는 지금 상대방에게 이 약속의 대가로 200원을 줬다. 한 달 뒤 이 주식이 1만 300원 이상만 가면 나는 돈을 벌게 된다. 이때 약속의 대가로 준 200원이 옵션 가격이다.

그런데 이 계약을 하고 열흘쯤 지났는데 A 주식의 가격이 1만 1,000원이 됐다. 그러자 옆에 있던 친구가 다가와 네가 가진 그 권리(1개월 뒤 A주식을 1만 100원에 살 수 있는 권리)를 넘기면 500원을 주겠다고 설득한다. 그래서 500원에 이 권리를 넘기면 나는 그냥 앉아서 300원을 벌게 된다. 이렇게 권리를 사고파는 걸 옵션 거래라고 한다. 이 선물의 옵션 가격도 200원에서 500원으로 300원 오른 셈이다.

선물과 옵션은 당장 돈이 많이 없어도 적은 돈으로 크게 투자할 수 있다. 그만큼 큰 이익을 얻을 가능성이 있는가 하면 큰 손실을 볼 수 있다.

글로벌 금융위기나 외환위기가 닥쳤을 때, 선물과 옵션으로 단기간에 큰돈을 번 투자자가 나오면서 국내에서도 선물과 옵션에 대한 관심이 커졌다. 하지만 여전히 개인투자자가 쉽게 도전하기는 어려운 투자법이다. 주식 시장에서 날고 기는 베테랑 투자자들도 선물이나 옵션에 손을 댔다가 패가망신하는 경우가 적지 않다. 그리고 선물과 옵션은 누군가가 돈을 벌면 반드시 누군가는 돈을 잃을 수밖에 없는 투자법이다. 어지간한 자금력과 투자 노하우가 없으면 선물과 옵션은 알아만 두고 실제 손을 대지 않는 게 좋다.

4장

채권

주식 시장을 패닉에 빠뜨리는 금리 역전

2018년 12월 4일, 미국 뉴욕 3대 지수인 다우 지수(-3.10%)와 S&P500 지수(-3.24%), 기술주 중심의 나스닥 지수(-3.8%)가 일제히 3% 넘게 하락했다. 다음 날 아시아 주요 증시도 약세를 보였다.

주식 시장이 경색된 이유는 미국 채권 시장에서 장단기금리가 역전될 수 있다는 우려가 나왔기 때문이다. 이날 10년 만기 미 국채금리는 연 2.91%, 2년 만기 미 국채금리는 연 2.80%를 기록했다. 두 채권의 금리 차이가 0.11%p로 좁아지면서 2년 만기 미 국채금리가 10년 만기 국채금리를 추월할 수 있다는 우려가 커진 것이다. 전날에는 5년 만기금리와 2년 만기금리가 11년 만에 역전되기도 했다.

금리 역전 현상이 뭐길래 주식 시장에 큰 충격을 준 걸까? 다우 지수가 3%나 하락하는 건 잦은 일이 아니다. 그만큼 충격이 컸다는 이야기다.

보통 채권은 발행기관이 같다면 만기가 길수록 금리가 높다. 만기가 긴 만큼 위험도가 올라가서다. 그런데 이렇게 단기 채권금리가 장기 채권금리보다 높아지는 것은 그만큼 금융 시장 참가자들이 경기가 나빠질 것으로 예상했다는 의미다.

채권금리가 올라가는 것은 경기가 좋아 돈을 빌려서라도 투자하려는 사람이 많다는 뜻이고, 금리가 떨어지는 것은 반대다. 그런데 지금보다 앞으로 경기가 안 좋을 것이라고 보면 미래에 돈 빌리려는 사람이 없을 것이라고 예상해 장기금리가 떨어진다. 그러다 단기금리보다 낮아지는 이상 현상이 벌어지는 것이다. 여기에 장단기금리가 역전되면 은행들의 예금금리와 대출금리 차이가 확 줄어들면서 수익성 악화를 우려한 은행들이 대출을 줄이게 된다. 경제 성장에 악영향이다. 실제로 1980년 이후 미 국채 10년물과 2년물 금리가 1개월 넘게 역전된 경우는 총 여섯 차례였으며 평균 16개월이 지나면 경기 침체로 이어졌다. 장단기금리 역전 현상이 경기 침체의 신호탄 역할을 해온 것이다.

그러나 장단기 역전 현상이 나타나도 외부 영향으로 인한 일시적인 현상인지 확인할 필요가 있다. 실제로 과거 장단기 역전이 경기 침체로 이어졌을 때는 이런 이상 현상이 수개월 동안 지속됐다. 또 어디까지나 금융 시장 참가자들이 향후 경기를 어둡게 보면서 나타난 현상일 뿐, '장단기금리 역전 = 경기 침체'를 의미하는 것은 아니라는 점도 고려해야 한다.

이렇게 채권금리는 매우 중요하다. 채권금리 움직임만 봐도 경기 참가자들의 경기 심리를 알 수 있다. 채권금리는 경기 심리를 나타내는 체온계인 것이다.

채권은 빚문서다

채권은 한마디로 빚문서다. 종이에 '100만 원, 발행일 2019년 1월 1일, 상환일 2022년 1월 1일'이라 쓰여 있고 밑에 기획재정부 장관과 정부 도장이 찍혀 있으면 이 종이는 3년물(만기 3년) 국채다. 2022년 1월 1일 이후에 이 증서를 들고 정부에 가면 100만 원을 돌려준다. 물론 진짜로 기획재정부가 있는 정부세종청사에 가면 안 되고 국채 업무를 대행하는 은행에 가야 된다.

이자도 준다. 채권 밑에는 쿠폰들이 달려 있다. 3년물이면 1년에 4번씩 총 12개의 쿠폰이 있다. 채권은 보통 3개월마다 이자를 준다. 이 쿠폰을 떼 가면 이자를 주는데, 금리가 연 4%라면 쿠폰 한 장에 1%인 1만 원을 준다. 즉, 이 종이를 들고 있으면 3년 동안 3개월마다 1만 원씩 이자를 받다가 3년 후에는 100만 원을 받을 수 있는 것이다. 물론 요즘은 전산화가 되어 있기 때문에 알아서 통장에 넣어 준다.

이 빚문서는 당연히 사고팔 수도 있다. 이런 빚문서를 사고파는 곳이 채권 시장이다. 내가 2019년 1월 1일에 앞의 채권을 100만 원에 사서 이자를 받으며 살고 있다가 2021년 1월 1일에 이 채권을 팔기로 결심했다고 치자. 1년만 더 갖고 있으면 남은 1년 치 이자 4만 원과 원금 100만 원을 받을 수 있다. 그런데 당장 돈이 급해서 팔아야 하는 상황이다. 하필이면 금리가 올라서 요즘은 1년물 국채도 금리가 연 5%인 상황이다. 그렇다면 나는 내가 들고 있는 채권을 얼마에 팔아야 할까?

일단 이 채권은 살 때는 3년물이었지만 이제 남은 시간이 1년뿐이니 1년물 국채와 경쟁해야 한다. 그런데 다른 국채들은 금리가 연 5%이고 내 채권은 연 4%이니 이를 맞춰야 팔릴 것이다. 그래서 채권 가격을 99만 476원에 내놓게 된다. 사는 사람 입장에서는 99만 476원에 사면 1년 동안 이자 4만 원과 만기에 100만 원을 돌려받으니 수익률이 5%가 되어 이 채권을 선택할 것이다.

반대로 금리가 워낙 낮은 시기라서 이 채권을 101만 원 주고라도 사겠다는 사람이 있다면? 이 사람은 101만 원을 투자해 1년 뒤 역시 104만 원을 받으니 수익률은 연 2.97%가 되지만 1년물 국채금리가 2.97%보다 낮으면 101만 원을 주고 사도 이익이 된다.

이렇게 채권 가격이 올라간다는 것은 채권 수익률(금리)이 떨어진다는 의미이고, 반대로 채권 가격이 내려가면 채권금리는 올라간다는 뜻이다.

채권값이 오르는 것은 채권금리가 떨어진다는 의미다

채권 가격은 언제 오르고 언제 떨어질까? 채권금리는 기준금리에 가장 민감하게 반응한다. 기준금리가 오를 것 같으면 채권금리가 오르고 기준금리가 떨어질 것 같으면 채권금리도 떨어진다. 즉, 경기가 좋지 않으면 기준금리를 내리니 채권금리가 떨어진다(채권 가격이 오른다). 반대로 경기가 좋으면 기준금리를 올리니 채권금리가 오른다(채권 가격이 내려간다).

그래서 경기에 가장 민감하게 반응하는 것이 채권이다. 기준금리 움직임을 예상하며 가장 먼저 움직인다. 예를 들어, 1월에는 기준금리가 2%여서 같은 달에 발행한 국채 10년물 금리는 3%였다고 치자. 그런데 2월에 기준금리가 2.25%로 올라서 2월에 발행한 국채 10년물 금리가 3.25%가 됐다면 시장에서 1월에 찍은 국채는 아무도 사지 않으려고 할 것이다. 그래서 1월에 나온 국채는 가격을 낮춰 수익률이 3.25%가 되도록 맞출 것이다. 그런데 금리가 오를 것 같으면 누가 1월에 국채를 사려 할까? 1개월 뒤면 이렇게 가격이 내려가는 것이(채권금리가 오르는 것이) 뻔한데 말이다. 그래서 채권시장에서는 이를 선반영해 채권금리가 미리 오른다(채권 가격이 떨어진다).

채권 시장 참가자들은 항상 자신이 금융통화위원회 위원이라 생각하고 경기 지표를 보면서 기준금리 움직임을 예측해야 한다. 그래서 경제지표가 나올 때마다 시장금리도 이에 민감하게 반응하며 움직인다. 만약 금융통화위원회가 금리를 정할 때 시장 전망과 다른 결과를 내놓으면 채권 시장이 충격을 받고 흔들리게 된다. 한국은행 총재가 시장에서 기준금리 움직임을 예상할 수 있도록 항상 소통하고 사인을 주는 것도 이 때문이다.

이렇게 채권금리가 선반영되기 때문에 한국은행이 기준금리를 올려도 채권 시장에서 채권금리가 오히려 떨어지는 경우도 있다. 이번에는 금리 인상을 생각해 올릴 것으로 보고 이미 금리가 올라가 있었는데 중앙은행의 반응을 보니 추가 금리 인상은 없을 것 같다고 판단할 때다. 2018년 11월 한국은행이 기준금리를 올렸을 때도 시장에서 채권금리는 오히려 하락했다.

경기 예측의 바로미터 역할을 하는 채권금리

채권금리는 경기에 따라 먼저 움직이기 때문에 채권금리가 경기를 예측하는 지표로 작용하기도 한다. 특히 장단기금리 차이를 확인하면 경기를 예측할 수 있다.

채권은 만기가 길수록 금리가 올라간다. 만기가 멀리 떨어져 있으면 그 사이에 어떤 일이 일어날지 몰라 불확실성이 크기 때문이다. 그런데 장단기금리가 역전되는 경우가 있다. 당장은 경기가 괜찮지만, 중장기적으로는 경기가 정점을 찍고 하락할 것이란 전망이 나올 때다.

장기 채권을 매입하는 사람은 주로 연금생활자나 이들을 상대하는 보험사 등이다. 이들이 채권을 살 때 물가 상승률을 가장 중요하게 여긴다. 채권금리가 4%인데 물가가 5%씩 오르면 1%만큼 손해를 보기 때문이다. 그런데 앞으로도 경기가 좋아 물가가 계속 오를 것 같으면 당연히 장기 채권을 사려는 사람이 줄어들 것이다. 반면 경기가 좋지 않아 물가 상승률이 떨어질 것으로 보면 장기채 수요는 올라갈 것이다. 또한 경기가 나빠지면 중앙은행이 금리 인하를 시작할 것으로 전망한다. 기준금리가 떨어지면 채권금리도 떨어지게 되니 금리가 떨어졌을 때 채권을 사기보다는 지금 높은 금리를 받을 수 있는 채권을 사야 유리하다. 그래서 장기채로 투자자가 몰리고 장기채금리가 떨어지게 된다.

반면 단기 채권금리는 오른다. 당장은 경기가 괜찮기 때문에 중앙은행이 금리를 올리고 있어서다. 금리 상승기에는 지금 채권을 사기보다는 금리가 오르고 난 뒤에 사야 유리하다. 그래서 단기 채권 수요가 줄면서 채권금리가 올라 장기 채권과 단기 채권 간 금리가 역전되는 일이 벌어진다.

이렇게 장단기 채권금리가 역전되면 은행들은 대출을 꺼리게 된다. 은행 예금금리는 보통 기준금리와 연동한다. 기준금리 상승기에는 은행의 조달 비용이 늘어나는 것이다. 반면 장기금리가 낮아지면 은행 대출금리도 낮아져야 한다. 기업 입장에서는 돈이 필요할 때 장기 채권을 발행할지 아니면 은행 대출을 받을지 고민한다. 그런데 은행 대출금리가 장기채금리보다 높으면 은행 대출을 받을 필요가 없어진다. 은행들은 장기채금리와 경쟁해야 하니 금리가 떨어진다. 이렇게 조달 비용은 올라가고 대출금리는 낮아지면 결국 은행 예대마진(NIM)이 줄어들어 은행은 대출을 축소하게 되고 경제 성장에 부정적인 영향을 미친다. 경기를 바라보는 심리에 의해 장단기금리가 역전됐는데 이 영향이 은행들의 대출 축소로 이어지면서 실제 경기 위축을 이끌게 된다.

실제로도 1980년 이후 미국 국채 시장에서 장단기금리(10년물, 2년물)가 역전된 것은 총 여덟 번(1978년, 1980년, 1989년, 1998년, 2000년, 2005년, 2019년, 2022년)이다. 이 중 1998년을 제외하면 장단기금리가 역전된 후에는 경기 침체가 이어졌다. 1998년 아시아 신흥국 위기 때 한국은 큰 위기를 겪었지만, 미국 경기에는 큰 영향이 없었다. 다만 이 시기에는 아시아 금융 불안 등에 따른 안전자산 선호로 장기금리가 하락하면서 약 1개월 정도 짧게 장단기금리 역전 현상이 나타났다.

최근에는 장단기금리가 역전된다고 해도 반드시 경기 침체를 가져오지는 않을 것이란 분석도 나온다. 고령화 심화로 퇴직연금이나 보험 시장이 발달하고, 중국의 장기채 투자 확대 등으로 장기 채권

[미 국채 장단기 금리 차 추이]

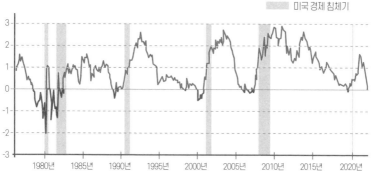

• 주: 장기 10년물, 단기 2년물 기준 | 단위: %p
• 자료: 미국 세인트루이스 연방준비은행, 리치고인베스트먼트

수요가 지속해서 늘어나고 있어서다. 즉, 최근 장기채금리가 떨어진 것은 경기 침체를 우려해 나타난 현상보다는 장기채가 필요한 실수 요자가 늘어났기 때문으로 봐야 한다는 설명이다.

주식보단 안전하고
예금보단 수익률이 높은 채권

채권은 주식보다는 안전하고 예금보다는 수익률이 높다

많은 사람이 주식 투자를 하기에는 위험하다고 생각해 꺼린다. 주식 가격은 하루에도 ±30%가 움직인다. 큰 수익을 낼 수 있지만 그만큼 투자한 돈을 까먹기도 쉽다. 그렇다고 예금을 하자니 안전하지만 수익률이 불만스럽다. 예금은 5,000만 원까지는 정부가 보증을 서주니 저축은행이라고 해도 예금자 보호 한도 내에서는 안심하고 넣을 수 있다. 그러나 요즘은 저축은행 예금이라고 해도 연 3% 수익을 내기가 어렵다. 이렇게 주식은 불안하고 예금에는 만족을 못하는 투자자라면 채권에 투자해야 한다.

채권의 가장 큰 장점은 안전함이다. 주식은 투자자가 해당 기업의 주인이 되는 구조다. 주인은 수익과 손해를 공유한다. 그러나 채권은 돈을 빌려준 사람이다. 그 기업이 돈을 많이 벌든지, 적게 벌든지 상관없이 정해진 이자와 원금만 받으면 된다. 해당 기업이 망하지 않는 이상 돈을 떼일 일이 없다. 물론 앞에서 말한 것처럼 채권도 매일 가격이 변한다. 그러나 가격이 내려가도 해당 기업이 망하지 않고 만기까지 가져가면 처음 투자했을 때 수익률 그대로 보장받을 수 있다. 오히려 처음 투자했을 때보다 가격이 오르면 기대했던 수익률 이상을 거둘 수 있다. 이런 구조 때문에 채권에 투자하면 투자한 채권을 중간에 팔아 시세차익을 내거나 그냥 만기까지 가져가면서 이자 수익을 받는 것 등을 선택할 수 있다.

기대 수익률은 주식보다는 낮지만, 예금보다는 높다. 이는 은행의 구조를 봐도 알 수 있다. 우리가 예금하면 은행은 이 돈을 모아서 돈이 필요한 기업에 대출해준다. 이것이 은행의 본질인 금융 중개 기능이다. 이렇게 자금을 중개하는 과정에는 당연히 돈이 들어간다. 은행도 지점을 운영하고 직원들 월급도 주고 수익도 내야 한다. 그래서 항상 예금금리가 대출금리보다 낮다. 은행이 돈을 싸게 빌려다가 비싸게 빌려주는 이유다. 유통회사들이 도매업자에게 물건을 싸게 사다가 소매업자에게 비싸게 팔면서 중간에 유통 마진을 챙기는 것과 같다.

만약 은행이 중간에서 사라지면 어떻게 될까? 예금자인 투자자와 대출자인 기업이 바로 연결되고, 중간에 은행이라는 유통 상인이 사라진다. 당연히 투자자는 예금보다 비싸게 돈을 빌려주고 기업들은 은행 대출보다 싸게 돈을 빌릴 수 있다. 이렇게 투자자와 기업이 직거래 하는 것이 바로 채권이다.

어떤 채권에 투자해야 할까?

채권은 신용에 투자하는 상품이다. 내 돈을 누구에게 빌려줘야 할까? 채권 시장에 나가면 내 돈을 원하는 투자처가 다양하게 있다. 정부에 돈을 빌려주는 국채부터 지방정부에 빌려주는 지방채, 한국은행이 발행하는 통화안정증권, 산업은행이나 주택금융공사 같은 특별법에 의해 설립된 기관이 발행하는 특수채, 은행이나 카드사, 캐피탈사 등이 발행하는 금융채, 일반 회사들이 발행하는 회사채 등으로 크게 나눌 수 있다.

이 중에서 내 돈을 떼먹지 않고 제때 제대로 갚아줄 수 있는 대상에게 투자하는 것이 가장 중요하다. 그래서 가장 안전한 투자처는 정부가 발행하는 국채다. 만기까지만 들고 있으면 이자나 원금을 떼일 가능성은 거의 없다. 국가가 망하지 않는 한은 말이다. 그러나 그만큼 기대할 수 있는 수익률도 낮다. 높은 수익률을 원한다면 재무 상황이 좀 어려워 돈을 떼일 수도 있을 것 같은 회사채에 투자하면 된다. 이 회사가 돈을 성실하게 갚는다면 높은 수익률을 낼 수 있다.

국채야 당연히 신용도가 높지만 수많은 회사는 일일이 신용이 어떤지 파악하기 어렵다. 특히 해외 채권에 투자할 때는 더욱 그렇다. 그래서 신용평가사가 평가한 신용등급을 확인해야 한다.

신용등급은 해당 채권의 부도 가능성이다. 국내에서 국채는 당연히 AAA등급이다. 보통 BBB—등급까지는 투자 적격채권으로 구분한다. 우리가 잘 아는 회사를 예로 들면, 2022년 4월에만 해도

HMM 채권이 BBB—등급이었다. 투자 적격채 등급의 맨 밑이다. 그리고 BB+등급부터는 투자 부적격채 등급으로 구분된다. 우리가 알만한 대기업 중에서는 두산건설의 채권이 BB등급인 적도 있었다.

신용만큼이나 중요한 것이 채권 만기다. 당연히 채권 상환일까지 남은 기간이 길수록 수익률이 올라간다. 같은 국채라고 해도 채권 상환일이 멀리 떨어져 있으면 수익률이 올라간다.

신용등급만큼이나 중요한 것이 듀레이션이다. 듀레이션은 쉽게 말해 투자금을 회수할 수 있는 평균 기간이다. 듀레이션이 5년이면 5년 후에는 이자와 만기 상환액 등으로 투자금을 다 회수한다는 의미다.

듀레이션이 길수록 시장금리 변동에 따른 채권 가격 변동 폭이 크기 때문에 듀레이션이 중요하다. 듀레이션이 1년인데 시장금리가 1% 오르면 채권 가격은 1% 떨어진다. 듀레이션이 5년이라면 시장금리가 1% 오를 때 채권 가격은 5%(1%×5년)가 하락한다. 국채처럼 망할 확률이 낮은 채권에 투자할 때는 채권 가격이 중요하기 때문에 듀레이션과 시장금리 변동에 민감하게 반응해야 한다.

앞에서도 말했지만 채권 투자 때에는 경기의 움직임이 매우 중요하다. 경기 상황에 따라 중앙은행이 기준금리를 움직이는데 이를 예상해 시장금리가 움직여 채권 가격(채권 수익률)이 움직이기 때문이다.

경기가 좋을 때는 상대적으로 신용등급이 낮고 듀레이션이 짧은 채권에 투자하는 것이 좋다. 신용등급이 낮으면 수익률이 높고 경기가 좋으니 그만큼 부도 날 확률도 떨어진다. 또 경기가 좋으면 금리를 올릴 것으로 예상돼 시장금리가 올라가기 때문에 만기가 짧아야 시장금리 상승에 따른 채권 가격 하락을 최소화할 수 있다. 반대로 경기가 나쁠 때는 신용등급이 높고 듀레이션이 긴 채권에 투자해야 한다. 경기가 나쁠 때에는 투자금이 안전자산으로 몰린다. 또 기준금리를 내릴 가능성에 시장금리도 떨어지니 시장금리 하락에 따른 채권 가격 상승을 최대한 따먹을 수 있도록 듀레이션이 긴 채권이 유리하다.

브라질이 망하겠어?
대우조선해양이 망하겠어?

채권 시장에서 가장 안전한 상품은 정부가 발행하는 국채다. 설마 나라가 망할까 하는 마음에서다. 안전한 만큼 통상 국채 이자율은 낮다.

그런데 '국채는 안전하고 이자율은 낮다'라는 공식이 늘 통하는 것은 아니다. 2023년 1월 기준, 브라질의 국채 10년물 금리는 13%가 넘는다. 튀르키예는 10%가 넘고 남아공은 10%에 육박한다. 멕시코는 8.7%, 인도는 7.4% 수준이다. 디폴트 위기를 겪었던 아르헨티나나 러시아의 장기 국채는 거래조차 제대로 안 된다. 참고로 이들 나라는 모두 G20(주요 20개국) 회원국이다.

해외 국채 투자는 부도 위험보다 환율이 중요

이렇게 채권 수익률이 높다는 것은 망할 확률이 크다는 것인데,

이런 국채에 투자해도 괜찮을까? 실제로 이들 중 몇몇 나라의 국가 신용등급은 대체로 투기등급(BB+ 이하)이다. S&P 기준, 남아공과 브라질은 BB—이고 튀르키예는 B다. 아르헨티나는 CCC+로 '원리금 상환 가능성이 의문'인 상태고 러시아는 평가 거절 상태다. 다만 이런 국가의 채권을 사더라도 해당 국가의 화폐로 찍어낸 채권이라면 부도가 날 확률은 매우 낮다. 정부에 돈이 없어도 중앙은행을 통해 또 돈을 찍어내 갚을 수 있다.

이 때문에 이런 해외 채권을 살 때 눈여겨봐야 하는 것은 부도 우려보다 환율이다. 이렇게 국채금리가 높다는 것은 그만큼 해당 국가의 기준금리가 높다는 뜻이다. 이 나라들의 기준금리가 높은 것은 경제가 좋아서라기보다는 치솟는 물가 상승을 잡기 위해서다. 물가 상승률이 높다는 것은 그만큼 자국 화폐 가치가 떨어졌다는 의미다. 즉, 금리를 높여서라도 자국 화폐 가치를 올려야 하는 상황이라는 의미다. 이런 상황에서 섣불리 해외 채권에 투자했다가는 환차손으로 손해를 볼 수 있다. 브라질 채권에 투자해 매년 8%대 수익을 올린다고 해도 브라질 헤알화 가치가 더 빨리 떨어지면 오히려 손해가 되는 것이다.

실제로 국내에서는 브라질 채권에 투자했다가 손해를 본 경우가 적지 않다. 2022년 5월 기준, 원화 대비 브라질 헤알화 가치는 10년 전보다 60% 가까이 하락했다. 10년 전에 1억 원으로 헤알화를 산 뒤 브라질 채권에 투자했다가 10년 만에 만기 상환돼 다시 원화로 바꿨다면 원금은 4,000만 원 정도로 줄어드는 것이다. 중간에 받은 이자를 계산해도 원금을 건지기 어려운 수준이다.

그나마 브라질은 코로나 이후 원자재 가격 상승으로 헤알화 가격도 올라 하락 폭이 줄어든 사례다. 10년 새 튀르키예 리라화는 4분의 1 토막으로 떨어졌고 아르헨티나 페소화는 90% 넘게 하락했다.

환율 걱정을 줄이기 위해 환율 헤지(hedge) 상품에 가입하는 것도 방법이다. 그러나 달러화가 아닌 통화들은 헤지 비용이 워낙 비싸 이 비용을 생각하면 헤지가 의미가 없다. 그래서 이런 신흥국 채권에 투자할 때는 환율 변동성을 감안해 투자 계획을 세워야 한다.

그러면 언제 신흥국 채권에 투자해야 할까? 가장 좋은 것은 투자하는 국가의 경기가 좋아질 때다. 그래야 해당 국가의 통화 가치도 올라 환차익을 볼 수 있다. 브라질 헤알화 가치는 2011년 이후 하락세를 이어가다 2016년에 반등했다. 만약 2016년 초에 브라질 채권에 투자했다면 그해에만 환차익을 포함해 연 70%가 넘는 이익을 얻었을 것이다.

[헤알화 대비 원화 환율 추이]

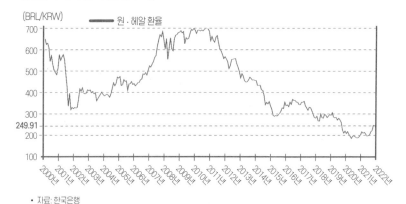

* 자료: 한국은행

부도 위기 회사의 회사채에 투자해도 돈 벌 수 있다

국채가 망할 염려보다 환율을 걱정해야 한다면, 회사채는 정말 회사가 망해서 돈을 크게 잃을 수 있다는 것을 염두에 둬야 한다. 회사채 시장을 보면 이름만 봐선 '에이, 저 회사가 망하겠어' 하는 회사의 채권이 있다. 그런데 수익률도 높고 채권 등급도 BBB―로 겨우 투기등급을 면하거나 BB+등급 이하인 투기등급을 받는 회사들이 있다. 이런 회사 채권에 투자하면 나름 괜찮은 수익을 낼 수도 있지만, 동시에 돈을 크게 잃을 수 있는 위험도 존재한다.

몇 년 전만 해도 큰 회사가 채무 상환을 못 하게 되면 회사채에 투자한 개인투자자의 손실을 먼저 보전해주는 등 상대적으로 개인투자자에게 혜택을 줬다. 하지만 최근에는 개인투자자도 기관투자자처럼 손실을 분담하게 하는 등 분위기가 많이 달라졌다. 도덕적 해이를 방지하기 위해서다.

실제로 대우조선해양은 2015년 대규모 분식회계가 드러나며 도산 위기에 몰렸고, 당연히 채권 수익률이 급등해 연 20%가량 됐다. 그리고 상당수의 개인투자자가 '설마 산업은행이 대주주인 대우조선해양이 망할까?'라고 생각하며 대우조선해양 회사채에 투자했다. 당시 문제가 된 대우조선해양의 회사채 규모는 약 1조 5,000억 원이었는데 이 중 10% 정도가 개인투자자였다.

개인투자자 생각대로 산업은행은 대우조선해양에 대규모 유동성을 공급했지만 해결이 되지 않았고 2017년에 결국 구조 조정에 들어간다. 그리고 개인투자자들의 기대와 달리 개인투자자도 손실을 분담하게 하는 방향으로 구조 조정이 진행됐다.

당시 대우조선해양은 채무 재조정을 진행했는데 대우조선해양의 채권투자자들은 보유한 채권의 절반 이상은 주식으로(출자 전환), 나머지는 연 1% 금리의 3년 거치, 3년 분할 상환 채권으로 바꿔 받았다. 주식으로 바뀐 채권에는 주당 4만 350원을 적용했는데, 현재 대우조선해양 주가는 3만 원이 채 안 되는 수준이다.

물론 이런 와중에도 투자의 기회는 있다. 구조 조정을 하는 회사의 경우에는 타이밍만 잘 잡으면 투자의 큰 기회가 되기도 한다. 주식처럼 이른바 저가 매수의 기회가 되기 때문이다.

2017년 4월 대우조선해양의 채무 재조정을 앞뒀을 때 당시 채권 시장에 대우조선해양 채권이 쏟아지면서 액면가 1만 원짜리 채권이 3,000원대에 거래됐다.

이때 1억 원어치 대우조선해양 채권을 샀다면 어떻게 됐을까? 1억 원을 투자해 액면가로 약 3억 원어치의 채권을 살 수 있었다. 그러면 채무 재조정을 통해 절반 정도인 1억 5,000만 원어치는 채권으로 묶였을 것이고, 나머지 1억 5,000만 원은 주식으로 바뀌었을 것이다. 주당 4만 350원을 적용했으니 3,700주 정도다. 대우조선해양 주식이 2018년 하반기에는 3만 8,000원 정도까지 갔으니 3만 5,000원에만 팔았어도 약 1억 3,000만 원을 손에 쥐게 된다. 1억 원을 투자해 약 1년 6개월 만에 3,000만 원 이익을 실현하고도 2023년쯤 1억 5,000만 원을 받을 수 있는 채권을 손에 쥔 것이니 아주 성공한 투자라 할 수 있다.

역시 자본주의에서는 위기 때 기회가 오고, 위험을 감당한 만큼 수익으로 돌아온다.

채권이 어렵다면 채권펀드도 있다

채권은 주식을 사는 것처럼 증권회사 HTS에서 직접 장내 채권을 매수하는 방식으로 투자하면 된다. 증권회사 창구에 가서 채권을 살 수도 있다. 그러나 이런 직접 투자는 뭘 사야 할지 파악하기 어렵고 최소 투자액도 상대적으로 커서 분산 투자가 쉽지 않다. 당장 회사채를 사려 해도 이만저만 복잡한 것이 아니다. 같은 회사 채권이라도 잔여기간이나 방식에 따라 종류가 다양하고, 거래 자체도 주식과 비교하면 많지 않아 쉽지 않다. 그래서 직접 채권을 사기보단 채권형 펀드에 투자하는 것을 추천하는 경우가 많다.

채권형 펀드의 가장 큰 장점은 적은 돈으로도 분산 투자가 가능하다는 점이다. 채권의 가장 큰 위험은 해당 채권의 부도 가능성이다. 그러나 펀드로 투자하면 분산 투자를 통해 원금 손실 위험을 줄일 수 있다.

채권형 펀드에 투자할 때는 목적을 분명히 해야 한다. 금리가 다소 낮더라도 원금을 확실하게 지키고 싶다면 국·공채 투자 비중이 높은 펀드가 유리하다. 회사채가 섞여 있더라도 우량 기업 중심으로 국내 펀드를 드는 것이 좋다. 국내 채권은 환율 위험이 없어서다. 또 투자 기간도 여유를 갖고 길게 봐야 한다. 투자 기간이 길수록 채권 가격 하락으로 인한 자본 손실을 피할 수 있다.

반면 공격적인 투자를 하려면 해외펀드, 그것도 하이일드펀드에 투자하면 된다. 해외 채권은 환율 상황에 따라 환율 이득을 추가로 볼 수 있다. 또 하이일드펀드는 BB+등급 이하, 즉 '투기등급' 채권에 주로 투자하기 때문에 상대적으로 위험하지만 고수익을 노릴 수 있다. 투자 기간도 국·공채 채권보다 짧게 가져가면서 목표 수익률에 도달했을 때 환매하는 전략을 펼치는 것이 좋다.

다만 채권형 펀드도 채권들로 이뤄진 펀드인 만큼 금리가 오를 때 가격이 내려간다. 그러니 금리 상승기에는 이를 염두에 둬야 한다. 펀드에 가입하는 만큼 펀드 수수료도 고려해야 한다. 특히 펀드에 따라 환매 수수료가 다르기 때문에 잘 확인하고 투자해야 한다.

요즘 뜨는 P2P도 채권의 일종

2016년부터 빠르게 커지고 있는 P2P 투자도 일종의 채권 투자로 볼 수 있다. P2P 금융은 돈이 필요한 사람과 개인투자자가 은행 등 금융기관이 아닌 P2P업체를 통해 직접 돈을 빌려주고 빌려 쓰는 모델이다. 개인이나 자영업자가 채권을 발행하면 여기에 불특정 다수가 투자하는 개념으로 보면 된다.

회사채처럼 중간에 은행 등 금융기관이 끼지 않고 직접 돈을 조달하고 투자하기 때문에 빌리는 사람은 상대적으로 싸게 돈을 빌리고 투자하는 사람은 은행 예금보다 높은 금리를 받을 수 있다. 이때 P2P업체는 해당 채권의 신용을 평가해주고 현금 중개 등을 통해 수수료를 가져간다.

P2P 금융이 뜨는 이유는 비어 있는 중금리 시장을 대체하고 있어서다. 은행 대출은 어렵고 저축은행이나 카드론 대출은 금리가 너무 높아 망설이는 사람이 주로 P2P를 통해 돈을 빌린다. 투자자도 연 7~8%의 수익률을 올릴 수 있어 요즘 같은 저금리 시대에 매력적이다.

채권과 마찬가지인 만큼 P2P 투자의 가장 큰 위험 요소도 부실 가능성이다. 돈을 빌린 사람이 갚지 못하면 원금 손실을 볼 수 있다. P2P업체들이 가운데서 신용 평가를 해준다고 하지만 책임은 지지 않기 때문에 손실은 고스란히 투자자가 감당해야 한다. 또 상당수 P2P업체가 부동산 PF 대출에 몰려 있어 부동산 경기가 나쁘면 부실 위험이 커진다. 100개가 넘는 P2P업체가 난립하면서 허위 상품이나 허위 공시 등으로 투자금을 모집하는 사기도 늘어나고 있다.

이 때문에 P2P 투자를 하려면 일단은 규모가 업계 5위 안에 드는 상대적으로 우량한 P2P업체를 통해 투자하는 것을 권한다. 아직은 채권 부도 등으로 크게 문제가 된 적이 없고 업계에서도 나름 신용 평가를 제대로 하는 업체로 평가받기 때문이다.

또 가능하면 분산 투자를 하는 것이 좋다. 요즘은 수십만 원만 투자해도 100개가 넘는 채권에 자동 분산되는 포트폴리오 상품이 많다. 이렇게 되면 몇 개 채권에 부실이 나도 손실액이 작아 전체 원금 손실을 최소화할 수 있다. 월 지급식을 선택하는 것도 방법이다. P2P 투자는 대부분 중도 상환이 어렵기 때문에 투자 기간을 고려해야 한다.

5장

부동산

부동산 기사는 언제나 가장 많은 댓글을 불러온다

2019년 7월 8일. 이날은 굵직한 뉴스가 많은 날이었다. 일본이 한국에 대한 수출 규제를 강화하면서 양국 간의 갈등이 본격화됐다. 한국에서는 일본산 제품에 대한 불매운동이 거세졌고, 일본의 경제 보복에 한국 주식 시장과 외환 시장이 요동쳤다. 이재용 삼성전자 부회장은 일본으로 건너가 대응책을 마련하느라 바빴고, 미·중 무역 전쟁 1년을 맞아 향후 전망에 대한 분석 기사도 쏟아졌다.

정말 다양한 이슈가 포털사이트의 뉴스면을 장식한 날이었지만, 이날 가장 많은 클릭과 댓글을 불러온 뉴스는 따로 있었다. 바로 김현미 국토교통부 장관이 민간택지에 짓는 아파트에도 분양가 상한제를 적용하겠다고 공언한 뉴스였다. 민간택지에 대한 분양가 상한제는 문재인 정부에서 마지막까지 아껴둔 부동산 규제책으로 꼽힌다. 민간주택 시장에 미치는 파급력이 그만큼 크기 때문이다. 김현미 장관이 이를 공식화하면서 민간택지 분양가 상한제가 이날 하루 종일 '가장 많이 본 뉴스'의 상단을 차지했다.

이렇게 부동산 뉴스는 언제 어느 때나 파급력이 크다. 그만큼 전 국민의 자산과 일상에 미치는 영향이 크기 때문이다. 또 부동산만큼이나 예측이 어렵고 어디로 튈지 모르는 자산이 없어서이기도 하다. 향후 전망이 어렵다 보니 작은 뉴스 하나에도 민감하게 반응하는 것이다.

일례를 보자. 한국개발연구원(KDI)은 2019년 3월에 학계, 연구원, 금융기관, 건설사 등의 부동산 전문가 106명을 대상으로 '1년 후 서울 집값 전망'을 설문 조사했다. 그 결과 59.4%가 '떨어질 것'이라고 답했다. 3개월 전 조사 때 '떨어질 것'이라고 응답한 비율보다 14.7%p나 높았다.

하지만 이 같은 전망은 불과 3개월 만에 뒤집혔다. KDI가 2019년 6월에 실시한 같은 조사에서는 전문가 106명 중 53.8%가 '1년 뒤에 서울 집값이 오를 것'이라고 전망했다. 불과 3개월 만에 전문가들의 집값 전망이 180도 바뀐 것이다.

정부가 2018년 내내 강도 높은 부동산 규제책을 발표한 덕분에 한동안 집값이 오르지 않고 제자리걸음을 했지만, 이제는 바닥을 찍었다는 판단을 과반수 넘는 전문가가 한 셈이다. 김현미 장관이 민간택지 분양가 상한제라는 초강수를 꺼내든 것도 이런 시장 분위기를 감안한 것으로 보인다.

이렇게 부동산 시장은 아무리 전문가라도 좀처럼 예측이 어렵다. 물고기 전문가라도 살아 있는 물고기가 왼쪽으로 움직일지 오른쪽으로 움직일지는 모르는 법이다. 그렇다고 부동산에 대한 공부를 포기하라는 말은 아니다. 부동산은 한국에서 가장 중요한 자산이다. 부자들이 가장 많이 보유하고 있는 자산이기도 하다. 주식이나 채권 같은 자산과 달리 부동산은 지역적인 특색이 강하게 반영되는 자산이기도 하다. 한국의 부동산 시장이 어떻게 작동하고 어떻게 움직이는지 알아둬야 한다는 것이다.

언제 내 집 마련을 해야 할까요?
바로 지금입니다

집이 없는 사람들은 항상 언제 집을 살까, 집을 산다면 얼마짜리 집을 살까 고민한다. 앞에서 예를 든 2019년 때를 다시 보자. 당시 한국감정원에 따르면 서울 아파트 매매 가격 지수는 2018년 11월 이후 33주 연속 하락했다가 2019년 9월부터 다시 반등했다. 이렇게 부동산 가격이 변하다 보니 집 사기가 참 어렵다. 수억 원이 넘는 아파트이니 가격이 떨어질 때는 조금만 더 기다리면 더 좋은 집을 싸게 살 수 있을 것 같아 못 사고, 가격이 오를 때는 목표로 하던 집의 가격이 올라 사기 어려워져서 그렇다.

집을 살 때는 누구나 최저점에 사고 싶어 한다. 그러나 최저점을 맞추는 것은 신의 영역에 가깝다. 정말 맞추기 어려운 일이다. 그래서 많은 부동산 전문가가 "언제 집을 사야 하나요?"라고 무주택자가 물으면 항상 "지금"이라고 답한다.

집은 한 채를 가지고 있어야 비로소 '중립'이 된다

집값이 더 떨어질 것이라는 확신이 있다면 원하는 가격이 될 때까지 기다리는 것도 방법이다. 그럼에도 지금 집을 사라고 하는 이유는 부동산 시장의 특성 때문이다.

앞에서 나온 주식이나 외환, 채권 등은 살면서 반드시 가질 필요는 없다. 평생 주식 한 주 없어도 사는데 지장이 없다. 채권이나 외환도 마찬가지다. 해외여행 갈 때 필요한 만큼만 달러나 엔화를 환전하면 그뿐이다. 주식 시장이나 채권 시장, 외환 시장은 내가 참가하고 싶으면 들어가고 관심이 없으면 들어가지 않아도 된다.

그러나 집은 부모님 집에 얹혀사는 캥거루족이 될 생각이 없는한은 반드시 필요하다. 집 살 돈이 없으면 전세나 월세로 빌려서라도 내가 살아갈 집을 마련해야 한다. 부동산 시장에 관심이 없어도 참여할 수밖에 없다.

주식 시장에 관심이 있어도 앞으로 주식 시장이 좋을지, 나쁠지 예상이 되지 않을 때에는 그냥 관심만 두고 주식 시장에 들어가지 않으면 된다. 이걸 '중립' 포지션이라고 한다. '중립' 위치에 있을 땐 주가가 오르거나 내리거나 내 재산에 변화가 없다.

그러나 부동산 시장에서는 집이 한 채 있어야 '중립' 포지션이 된다. 누구나 매매를 하든, 임대를 하든 집 한 채는 필요하기 때문이다. 만약 내가 돈이 없어서 집을 사지 않고 임대로 살고 있다면 그건 내 판단과 관계없이 부동산 가격 하락에 베팅한 것과 같다. 집값이 오르면 내 임대료도 오르고 나중에 집을 살 때도 지금보다 더 비싸게 사야 하니 손해다. 반대로 집값이 떨어지면 임대료도 줄고 집도 싸게 살 수 있으니 이득이다. 그래서 부동산이라는 것은 부모님 집에서 독립하는 순간, 시장에 발을 들이는 것과 마찬가지고, 또 동시에 하락 포지션을 잡는 것이기도 하다. 내 의지와 관계없이 말이다.

부동산 가격이 올라도 내려도 관계가 없는 '중립' 포지션에 있고 싶다면 어떻게 해야 할까? 집을 딱 한 채만 갖고 있으면 된다. 집이 있으면 일단 내 집에서 사니 집값이 오르나 떨어지나 내 주거비는 변하지 않는다. 집값이 오르면 자산이 늘어나 좋지 않느냐고 생각할 수도 있다. 그러나 집값이 올라서 그 집을 팔아도 비슷한 조건의 집을 찾으면 그 집도 역시나 가격이 올라서 의미가 없다. 집값이 떨어져도 마찬가지다. 누구나 집 한 채는 필요하기 때문에 그렇다.

집이 있는데 다른 집에 임대로 살고 있어도 마찬가지다. 집값이 오르면 내가 살고 있는 집의 임대료가 오르겠지만 내가 사서 임대 주고 있는 집의 임대료도 오를 테니 마찬가지다. 그래서 부동산의 경우 집 한 채는 있어야 '중립'이다.

반대로 집값이 오를 거라고 기대한다면 집이 두 채 이상 있어야 한다. 그래야 내가 사는 집은 그냥 두고 다른 집들로 집값이 오를 때 시세 차익을 볼 수 있다. 그러니 내가 부동산에 관심이 없고 부동산 가격 흐름에 관심 갖고 싶지 않다면, 아이러니한 일이지만 반드시 내가 살 집 한 채를 마련해야 하는 것이다.

지금 집을 사라는 것은 부동산 시장에 확신이 없는 한 빨리 부동산 시장에서 중립 포지션을 잡으라는 뜻이다. 특히 집은 샀을 때와 사지 않았을 때 감당해야 하는 리스크의 크기가 매우 다르다. 무주택자가 집을 사지 않았을 때 감당해야 하는 리스크는 집값이 뛰는 것이다. 이는 주거비 상승으로 이어진다. 반면 무주택자가 집을 샀을 때 리스크는 집값이 떨어지는 것이다. 물론 집값이 떨어지면 속이 쓰리다. 하지만 무주택자일 때 집값이 뛰는 것에 비하면 속 쓰림의 강도가 덜할 것이다. 다만 자기가 감당할 수 있는 수준의 빚을 지고 집을 샀을 때에만 해당하는 말이다. 결국 앞에서 말한 것처럼 부동산 시장에 강제로 진입한 이상 얼른 집을 한 채 마련해 중립 포지션을 유지하는 것이 좋다.

얼마를 빌릴 수 있는지에 따라 살 수 있는 집값도 달라진다

얼마짜리 집을 사야 할까? 필자가 생각할 때는 내가 가진 돈에다 감당할 수 있는 빚을 지는 정도가 적당한 가격의 집이다. 내가 얼마까지 빚을 질지를(질 수 있는지를) 계산해야 하는데 방법은 다양하다. 필자는 내가 일할 수 있는 근로 연수에 내 세후 연봉의 3분의 1을 매월 상환하는 원리금으로 따져 역산하면 답이 나온다고 생각한다. 일을 해야 빚을 갚을 수 있으니 일하는 기간만큼을 상환 기간으로 잡고 주거비는 생활비의 3분의 1 정도가 적당하다고 봐서 그렇다.

예를 하나 들어보자. A씨 부부는 지금 다니는 회사에서 앞으로 20년은 더 다닐 수 있을 것 같다. 여기에 가구 실수령액이 7,000만 원이라면, 20년 동안 빚을 갚되 매월 갚을 원리금은 약 195만 원(7,000만 원÷12÷3)이 되니 역산(금리는 연 3.5%로 계산)하면 대출원금은 3억 4,000만 원 정도가 된다. 지금 2억 5,000만 원짜리 전셋집에 살고 있다고 했을 때 대략 3억 5,000만 원을 대출받아 6억 원 정도의 집을 사면 대출 상환에 큰 어려움을 겪지 않으면서 안정적으로 집을 살 수 있는 규모라고 생각한다. 물론 갈수록 연봉이 늘어날 것을 고려하면 대출금을 좀 더 늘려도 된다. 그러나 이런 계산은 2018년 9·13 대책에 포함된 대출 규제 때문에 더 이상 유효하지 않다. 서울의 경우 주택담보대출비율(LTV)이 40%로 묶였다. 이 말은 집을 살 때 집값의 40%까지만 대출이 된다는 의미다.

앞에 나온 A씨 부부의 합산 연 실수령액이 7,000만 원인 것을 보면 연봉은 8,000만 원을 넘을 확률이 높다. 일단 실수요자 조건에서 배제된다. 6억 원짜리 집을 산다면 집값의 40%인 2억 4,000만 원까지만 대출이 된다. 내 돈 3억 6,000만 원이 있어야 집을 살 수 있으니 집 사는 게 불가능해졌다. 지금 (전세) 2억 5,000만 원이 있으니 A씨가 주택담보대출을 받아 최대로 살 수 있는 집은 4억 1,000만 원짜리다. 마이너스통장 등을 최대한 동원해도 5억 원 정도의 집만 매수 가능하다. 즉, 지금 같은 규제에서 서울에 집을 사려면 내가 가진 순자본의 2배 이하 가격의 집만 노릴 수 있다는 말이 된다.

2022년 5월에 출범한 윤석열 정부에서 LTV 규제를 손보겠다고 한 만큼 구체적인 규제 변화는 좀 더 지켜봐야 한다. 윤석열 대통령은 대선 당시 공약으로 생애 최초 주택 구매자의 LTV를 80%까지 높이겠다고 한 바 있다.

사본 사람만 안다는
'집 사는 법'을 알아보자

집은 슈퍼마켓에서 돈만 내면 바로 살 수 있는 아이스크림이나 컵라면이 아니다. 사는 과정도 꽤나 어렵고 복잡해서 미리 공부할 필요가 있다.

집을 사기로 결심했다면 가장 쉬운 방법은 돈을 들고 공인중개사 사무소에 가서 나와 있는 매물을 사는 것이다. 일단 매도자와 공인 중개사사무소에서 만나 계약금을 내고 계약한다. 계약금은 통상 매매가의 10%다. 계약하면서 등기날을 정한다. 상황에 따라 중도금을 내기도 한다. 그리고 약속한 날, 남은 잔금을 치르고 등기소에서 소유권 이전을 하면 된다. 이건 보통 현재 시장에 매물로 나와 있는 집을 사는 방법이다.

집 구하기의 정석 : 분양의 세계

만약 새 집을 산다면 청약을 통해 분양받아야 한다. 우리나라에서 분양이라고 하면 보통 집을 짓기 전에 사기로 계약하는 선분양을 말한다.

분양은 받고 싶다고 아무나 받을 수 있는 게 아니다. 분양을 받으려면 주택청약통장을 만들어야 한다. 보통 은행에서 주택청약종합저축에 가입해 일정 기간 이상, 일정 금액 이상을 저축하면 된다.

청약통장은 정부가 주택 정책에 사용하는 돈인 국민주택기금의 재원을 마련하기 위해 만들어졌다. 분양하는 주택에 청약하려면 이 청약통장에 일정 기간, 그리고 일정 금액을 넣어 놔야 한다. 국민주택기금 재원으로 활용되기 때문에 예금자보호법의 보호를 받지 못한다는 단점은 있다. 하지만 큰 의미는 없다.

서울에서는 1년 이상 가입하고 12번 이상 돈을 내면 1순위가 된다. 그러나 1순위라고 무조건 분양받을 수 있는 것은 아니다. 특히 서울에서는 워낙 분양 경쟁률이 높다 보니 가점을 많이 받아야 분양받을 확률이 높다. 가점을 받으려면 무주택 기간이 길고 부양가족도 많아야 하며 청약저축 가입 기간도 길어야 한다. 또 신혼부부나 생애 최초 주택 구입, 다자녀 등 각종 특별 공급 청약도 있으니 상황에 맞게 준비해 지원하면 당첨 확률을 높일 수 있다.

분양을 받았다면 분양가의 10~20%를 계약금으로 내고 집이 지어지는 동안 6번 정도 나눠서 중도금(60%)을 내야 한다. 그리고 집이 완공되면 입주하면서 나머지 잔금을 내야 한다.

사실 선분양은 집주인 입장에서 불안한 구석이 아주 많다. 큰 부자가 아니라면 살면서 수억 원짜리 물건을 살 일은 평생에 단 한 번, 집을 살 때뿐이다. 그런데 내가 살 물건이 아직 실체도 없는데 물건값의 80%를 내면서 사는 게 선분양이다. 물론 모델하우스를 볼 수는 있다. 하지만 모델하우스는 말 그대로 '이렇게 지을 겁니다' 하고 건설사가 보여주는 견본에 불과하다. 집이 지어질 땅을 볼 수도 있지만, 역시나 허허벌판을 보면서 '여기에 지어지는구나' 하는 게 다. 견본주택과 실제 지어진 집이 달라도 어떻게 하기가 어렵다.

그래서 최근에는 다 지어진 집을 보고 원하는 집에 입주하는 '후분양' 방식으로 바뀌어야 한다는 목소리가 커지고 있다. 법으로 강제해야 한다는 주장까지 있다.

왜 선분양제가 대세가 됐나?

그럼에도 선분양제가 대세인 이유는 건설사나 집을 사는 사람 모두에게 선분양제가 유리한 면이 있어서다.

선분양제와 후분양제 간의 가장 큰 차이는 집 짓는 비용을 누가 부담하느냐다. 후분양제는 일단 건설사의 돈으로 집을 짓고 나서 팔아야 한다. 이 경우 돈을 빌리는 금융 비용을 건설사가 부담해야 한다. 반대로 선분양제에서는 건축비는 처음부터 분양받은 사람, 집을 사는 사람이 낸다. 이렇게만 보면 집 사는 사람 입장에서는 후분양제로 해야 금융 비용을 줄여 집을 싸게 살 것 같은데 그렇지 않다. 건설사가 나중에 집을 팔 때 이런 금융 비용도 어차피 다 집값에 녹이기 때문이다. 오히려 건설사가 조달하는 금융 비용보다 집을 사는 사람의 금융 비용이 더 쌀 수도 있기 때문에 선분양을 해야 집값이 더 싸지는 측면도 있다.

단순히 보면 분양받는 일반 사람보다는 건설사가 더 신용이 좋아서 금융 비용이 쌀 것 같은데 그렇지 않다. 일단 건설사가 건물을 지으려고 은행에 돈을 빌리면 이 대출은 프로젝트 파이낸싱(PF) 대출이어서 은행이 금리를 높게 부른다. 은행들은 건설사에 돈을 빌려줬는데 이 아파트 분양이 제대로 되지 않으면 돈을 떼일 수 있다 보니 금리를 상대적으로 높게 부르는 것이다. 반면 분양받은 사람이 돈을 빌리면 주택도시보증공사가 보증을 서주기 때문에 은행에서 돈을 싸게 빌릴 수 있다. 정책적으로 분양받는 사람에게 국가가 혜택을 주는 것이다. 물론 너무 비싼 아파트까지 이런 정책적 혜택을 주지 않겠다며 분양가가 9억 원이 넘는 아파트는 주택도시보증공사에서 보증을 내주지 않아 중도금 대출이 안 된다.

또 사는 사람 입장에서는 선분양을 해야 돈도 2~3년 동안 나눠 낼 수 있어 유리하다. 미리 집값을 정하고 나중에 내 집이 되는 일종의 선물 개념이기 때문에 집값 상승기에는 시세 차익도 볼 수 있다.

대출과 갭 투자

집을 살 때 내 돈만 갖고 사는 사람은 별로 없다. 대부분 대출을 받아 집을 산다. 조금이라도 더 싸게 집을 사려면 대출금리가 최대한 낮아야 하는데 가장 좋은 방법은 역시 정부에서 혜택을 주는 정책 모기지를 이용하는 것이 가장 좋다. 대출 전에 반드시 주택금융공사 홈페이지에 들어가 내가 빌릴 수 있는 대출이 있는지 확인해야 한다.

주택금융공사 디딤돌대출은 최저 1.5% 금리(고정금리)로 대출받을 수 있다. 소득 수준이나 집값, 대출 총액, 대출 한도 등에 제한이 있어 대출 가능 여부를 확인하는 것이 중요하다. 디딤돌대출 외에도 보금자리론이나 적격대출도 있으니 확인해 보고 가장 금리가 낮은 대출을 받는 게 좋다.

10년 이상 길게 빌릴 경우에는 고정금리대출이 유리하다. 고정금리로 빌렸다가 금리가 오르면 다행이구나 하면 된다. 금리가 떨어져도 중도 상환 수수료 적용 기간이 끝난 후 낮은 금리 상품으로 갈아타면 된다. 반면 변동금리는 금리가 떨어지면 다행이지만 금리가 오르면 꼼짝 없이 금리 상승 부담을 감당해야 한다. 그래서 10년 이상 장기로 빌릴 때는 고정금리대출이 리스크를 줄이는 차원에서 유리하다.

꼭 금융기관에서 돈을 빌리지 않고도 집을 사는 방법이 있다. 바로 갭 투자다. 우리나라에만 있는 전세제도를 이용하는 것이다. 집값이 5억 원인데 이 집의 전세가 3억 5,000만 원일 경우 내 돈은 1억 5,000만 원만 있으면 집을 구입할 수 있다. 전세 보증금이 일종의 무이자 대출과 같다.

전세 상승기에는 이런 갭 투자도 많아진다. 전세금이 올라가면서 집값 대비 전세가(전세율)가 올라 갭 투자가 쉽기 때문이다. 나에게 여윳돈 1억 원이 있으면 1억 원짜리 집을 살 수도 있지만 5억 원에 전세가 4억 원인 집도 살 수 있다. 이후 집값이 10% 오르면 1억 원에 산 집은 1억 1,000만 원이 돼 1,000만 원만 이득이지만 전세 끼고 산 5억 원짜리 집은 5억 5,000만 원이 돼 5,000만 원 수익을 거둘 수 있다. 이걸 레버리지 효과라고 한다.

집값이 떨어질 때는 오히려 손해가 크게 된다. 1억 원짜리 집이 10% 떨어지면 1,000만 원 손해지만 5억 원짜리 집은 10% 떨어지면 4억 5,000만 원이 되니 5,000만 원 손해다. 만약 집값 하락률이 더 크면 투자한 돈보다 더 많은 돈을 순식간에 날릴 수도 있다. 이외에 경매 물건을 사는 방법도 있다.

집을 살 수 있는 방법은 의외로 많다. 발품을 파는 만큼 내게 맞는 집을 적당한 가격에 구할 수 있는 기회도 늘어난다.

집값은 언제 어떻게 움직일까?

'강남 불패'라는 말이 있다. 강남 아파트 가격은 항상 오르기만 한다는 뜻이다. 과연 그럴까?

긴 시간으로 보면 강남뿐 아니라 서울 아파트 가격은 우상향하고 있다. 그러나 항상 집값이 오르기만 하는 것은 아니다. 2019년만 해도 정부의 강력한 집값 잡기 정책에 경기 둔화까지 겹치면서 한동안 집값 하락세가 이어졌다.

서울 집값 동향의 상징처럼 여겨지는 대치동 은마아파트(115제곱미터, 34평형) 가격을 보면 2018년 9월 최고 20억 5,000만 원에 거래됐지만 2019년 4월에는 17억 원에 거래됐다. 층수나 동마다 가격 차이가 있지만 3억 5,000만 원 정도 차이가 났다는 것은 가격이 떨어졌다는 의미다. 은마를 멈춰 세운 건 도대체 뭘까?(물론 2022년 2월에는 25억 5,000만 원에 거래됐다. 앞의 거래 내역은 집값 동향의 설명을 위해 과거 사례를 든 것이다.)

경제가 좋으면 부동산 시장도 활기가 돈다

부동산 가격을 움직이는 가장 큰 요인은 아무래도 거시경제 상황이다. 경기가 안 좋으면 돈이 안 돌고 수요도 줄어드니 집값은 떨어질 수밖에 없다. 반면 경기가 좋으면 그만큼 돈이 많이 돌고 수요가늘어나 집값은 올라간다.

자유 시장 경제에서 가격은 수요와 공급에 의해 결정된다. 부동산역시 마찬가지다. 다만 부동산은 땅이 한정돼 있고 집을 지으려 해도 시간이 오래 걸리다 보니 공급에는 큰 변화가 없다. 그래서 부동산은 기본적으로 수요에 의해 가격이 결정되지만, 공급이 한번 출렁이면 가격도 크게 출렁인다.

여기에 경기와 민감하게 움직이는 금리도 집값을 움직이는 결정적 요소다. 앞에 금리를 다룬 장에서 말했던 것처럼 금리가 낮으면그만큼 금융 비용이 적게 들어 투자 수익을 올리기 좋고, 여유 자금을 다른 금융 자산에 투자하기도 어려우니 돈이 부동산으로 몰리면서 부동산 가격이 뛴다.

경기가 좋지 않을 때 금리를 낮추면 가장 먼저 부동산 경기가 살아나면서 내수 경기가 살아나고 경기가 회복되기도 한다. 반면 금리가 오르면 금융 비용이 늘어 수익을 올리기 어려워지고 다른 금융 상품 수익률이 올라가니 시중의 여유자금이 부동산을 외면하면서 부동산 가격이 떨어진다.

156

부동산 시장을 잡는 정부의 무기는 대출 규제와 세금

이런 거시적인 경기도 중요하지만 부동산은 특히 정부 정책이 중요하다. 정부 정책은 크게 대출 규제와 세금으로 구분된다.

집을 살 때 대부분 대출을 끼고 사는데 대출을 받을 수 없으면 집을 살 수 없으니 수요가 줄어들어 가격이 하락한다. 대표적인 것이 LTV와 총부채상환비율(DTI) 규제다. LTV는 전체 집값에서 대출받을 수 있는 비율을, DTI는 내 소득에서 주택담보대출 원리금 상환 비율을 말한다. 5억 원짜리 집을 사면서 3억 원 대출을 받으면 LTV는 60%(3억 원÷5억 원)다. 또 한 달에 300만 원 버는데 주택담보대출 원리금으로 150만 원이 나가면 내 DTI는 50%(150만 원÷300만 원)다.

대출 규제 중에서는 특히 LTV가 중요하다. 박근혜 정부 시절 LTV는 70%까지 완화됐다. 6억 원짜리 집을 살 때 4억 2,000만 원까지 대출이 된 것이다. 그러나 문재인 정부 들어서면서 몇 차례에 걸쳐 LTV를 강화해 현재는 서울에서 집을 살 때 집값의 40%(실수요자는 50%)까지만 대출받을 수 있다. 여기에 집을 한 채 갖고 있는 사람은 원칙적으로 주택담보대출이 불가능하게 됐다.

사실 이런 대출 규제로 부동산 수요를 조절하는 것은 선진국 중에서는 우리나라만 하는 정책이다. 집을 담보로 돈을 빌리는데 얼마까지 빌려줄지는 은행이 자율적으로 정하는 것이 자연스럽다. 너무 많이 빌려줬다가 손해를 보면 그건 은행이 책임지면 되기 때문이다. 집값이 하락할 경우 은행이 위험해질 수 있다고 우려되면 은행별 평균 LTV를 규제하고 개별 LTV는 은행이 자율적으로 정하게 하는 것도 방법이다. 한국은 지나치게 대출 규제를 강화하다 보니 투기 목적이 아닌 실수요자까지 집을 못 사게 하고 있다는 비판도 나온다.

세금 규제도 부동산 시장에는 강력하게 작용한다. 집을 갖고 있거나 팔 때 내는 세금을 늘리면 집을 사서 얻을 수 있는 이득이 그만큼 줄어들기 때문에 역시 부동산 수요가 줄어들게 된다. 부동산 세금은 집을 살 때 내는 취득세와 집을 보유하면서 내는 보유세, 집을 팔면서 내는 소득세로 나뉜다. 우리나라는 다른 나라와 비교해 취득세(거래세)와 소득세는 많이 물리고 보유세는 적게 물린다는 평가를 받는다.

현재 부동산을 살 때 내는 취득세는 집값을 기준으로 6억 원 이하는 집값의 1%, 6억 원 초과 9억 원 이하는 2%, 9억 원 초과는 3%를 내야 한다. 서울 아파트에서 10억 원짜리 집을 사면 취득세만 3,000만 원을 내고 여기에 지방교육세(300만 원)와 농어촌특별세(200만 원)까지 부담해야 한다.

보유세는 매년 내야 하는 재산세다. 만약 보유한 집들의 합이 6억 원(공시 가격 기준, 1주택자는 9억 원)이 넘으면 종합부동산세까지 내야 한다.

지난 정부에서는 이런 보유세를 강화하기 위해 공시가 현실화라는 이름으로 공시 가격을 올렸다. 공시 가격은 세금 계산을 위해 1년에 한 번 지자체에서 감정한 집의 가격을 말한다. 보통 실거래가

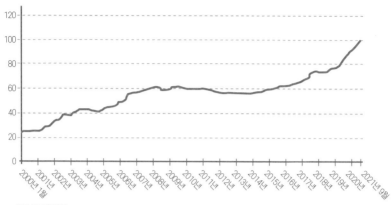

[서울 아파트 매매 가격 지수 추이]

• 자료: KB국민은행

의 50~70% 수준인데 이를 빠르게 올리면서 세금 부담을 늘렸다. 사실 세금을 강화하려면 세율을 올리는 것이 정석이다. 하지만 세율을 건드리려면 법을 개정해야 하니 국회 동의 없이 쉽게 할 수 있는 공시 가격 상승으로 세금을 강화했던 것이다.

집을 매매하면서 얻은 이득에서 세금을 떼는 양도소득세도 중요하다. 양도소득세 부담이 크면 부동산 매매로 얻는 소득이 그만큼 줄어드니 당연히 투자가 줄어든다. 지난 정부에서는 양도소득세를 계산할 때 세금을 줄여주던 각종 혜택을 없애는 방식으로 세금을 강화했다.

공급 변화가 더 무섭다

앞에서 말한 것처럼 부동산 대부분은 수요에 따라 움직이지만 공급에 큰 변화가 생기기 어려워서 그런 것이고, 택지 개발이나 재건축 확대 등 공급이 크게 늘어날 때 역시 가격에 큰 영향을 미친다. 공급이 늘어나면 당연히 집값이 떨어진다.

1986년 이후 서울 아파트 가격이 추세적 하락세에 들어선 것은 크게 3번이다. 일단 1997년 외환위기 이후와 2008년 글로벌 금융위기 이후다. 이때는 앞에서 말한 것처럼 거시경제가 흔들리면서 집값 하락을 맞았다. 또 한 번은 1991~1995년이다. 이때는 사실 경제가 좋았지만 분당과 일산 등 이른바 1기 신도시에서 200만 호가 넘는 집이 공급되면서 서울 집값이 하락했다. 이 때문에 이번 정부에서도 집값을 잡으려면 수요 억제책보다는 대규모 아파트 공급이 필요하다는 지적이 나왔고 최근 3기 신도시 공급을 결정하면서 공급 확대에도 불을 댕기는 모습이다.

한국에만 있는 '전세' 제도

무주택자라도 살 집은 있어야 한다. 당장 집을 살 돈이 없다면 빌려서 사는 게 유일한 선택지다. 이럴 땐 최소한 싸게라도 빌려 사는 방법을 찾아야 한다. 다행히 우리나라에는 '전세'라는 독특한 임대형식이 있어 그나마 주거 비용을 줄일 수 있다.

사실 전세는 경제 상식적으로는 말이 안 되는 제도다. 집값의 절반 정도, 비싸야 80% 수준만 내고 살다가 나올 때 그 돈을 그대로 돌려받는다. 여기에 세금도 내지 않는다. 또 살다가 집에 수리가 필요하면 집주인이 자기 돈으로 수리도 해준다. 물론 전세금을 받아서 은행에 맡기면 이자 수익을 올릴 수 있다. 그러나 요즘 같은 저금리 시대에는 월세와 비교해 수익이 적을 수밖에 없고, 매년 나가는 보유세를 생각하면 임대 수익은 거의 없다고 봐야 한다. 그래서 이론적으로는 전세가가 집값보다 훨씬 비싸야 된다.

이렇게 생각해보자. 3,000만 원짜리 쏘나타가 있다. 3,000만 원을 내면 차를 살 수 있는데, 3,500만 원을 내면 2년 동안 빌려 탈 수 있다. 대신 세금도 내지 않고 2년 후 차를 반납하면 3,500만 원을 그대로 돌려준다. 그럼 3,000만 원 주고 쏘나타를 살까, 아니면 이보다 비싼 3,500만 원 주고 빌려 탈까? 필자 같으면 무조건 빌려 타겠다. 차는 시간이 지나면 가격이 떨어지지만 이렇게 빌려 타면 원금을 그대로 돌려주니 2년마다 새 차를 탈 수 있기 때문이다.

사실 집도 마찬가지다. 집이 낡아서 집값이 떨어진다면 전세로 집을 빌려주는 사람은 없을 것이다. 그러나 차와 달리 집은 시간이 지나면 집이 낡아도 땅값이 오르기 때문에 결국 집값은 오르게 된다. 이 때문에 집주인은 임대 수익은 거의 없더라도 전세 방식으로 집을 빌려주고 대신 집값 상승을 기대한다. 즉, 차는 시간이 지나면 가격이 떨어지기 때문에 전세 같은 방법으로 빌려주는 사람이 없지만, 집은 시간이 지나면 가격이 오를 것이란 믿음이 있기 때문에 전세를 내놓는 사람이 생긴다.

전세는 집을 빌리는 사람 입장에서도 가장 싼 임대 방식이다. 전세 보증금이 없다고 월세 사는 사람들도 있는데 사실 대출을 받아서라도 전세로 사는 게 낫다. 전월세 전환율보다 대출금리가 싸기 때문이다.

전월세 전환율은 전세 보증금을 월세로 전환할 때 연환산 이율이다. 전세보증금 3억 원으로 살다가 월세로 전환하면서 보증금을 1억 5,000만 원으로 낮추고 대신 월세로 50만 원을 내기로 했다면,

매년 내야 하는 임대료가 600만 원(50만 원×12개월)이니 전월세 전환율은 4%(600만 원÷1억 5,000만 원)이다. 이 경우 은행에서 1억 5,000만 원을 연 4% 금리보다 낮게 빌릴 수 있다면 월세로 사는 것보다 대출을 받는 게 낫다. 다만 여기에 세금 혜택을 함께 계산해야 한다. 월세로 살면 1년간 낸 월세액의 12%를 세금에서 빼준다(세액 공제). 앞의 사례처럼 월세로 600만 원을 내면 1년간 내야 하는 세금에서 72만 원(600만 원×12%)을 세금에서 빼주는 것이다. 월세 세액 공제 한도는 750만 원(월세금 기준)까지다.

전세도 전세자금대출 원리금 상환액의 40%(최대 300만 원)를 소득에서 빼준다(소득 공제). 내면 사라지는 이자뿐 아니라 원금까지 소득 공제를 해주니 매력적이다. 내 세율이 15% 구간이면 45만 원, 24% 구간이면 72만 원까지 세금이 줄어든다. 이 때문에 월세를 사는 것이 나을지, 전세 대출을 받아서 전세로 사는 것이 나을지 계산을 해보는 게 필요하다. 간단한 계산을 귀찮아하면 돈을 모을 수가 없다.

시프트, 행복주택 같은 선택지도 빼놓지 말자

서울에 사는 사람들은 서울시 장기전세주택(시프트)도 눈여겨볼 만하다. 시프트는 서울시 재정으로 아파트를 사들여 주변 전세 시세의 70~80%로 최장 20년간 임대해 주는 전셋집이다. 기존 영구 임대아파트와 달리 일반 아파트단지에 섞여 있고 최대 129제곱미터(전용면적) 크기의 큰 집에서 살 수도 있다. 시프트는 분양 아파트처럼 청약통장을 가지고 청약하는 방식으로 지원할 수 있다. 소득 기준이 있는데 도시근로자 가구당 월평균 소득의 150%(3인 가구 기준 810만 원)까지 지원할 수 있다.

신혼부부를 비롯한 젊은 층은 행복주택도 좋은 선택지가 될 수 있다. 19~45제곱미터(전용면적) 이하의 작은 집을 주변 임대료 시세의 60~80% 수준으로 공급한다. 대학생, 청년, 산업단지 근로자는 최대 6년, 신혼부부·한부모 가족은 10년, 취약층이나 노인층 등 주거 안정 지원계층은 20년까지 거주할 수 있다. 보증금 마련이 어려우면 최저 1.2% 금리로 대출도 받을 수 있다.

이 외에도 영구 임대나 공공 임대, 국민 임대, 재개발 임대, 장기 안심주택, 청년주택 등 다양한 공공 임대주택을 공급하고 있어 조금만 알아보면 자신의 상황에 맞으면서 시세보다 싸게 주거지를 마련할 수 있다.

100만 원으로 건물주가 될 수 있다

조물주 위에 건물주라는 말이 있을 정도로 건물주는 모든 사람의 꿈이다. 건물주가 될 만큼 돈이 많았으면 좋겠다는 의미지만 한편에서는 건물주만큼 안정적으로 수익을 거둘 만한 직업이 없다는 현실을 보여주기도 한다.

모두가 선망하는 자리인 만큼 건물주가 되는 건 쉽지 않다. 꼬마 빌딩이라도 하나 사려면 대출 받아도 수억에서 수십억 원은 족히 필요하다. 그래서 우리 평생에 건물주가 되는 건 요원한 일 같다.

부동산에도 펀드가 있다

그런데 단돈 100만 원만 있어도 건물주가 될 수 있다면 믿을 수 있겠는가? 물론 내가 투자한 건물에 가서 떵떵거릴 수는 없다. 하지만 어쨌거나 건물에 투자할 수는 있다. 바로 부동산 리츠나 부동산 펀드 같은 간접 투자 상품을 통해서다.

부동산 펀드는 투자자 돈을 모아 빌딩이나 호텔, 유통·물류시설 등에 투자한 뒤 임대료나 매각 차익 등을 투자자에게 나눠주는 상품이다. 펀드 자산의 절반 이상을 부동산이나 부동산 관련 자산에 투자해야 한다. 과거에는 주로 연기금 등 기관이 투자했지만 보통 분기마다 배당금을 받을 수 있고 연 5~6%의 수익을 기대할 수 있어 은퇴자들의 투자 상품으로 인기를 끌고 있다.

부동산 펀드의 가장 큰 장점은 소액으로도 투자할 수 있다는 점이다. 과거에는 최저 투자금이 수천만 원 수준이었지만 요즘에는 100만 원대로 낮아졌다. 100만 원만 있어도 강남의 높은 빌딩은 물론 뉴욕이나 런던 등 해외 부동산 자산에도 투자할 수 있는 것이다. 부동산 펀드가 건물을 사면 취득세를 50% 감면해주고 수익의 90% 이상을 배당하면 법인세를 내지 않아도 된다. 어설프게 다주택자가 되어 세금 폭탄을 맞는 것보다 훨씬 유리하다.

물론 단점도 있다. 일단 한 번 투자하면 3~10년 안팎의 만기까지 들고 가야 한다는 점이다. 중간에 환매가 불가능하고 설령 환매가 되더라도 수수료를 많이 물어야 한다. 또 보통 한 개 펀드로 자산 한 개에 투자한다. 분산 효과가 없다 보니 해당 자산의 가격이 떨어지면 바로 원금 하락으로 이어질 수 있다.

최근에는 부동산 펀드의 이런 단점을 극복하기 위한 대안으로 부동산 리츠가 떠오르고 있다. 부동산 펀드가 부동산 실물 자산에 투자한다면 부동산 리츠는 부동산 회사에 투자한다고 보면 된다. 부동산 회사 주식을 사서 배당을 받는 구조다. 국내 리츠 자산 규모는 2010년 7조 6,000억 원에서 2021년 8월 70조 1,200억 원으로 10년 새 10배가량 커졌다. 또 최근 3년 평균 배당 수익률도 8.33%에 이른다.

리츠는 주식 시장에 상장돼 있어 일반 주식 거래처럼 원하는 시점에 매매할 수 있다는 장점이 있다. 부동산 회사에 투자하기 때문에 해당 회사가 투자하는 여러 부동산 자산에 투자하는 분산 투자 효과를 누릴 수 있다. 그리고 부동산 펀드는 자본시장법에 근거를 두고 있어 금융위원회의 관리 및 감독을 받지만 리츠는 부동산투자회사법에 근거를 두고 있어 국토교통부가 관리 및 감독을 담당한다.

부동산 펀드 투자는 발로 뛰며 입지를 살펴야 한다

부동산 펀드나 리츠 모두 투자한 부동산 자산의 가격이 떨어지면 원금 손실을 볼 수 있다. 그래서 실제로 내가 건물을 산다는 마음으로 어떤 부동산 상품에 투자하는지 꼼꼼하게 따져야 한다. 가장 중요한 것은 입지다. 실제 부동산 투자에서 가장 중요한 것이 입지인 것과 같다. 주로 상업용 부동산이기 때문에 유동인구나 교통 여건 등을 따져봐야 한다. 또 해당 부동산의 공실률도 중요하다. 공실률이 낮아야 안정적인 임대 수익을 올릴 수 있다. 해당 펀드 운용사나 부동산 투자회사의 실적도 살펴봐야 한다.

해외 부동산에 투자한다면 당연히 환율도 고려해야 한다. 또 해당 국가의 경제지표도 봐야 한다. 부동산 경기는 내수 경기와 밀접하기 때문에 실업률이나 소비 증가율 등을 따져 보는 것이 좋다.

몇 년 전, 리츠 시장에서 큰 관심을 모았던 홈플러스리츠는 흥행 실패로 상장을 취소하기도 했다. 홈플러스는 임대가 아닌 자체 건물로 운영하는 매장 81개 중 51개를 골라 '홈플러스리츠'를 만들어 주식 시장에 상장하려고 했다. 투자자들은 임대 수익 등을 배당으로 받게 되고 회사는 공모를 통해 목돈을 쥐는 형식이다. 그러나 수요 예측 결과, 흥행에 실패하며 상장을 철회하게 됐다. 국내 대형 마트 매출이 계속 감소하는 상황에서 전반적인 소비도 부진하고 부동산 경기도 신통치 않다 보니 수요자가 많지 않았다. 규모가 너무 컸던 것도 부담스러웠다.

전문가들은 리츠든, 부동산 펀드든 최소 3년 이상 장기 투자를 하는 것이 좋다고 말한다. 오래 보유할수록 재개발이나 인프라 개발 등으로 땅값이 오르면서 자산 가격이 올라 매각 차익을 기대할 수 있어서다.

투자금의 일부는 글로벌 상장 리츠에 투자하는 것도 자산 배분 차원에서 좋다. 투자 방법은 해외 주식을 사는 것처럼 해외 주식 투자 전용계좌를 개설하면 된다. 이런 해외 리츠는 다른 해외 주식처럼 양도소득세를 내야 한다.

직접 투자하기 귀찮으면 국내에서 해외 리츠에 투자하는 재간접 펀드나 상장지수펀드(ETF), 랩어카운트(자산관리계좌) 등을 활용해서 투자하는 방법도 있다.

6장

연금

은퇴 가구 60%는 연금으로 최소 생활비도 해결 못한다

'연금으로 생활하는 고령 부부(남편 65세 이상, 아내 60세 이상)의 경우 연금만으로는 부족하다. 30년을 살기 위해서는 2,000만 엔(약 2억 원)의 저축이 필요하다.'

2019년 6월, 일본 금융청이 발표한 〈100세 시대에 대비한 금융 조언〉 보고서에 나오는 내용이다. 이 보고서의 내용은 간단하다. 100세 시대에는 연금만으로는 살기가 힘들기 때문에 저축이나 투자를 통해 최소한 2,000만 엔의 자산을 미리 확보해야 한다는 것이다.

이 간단한 보고서는 발표되자마자 일본에서 큰 논란을 낳았다. 아베 신조 일본 총리가 자민당 간사장이던 시절 '100년 안심'을 내세우며 연금제도를 개혁한 적이 있다. 그런데 그로부터 얼마 지나지도 않았는데 일본 정부가 '연금만으로는 부족하니 집집마다 2,000만 엔은 모아두라'고 한 셈이다. 일본 야당은 당장 아베 총리가 말 바꾸기를 했다고 강도 높게 비난했다.

일본에서 이 논란은 정치 논쟁으로 번졌지만, 이웃나라인 한국에도 시사한 점이 많다. 비교적 연금체계가 잘 갖춰져 있다는 평가를 받는 일본마저 100세 시대를 살기 위해서는 2억 원이라는 돈을 '알아서' 모아야 한다는 말이기 때문이다.

한국의 상황을 보자. 전체 가구의 60%는 은퇴 후 필요한 월 최소 생활비(월 184만 원)도 마련하지 못하고 있다. KB금융경영연구소는 서울·수도권과 광역시에 거주하는 20~74세 3,000명을 대상으로 조사한 〈2018 KB골든라이프보고서〉를 2019년 1월에 발표했다. 이 보고서를 보면 순자산 기준으로 상위 15~35%에 해당하는 상위 그룹은 은퇴 후에도 매월 최대 229만

5,000원의 현금이 들어오는 것으로 조사됐다. 국민연금이 103만 6,000원, 주택연금이 93만 8,000원, 금융소득이 32만 1,000원이었다. 이들의 평균 순자산은 4억 6,000만 원이었다.

순자산 기준 상위 40~60%인 중위 그룹(평균 순자산 2억 1,000만 원)은 노후 소득이 최대 140만 원으로 예상돼 최소 생활비에 미치지 못했다. 기초연금이 5만 원, 국민연금이 76만 3,000원, 주택연금이 41만 5,000원, 금융소득이 16만 8,000원이었다.

하위 65~85%는 평균 순자산이 6,000만 원에 불과했으며 은퇴 후 기대 소득도 91만 원에 그쳤다. 월 최소 생활비를 위해서는 추가로 일을 해야 한다.

전문가들은 은퇴 후 힘들게 일하거나 자녀에게 기대지 않고 살기 위해서는 지금 당장 연금 3층 탑 쌓기를 시작하라고 조언한다. 연금 3층 탑은 국민연금과 퇴직연금, 개인연금을 말한다. 1층은 국민연금이다. 국민연금은 말 그대로 모든 국민이 가입하는 연금이다. 국민연금은 소득이 없는 주부라도 임의 가입을 통해 부부 모두 가입하는 것이 좋다.

1층만으로는 월 최소 생활비도 감당하기 어려울 수 있으니 2층으로 퇴직연금을 쌓아야 한다. 퇴직연금은 직장에서 은퇴하면서 받게 되는 퇴직금을 일시금이 아닌 연금 형태로 받는 것이다. 과거에는 퇴직금을 일시금으로 받는 경우가 많았다. 그러나 이렇게 일시금으로 받으면 소득세 누진 세율의 원칙에 따라 세금을 많이 내야 한다. 하지만 연금 형태로 받으면 그만큼 세금을 줄일 수 있다. 또 매월 안정적으로 수입이 생기니 목돈을 받아 투자해서 날리는 일을 피할 수 있어 안전하다.

1층(국민연금)과 2층(퇴직연금) 연금을 마련한 상태에서 3층 개인연금까지 쌓으면 더 풍요로운 은퇴생활을 누릴 수 있다. 개인연금은 개인적으로 연금저축 상품에 들거나 개인형 퇴직연금(IRP) 상품에 가입하는 것을 말한다. 이런 개인연금은 세액 공제까지 받을 수 있으니 은퇴 후에는 물론 은퇴 전에도 도움이 된다. 여기에 주택연금까지 가입하면 더 좋다.

문제는 이렇게 연금 3층 탑을 쌓을 수 있는 사람이 몇 명 되지 않는다는 점이다. 많은 사람이 돈벌이가 충분치 않아서, 잘 몰라서, 중요하다고 생각하지 않아서 연금을 소홀하게 여긴다. 하지만 시간이 지날수록, 나이를 먹을수록 연금의 중요성은 커진다. 도대체 연금이 뭔지 자세히 알아보자.

내가 낸 국민연금, 늙어서 받을 수 있을까?

뭐든지 기반이 튼튼해야 한다. 역시나 연금 3층 탑에서 가장 중요한 1층은 국민연금이다. 연금에 대한 많은 사람의 오해는 국민연금에 대한 오해에서 비롯된다고 해도 과언이 아니다.

많은 국민이 국민연금에 대해 잘 모른다. 세금처럼 의무적으로 가입해서 꼬박꼬박 돈을 내야 하니 관심은 있지만 정확하게는 뭔지도 잘 모르는 것이다. 하지만 국민연금을 정확하게 아는 것이야말로 연금을 제대로 활용하는 첫 번째 방법이다.

국민연금은 은퇴자를 위해 정부가 강제로 걷는 목적세의 일종

국민연금을 만든 이유는 고령의 은퇴자가 은퇴자금을 미처 준비하지 못할 것을 대비하기 위해서다. 국민들이 알아서 은퇴자금을 모으는 것은 쉽지 않다고 보고 정부에서 강제로 돈을 거두기로 한 것이다. 국민들이 은퇴 준비를 제대로 하지 않으면 결국 그 부담은 고스란히 정부에 돌아온다. 은퇴자금이 없는 가난한 고령자는 오롯이 정부의 복지 재원으로 먹여 살려야 하니 말이다. 결국 국민 한 사람, 한 사람이 돈을 벌 수 있을 때, 정부가 강제로 돈을 조금씩 거둬서 그 사람의 은퇴자금을 마련해두는 것이다. 은퇴자의 복지를 위한 일종의 목적세로도 볼 수 있다.

국민연금은 확실히 금융 상품이 아니다. 일단 소득이 있는 성인은 무조건 가입해야 하고 해외 이민이 아닌 이상 탈퇴도 안 된다. 금융 상품이면 내가 낸 돈은 내 계좌에 쌓여 따로 보관돼야 하는데 국민연금은 내가 낸 돈과 남이 낸 돈이 다 섞이고 그때그때 필요한 사람에게 지급된다. 그래서 혹자는 정부가 국민을 상대로 폰지 게임을 한다고 비판하기도 한다.

또 금융 상품이면 국민연금이라는 하나의 상품에 투자한 것이니 연금을 많이 낸 사람이나 적게 낸 사람이나 수익률이 같아야 한다. 하지만 국민연금의 경우 많이 낸 사람은 수익률이 낮고 적게 낸 사람은 수익률이 높다(그렇다고 적게 낸 사람이 많이 낸 사람보다 절대 액수에서 더 가져가는 구조는 아니다. 수익률에서 그렇다는 말이다). 이는 소득 분배 기능이 국민연금에 적용되기 때문이다.

내야 하는 돈도 법에 정해져 있다. 금융 상품이면 투자자가 투자금을 정할 수 있는데 국민연금은 그게 안 된다. 국민연금은 월급의 9%만큼을 매달 내야 한다. 단, 직장인이라면 4.5%는 월급에서 나가고 나머지 4.5%는 직장에서 내준다(자영업자는 본인이 다 내야 한다). 월급이 300만 원이면 27만 원(300만 원×9%) 중 13만 5,000원만 내가 내고 나머지 13만 5,000원은 회사에서 내준다. 그런데 국민연금에도 상한선이 있다. 월급만 수억 원인 대기업 회장님들에게도 9%씩 받았다가 연금으로 매월 수천만 원을 줘야 하는 일을 만들지 않기 위해서다. 보건복지부는 매년 7월 국민연금 '기준 소득월액 상한액'을 발표한다. 2022년에는 월 524만 원에서 월 553만 원으로 29만 원 오른다. 직장인은 아무리 월급이 많아도 553만 원 이상 벌면 553만 원의 4.5%인 24만 8,850원만 내면 된다.

나라가 망하지 않는 한 국민연금은 받을 수 있다

국민연금에 대해 가장 많은 사람이 궁금해하는 것은 무엇일까? 바로 내가 낸 연금을 제대로 돌려받을 수 있는지 여부일 것이다. 국민연금은 사실상 국가가 운영하지만 법적으로 지급을 보장해주지 않는다. 국민연금과 같은 공적연금인 공무원연금이나 군인연금, 사립학교교직원연금은 국가에서 연금 지급을 보장한다고 법에 적혀 있다. 그래서 지금도 공무원연금이나 군인연금은 들어오는 돈보다 나가는 돈이 많아서 매년 수조 원을 국민 세금으로 충당하고 있다.

반면 국민연금은 정부가 지급 보장을 하지 않는 바람에 국민들은 '내가 국민연금 받을 때 연금을 못 받는 일이 생기지 않을까?'라고 걱정할 수 있다. 특히 '앞으로 한 40년 뒤면 국민연금이 고갈된다', '저출산 심화로 더 빨리 고갈될 수 있다'는 식의 전망이 뉴스에 나오기라도 하면 걱정, 근심은 더 커질 수밖에 없다.

그러나 결론부터 말하면 우리나라가 망하지 않는 이상 국민연금을 못 받는 일은 생기지 않을 것 같다. 일단 국민연금이 고갈되지 않도록 정부가 계속 국민연금제도를 개정하면서 고갈 예상 시기를 늦추고 있다. 정부는 2007년에 국민연금법을 개정해 국민연금 고갈 예상 시기를 13년 정도 뒤로 늦췄다. 또 고갈된다고 해도 지금처럼 기금을 쌓고 나눠주는 적립식이 아니라 매년 필요한 돈을 국민연금 가입자에게 거둬 쓰는 부과 방식으로 전환하면 된다. 독일 등 우리보다 연금제도를 먼저 도입한 선진국들이 이런 부과 방식으로 전환했다. 국민연금공단 홈페이지에도 기금이 소진되면 정부 보조나 부과 방식으로 전환해 반드시 지급하겠다고 적혀 있다. 또 국민연금 개정을 할 때마다 법에 정부가 국민연금 지급을 보장한다고 명문화해야 한다는 목소리가 큰 만큼 언젠가는 법에 지급 보장이 적힐 가능성이 있다.

지금 국민연금을 내면 내가 늙었을 때 받을 수 있는 확률이 높다. 하지만 지금 같은 시스템이 그때도 유지되고 있을 가능성은 매우 낮다고 할 수 있다. 국민연금을 개혁해야 한다는 주장이 항상 나오기 때문이다.

저출산·고령화가 심화하면 당장 연금 수령 시기도 계속 뒤로 밀릴 수 있다. 국민연금이 처음 나왔을 때는 60세부터 연금 수령이 가능했지만, 지금은 1969년생부터는 65세부터 받을 수 있게 바뀌었다. 지금처럼 내면서 지금 예상보다 덜 받거나, 내는 건 더 많은데 받는 건 조금만 늘어나는 식으로 바뀔 가능성도 크다.

전업주부의 필수 재테크 수단으로 꼽히기도 한다

국민연금에 대해 부정적인 이야기만 전한 것 같은데 좋은 점도 많다. 우선 연금 수익률로 보면 민간보험사보다 수익률이 높은 편이다. 민간보험은 낸 돈의 일부를 사업비로 떼지만 국민연금은 그런 것도 없다. 특히 직장인은 내야 하는 돈의 절반을 회사가 대신 내주니 낸 돈의 2배 이상 받는다고 보면 된다.

물가 상승률도 반영된다. 연금의 최대 적은 물가다. 열심히 돈을 모아 놨는데 물가가 급등하면 이전에 냈던 돈의 가치가 확 떨어지게 된다. 그러나 국민연금은 소비자 물가 상승률만큼 수령액도 조정된다. 물가 상승의 위험에서 벗어날 수 있는 것이다.

국민연금은 소득 있는 사람이 가입해야 하지만 소득 없는 사람도 임의 가입자로 가입할 수 있다. 전업주부가 대표적이다. 국민연금 임의 가입 시 매월 9만 원(2021년 기준)을 내게 되는데 20년을 납입하면 만 65세 이후 평생 매월 34만 5,100원을 받는다. 만약 임의 가입자가 20년간 연금을 내고 만 85세까지 20년간 연금을 받는다면 내는 돈은 2,160만 원이지만 받는 돈은 8,282만 4,000원으로 수익률은 283%나 된다. 물론 현재 가치 기준이고 물가가 오르면 받는 돈도 늘어난다. 이 때문에 국민연금은 전업주부의 필수품으로 꼽힌다.

국민연금을 받는 도중에 경제적으로 문제가 생겨 갖고 있던 재산을 압류당하더라도 국민연금은 압류가 불가능하다. 국가에서 보장하는 노후 생활의 기본 수단이기 때문에 법으로 이를 압류하지 못하게 막고 있다. 내 예상 국민연금을 확인하고 싶으면 국민연금공단 홈페이지의 '내 연금(노후 준비)'에서 확인할 수 있다.

퇴직연금, DB형은 뭐고 DC형은 뭐지?

연금 3층 탑의 두 번째 층은 퇴직연금이다. 과거에는 회사에서 정년까지 일하고 퇴직하면 퇴직금을 목돈으로 받는 게 대부분이었다. 은퇴자들은 평생 처음 목돈을 받아 작은 가게를 차리거나 은행에 넣어 놓고 이자를 받았다. 자녀 결혼이나 사업자금을 대주느라 다 써버리고 가난한 노후를 보내는 사람도 많았다.

최근에는 퇴직금을 목돈이 아닌 연금 형태로 받는 경우가 많다. 정부도 목돈을 받아 어설프게 쓰느니 연금 형태로 받을 것을 장려하고 있다. 대표적인 정책이 세금이다. 퇴직금을 목돈으로 한 번에 받으면 퇴직소득세를 물어야 한다. 우리나라 소득체계는 기본적으로 누진세라서 목돈을 받으면 세율이 크게 올라간다. 그러나 10년 이상 연금 형태로 나눠 받으면 퇴직소득세를 30% 절감할 수 있다. 또 퇴직연금을 받으면 받은 목돈을 제대로 굴리지 못하는 바람에 평생 모은 돈이 바람과 함께 사라지는 것을 피할 수도 있다. 그러니 퇴직금은 퇴직연금으로 수령하는 것이 바람직하다고 할 수 있다.

망하지 않을 회사라면 DB형이 유리

아직 퇴직연금을 열심히 쌓아야 하는 직장인이라면 자신이 다니는 회사의 퇴직연금 시스템이 어떤 것인지 확인해야 한다. 퇴직연금은 크게 확정급여형(DB형)과 확정기여형(DC형), 개인형 퇴직연금제도(IRP제도), 이렇게 3가지로 나뉜다. 이 중 IRP는 DB형, DC형과는 성격이 약간 다르니 뒤로 좀 미뤄두자. 일단 DB형인지 DC형인지를 따져봐야 한다. 내 퇴직연금이 DB형인지, DC형인지 모른다면 바로 회사 경영지원부서에 "우리 회사는 퇴직연금이 DB형이냐? DC형이냐?"라고 물어보는 것이 좋다.

DB형이라면 살짝 안심하면서 내가 퇴직할 때까지 회사가 망하지 않고 잘 유지될지를 걱정하면 된다. DB형은 내가 받을 퇴직금이 딱 정해져 있다. 퇴직하기 직전 3개월간 평균 월급에 근로기간을 곱한 금액이 내 퇴직금이다. 만약 직장에서 30년 근속하고 퇴직했는데 퇴직하기 직전 3개월간 평균 월급이 1,000만 원이었다면 내 퇴직금은 3억 원(1,000만 원×30)이 된다. DB형은 임금이 꾸준히 오르면서도 오래 다닐 수 있는 회사일 때 최상이다. 호봉제라서 임금은 꾸준히 계속 오르고 잘릴 걱정은 적은 공기업 근무자에게 딱이다.

DB형은 이렇게 받을 돈이 딱 정해져 있으니 퇴직연금 수익률이 어떻다느니, 퇴직연금을 꾸준히 관리해야 한다든지 하는 이야기에 관심을 덜 가져도 된다. 다만 회사 경영상태가 좀 불안한데 퇴직금이 DB형이라면 신경을 쓸 필요는 있다. DB형이라도 회사는 나중에 퇴직금을 줄 것을 생각해 회사 장부에 계속 퇴직금을 쌓아놔야 한다. 하지만 회사가 망해서 청산하고도 퇴직금으로 줄 돈이 없을 경우 여차하면 퇴직금을 떼일 수 있다.

임금피크제를 도입한 회사 역시 주의를 기울여야 한다. 임금피크제가 적용되면 내 임금은 퇴직하기 수년 전에 정점을 찍은 뒤, 퇴직할 때쯤 되면 절반 수준으로 줄어들어 그만큼 퇴직금도 줄기 때문이다. 예를 들어, 근속 30년에 월급이 1,000만 원이었는데 임금피크제에 걸리면서 월급이 줄어든다고 해보자. 은퇴하는 근속 33년째에 월급이 500만 원으로 줄었다면 내 퇴직금은 1억 6,500만 원이 된다. 반면 임금이 정점인 30년에 퇴직했다면 퇴직금이 3억 원이다. 이런 회사라면 DB형과 DC형을 동시에 도입해야 한다. 그래서 임금이 정점을 찍었을 때 DB형에서 DC형으로 전환하는 게 좋다. 그러면 일단 월급이 1,000만 원일 때 30년 치 퇴직금 3억 원이 DC형으로 넘어오고 이때부터 매년 줄어드는 월급을 적용한 퇴직금이 쌓여 손해 볼 일이 없게 된다.

적극적인 투자를 꿈꾼다면 DC형 택하기

DC형은 매년 퇴직금을 정산받는 개념이라고 생각하면 된다. 회사는 매년 연봉의 12분의 1을 근로자의 퇴직연금통장에 넣어준다. 그러면 내가 직접 이 돈을 받아 운용하면 된다. 퇴직금을 어떻게 운용하느냐에 따라 퇴직할 때 받는 돈이 달라진다.

DC형은 성과연봉제를 채택해 연봉이 들쑥날쑥한 직장을 다닐 때 선택하는 게 유리하다. 성과에 따라 연봉이 매년 다른 회사를 다니면서 DB형을 채택할 경우 퇴직 당시 성과가 나빠져 임금이 적어지면 퇴직금도 그만큼 줄어들기 때문이다. 하지만 DC형은 매년 퇴직금을 회사에서 받는 시스템이니 이런 우려를 줄일 수 있다. 반면 월급이 꾸준히 올라가는 회사라면 결국 평생 받는 평균 임금을 기준으로 퇴직금을 받는 것이기 때문에 DB형보다 손해일 수 있다.

DC형의 장점은 내가 직접 내 퇴직금을 굴릴 수 있다는 점이다. 만약 좋은 상품에 들어 수익이 많이 나면 그만큼 내 퇴직금을 불릴 수 있다. 반면 수익률이 마이너스가 나면 오히려 퇴직금이 줄어들 수 있다. 이 때문에 내 퇴직연금을 어떤 상품에 넣을지가 중요하다.

문제는 퇴직연금 수익률이 워낙 낮고 사람들도 별로 관심이 없어 제대로 신경을 쓰지 않는다는 점이다. 금융감독원에 따르면 모든 비용을 차감한 DC형의 수익률은 0.44%에 불과했다. 2018년에는 주식 시장이 워낙에 좋지 않았던 영향이 크다. 원리금 보장형 상품은 1.72%의 수익률이 났지만 주식이나 채권 등 실적 배당형은 5.52% 하락해 오히려 손해를 봤다. 이렇게 때로는 손해를 보기도 하다 보니 많은 사람이 원리금 보장형 상품에 주로 가입한다.

보험연구원이 2018년 12월 3일에 발표한 〈한·일 퇴직연금의 운용 형태 및 제도 평가〉 보고서에 따르면 퇴직연금 운용방법으로 원리금 보장형만 가입한 경우가 전체의 83.3%였다. 또 가입한 운용 상품 수도 1.96개에 불과했으며 91.4%는 퇴직금 운용지시를 전혀 변경하지 않는 것으로 나타났다. 처음 가입할 때 정한 상품 구조를 전혀 바꾸지 않았다는 뜻이다.

내 퇴직금을 늘리고 싶으면 퇴직연금을 자주 들여다보면서 어느 금융 상품에 투자할지 잘 선택하는 것이 중요하다. 금융 상품을 선택할 때는 포트폴리오를 짜서 퇴직금 일부는 주식이나 채권형 상품에 가입하는 것이 좋다. 특히 젊었을 때는 다소 공격적으로 포트폴리오를 구성해도 괜찮다. 2018년처럼 손해를 보는 해도 있지만 길게 보면 꼭 그런 건 아니기 때문이다. 실적 배당형이 2018년에는 5.52% 손실을 봤지만 2017년에는 7.11% 수익을 올리기도 했다. 다만 금융 상품에 가입할 때는 운용 수수료를 항상 확인하는 것이 좋다. 또 안전하게 원리금 보장 상품을 고른다고 해도 최소한 저축은행 예금 상품에 분산 투자할 것을 권한다. 은행 예금 상품보다는 그나마 수익률이 높기 때문이다.

개인형 퇴직연금제도인 IRP도 있다. 주로 이직 시 전 직장에서 쌓은 퇴직금을 받을 때 IRP 계좌로 퇴직금을 넣어준다. 또 규모가 작아서 따로 DC형이나 DB형 퇴직연금을 가입하기 어려운 직장이나 자영업자도 IRP 계좌를 통해 금융사에 바로 퇴직연금을 들 수 있다.

IRP 역시 DC형처럼 본인이 포트폴리오를 짜면서 운영해야 한다. 또 DB형이나 DC형처럼 회삿돈만 들어가는 것이 아니라 내가 원하면 내 개인 돈도 추가로 넣을 수 있다. IRP는 회사 퇴직연금과 개인 연금이 섞여 있는 제도여서 바로 뒤에서 더 자세히 설명하겠다.

노후 대비도 하고 절세도 하고 일석이조, 개인연금

연금 3층 탑의 마지막은 개인연금이다. 보험사가 파는 연금저축 보험이나 은행이 내놓는 연금저축신탁, 자산운용사의 연금저축펀드 등 금융회사들이 내놓는 상품이다. 개인 돈을 내서 나중에 연금으로 돌려받는 구조다. 국민연금과 퇴직연금으로 부족한 부분을 메우기 위해 가입한다. 사실 가입해서 매월 내는 돈으로만 보면 국민연금이나 퇴직연금보다 규모가 작을 가능성이 크다. 국민연금은 매달 월급의 9%, 퇴직연금은 월급의 12분의 1을 쌓는 것을 고려하면 그렇다. 하지만 온전히 내 주머니에서 나가는 돈이기 때문에 체감상 더 크게 느껴질 수밖에 없다.

연금저축 상품의 가장 큰 장점은 세액 공제를 받을 수 있다는 점이다. 미래를 위해 대비하는 상품이지만 당장 내 세금을 깎아주기 때문에 지금 당장 돌아봐도 매우 유용하다. 연금저축의 경우 한 해

내는 납입금의 400만 원까지 세액 공제를 받을 수 있으며 그 이상은 세금 혜택이 없다. 그래서 연 400만 원에 맞춰 매월 납입액을 정하는 게 보통이다. 총급여 기준으로 5,500만 원 이하인 사람은 낸 돈의 16.5%를, 5,500만 원이 넘는 사람은 13.2%를 돌려받는다. 400만 원의 세액 공제 한도를 꽉 채웠으면 66만 원 또는 52만 8,000원을 세금에서 깎아준다. 400만 원 내고 이렇게 세금을 많이 깎아주니 이것만 해도 매년 10% 넘는 수익(단리)을 올리는 셈이다. 여기에다 IRP에 따로 가입해 납입하면 최대 300만 원까지 또 세액 공제를 받을 수 있다. 공제율은 똑같다. 만약 연봉이 5,500만 원 이하인 사람이 매년 연금저축 400만 원, IRP 300만 원을 넣으면 세금만 115만 5,000원을 아낄 수 있다. 5,500만 원이 넘어도 700만 원을 채우면 세금 92만 4,000원을 아낄 수 있다.

요즘 같은 저금리 시대에 이 정도로 세금을 아낄 수 있는 방법은 많지 않다. 이것만으로도 수익률이 매우 높은 금융 상품이라고 할 수 있다. 소득을 기준으로 공제율이 다르기 때문에 맞벌이 부부라면 연 소득이 5,500만 원이 되지 않는 사람에게 먼저 돈을 몰아서 700만 원을 채워도 된다.

한 번 가입하면 사실상 해지가 어렵다

단, 세금 감면만 생각해서 무리하게 돈을 넣으면 안 된다. 한 번 가입해서 넣기 시작하면 계속 납입해야 하고, 연금을 받기 전까지는 사실상 해지가 안 된다. 만약 중간에 목돈이 필요해 해지하게 되면 그동안 받았던 세금 공제 혜택을 다 토해내야 하기 때문에 손해를 크게 볼 수 있다. 자기 수준에 맞게 정말 묵혀 둘 수 있을 정도만 해야 한다.

꼭 매월 분납해야만 하는 것은 아니다. 매월 조금씩 돈을 넣다가 연말에 성과급을 받아 여유가 있을 때 한 번에 내도 똑같이 세금 혜택을 받을 수 있으니 이런 방법도 염두에 두면 좋다.

개인연금에 가입할 때 보험사의 연금저축보험을 선택한다면 사업비를 얼마나 떼는지도 잘 살펴봐야 한다. 연금저축보험을 포함해 모든 저축보험이 마찬가지인데, 만약 매월 30만 원을 넣는다면 이 30만 원이 온전히 내 계좌에 쌓이는 것은 아니다. 사업비가 10%라면 매월 3만 원을 제외하고 27만 원만 굴린다고 생각하면 된다. 이런 저축보험의 사업비는 보통 처음 10년은 7~10%가량 제외하고 이후에도 5% 정도를 뗀다. 그럼에도 연금저축을 드는 것은 최저 이율을 보장해주니 오래 가입하면 복리 효과가 나기 때문이다.

개인적으로는 퇴직연금의 경우 보수적으로 원리금 보장형을 선택했다면, 개인연금은 포트폴리오를 다양화하는 차원에서 연금저축펀드에 드는 것도 좋은 방법이라고 생각한다. 연금저축펀드는 펀드인 만큼 공격적으로 운용할 수 있고 수수료도 보험에 비해 저렴하다. 원금 손실의 우려가 있지만 반대로 큰 수익을 낼 수도 있으니 퇴직연금과 균형을 맞춰 선택하는 것도 좋은 투자 전략이다.

연금, 언제 받을지 잘 고민해야 한다

연금저축보험에 이미 가입했어도 연금저축펀드나 연금저축신탁 등으로 갈아타는 것도 가능하다. 연금저축보험에서 연금저축펀드로 갈아타고 싶다면 갈아타려는 펀드 판매 증권사나 은행에 찾아가 이전 신청만 하면 된다. 다만 이미 연금저축보험에 가입한 지 오래돼 사업비도 조금만 떼고 최저 보장이율도 상대적으로 높다면 연금저축보험을 유지하는 것이 좋다.

개인연금에 IRP까지 갖춘다면 금상첨화다. IRP의 장점은 다양성이다. 하나의 계좌에서 예금은 물론 펀드, 보험, 주가연계증권(ELS), 상장지수펀드(ETF) 등을 다양하게 담을 수 있다. IRP 역시 수수료가 중요한데 개인 납입금에 대한 운영 및 관리 수수료가 면제되는 곳도 많으니 잘 찾아보고 가입하면 좋다.

연금 수령 방식도 잘 고려해야 한다. IRP나 개인연금은 생명보험사 상품이 아니면 연금을 받는 기간이 정해져 있다. 보통 20년 정도 나눠서 연금을 받는데 받는 시기를 잘 맞춰 돈이 필요한 때에 받는 게 좋다.

일반적인 은퇴 시기는 50대 중반이다. 그런데 국민연금은 65세부터 받을 수 있으니 은퇴 후 10년 정도를 어렵게 지내는 은퇴자가 많다. 이 기간을 은퇴 데스밸리라고도 부른다. 더욱이 이 기간에는 자녀의 대학 입학이나 결혼 등으로 목돈이 들어갈 일도 많다. 이런 상황을 따져 보면 개인연금은 50대 중반부터 집중적으로 납입받아 돈맥 경화가 오는 시기를 넘길 수 있는 수단으로 삼는 게 좋다.

내 집에 살면서 연금도 받자, 노후 소득 완성은 주택연금

연금 3층 탑을 쌓은 뒤에도 부족하다고 느낀다면 주택연금이라는 옥탑방을 지을 수도 있다. 노후 소득을 완성하는 끝판왕이다. 살던 집에서 평생 지내면서 부부가 모두 사망할 때까지 연금을 받을 수 있다.

주택연금은 은행에 집을 담보로 맡기고 대출금을 받는 일종의 주택담보대출이다. 그러나 일반 대출이 한 번에 돈을 받고 매달 돈을 갚는 구조라면 주택연금은 매달 정해진 돈을 받고 나중에 한 번에 갚는 구조다. 그래서 '역(逆)모기지론'이라고 부른다.

은행은 주택연금 가입자에게 매달 연금처럼 돈을 주다가 가입자 부부가 모두 사망하면 해당 주택을 처분해 연금으로 지급한 돈을 돌려받는다. 만약 집을 팔았는데 그동안 지급한 연금이나 이자분을 상환하고도 돈이 남는다면 자식이나 유족에게 돌려준다. 반대로 집

판 돈으로 대출금을 다 갚지 못한다 해도 유족이 부족한 금액을 갚을 필요는 없다. 가입자 입장에서는 돈을 더 받아도 반환할 필요가 없고, 돈을 덜 받으면 집을 팔아 자식에게 돌려주니 손해 볼 일이 없는 셈이다. 연금을 받다가 중간에 중단하고 싶으면 그동안 받았던 돈과 이자를 상환하고 중단하면 된다. 별도로 수수료도 없다.

주택연금은 크게 종신지급 방식, 확정기간 혼합 방식, 종신 혼합 방식, 대출 상환 방식이 있다. 종신과 확정기간의 차이에 대해 궁금할 것이다. 종신은 부부가 둘 다 사망할 때까지 연금을 받는 것이고 확정기간은 10년, 20년 등 정해진 기간에만 연금을 받는 것이다. 또 혼합 방식은 목돈이 필요할 경우를 대비해 일정 규모의 인출한도를 설정해 수시로 찾아 쓰고 나머지는 연금처럼 받도록 한 방식이다. 대출 상환 방식은 주택연금을 받으려는 집에 걸려 있는 주택담보대출을 주택연금을 통해 일단 갚고 나머지 돈으로 연금을 수령하는 방식이다.

주택연금 활성화 나서는 정부, 가입 연령도 낮춘다

부부 중 나이가 어린 사람이 60세이고 5억 원의 집을 맡겨 주택연금을 받으려고 한다고 치자. 종신지급 방식으로 주택연금에 가입하면 평생 내 집에 살면서 매월 106만 9,000원을 받을 수 있다. 종신형이 아니라 확정기간으로 20년만 받겠다고 계약하면 매달 받는 돈은 129만 5,000원으로 늘어난다. 또 대출 상환 방식이라면 1억 8,000만 원까지 한 번에 받아서 대출을 갚을 수 있고 이후 평생 매달 10만 원씩 연금을 받을 수 있다.

현재 주택연금은 부부 중 1명이 55세가 넘어야 가입할 수 있다. 공시 가격 기준 9억 원 이하 1주택 소유자 또는 보유 주택 합산 가격이 9억 원 이하인 다주택자가 가입할 수 있다. 또한 주택연금에 가입하는 주택에 반드시 거주하고 있어야 한다.

신탁 방식으로 가입하면 임대를 주고 있는 집으로도 주택연금에 가입할 수 있다. 지금은 주택연금에 가입해도 소유권은 가입자에게 있고 주택금융공사는 근저당권만 설정하기 때문에 보증금을 받는 전월세 임대가 불가능하고, 부부 중 배우자가 사망하면 남은 배우자나 자식에게 상속이 되기 때문에 재산 분쟁이 벌어지기도 한다. 그러나 신탁 방식은 근저당권 설정이 아니라 주택연금 가입과 동시에 주택 소유권을 주택금융공사가 넘겨받는 방식이다. 이렇게 하면 해당 주택을 가지고 임대를 주는 것이 가능하다. 월세 수입과 주택연금 수입을 동시에 얻을 수 있는 것이다. 또 소유권이 주택금융공사에 있어 배우자 사망에 따른 상속 문제가 없기 때문에 연금이 자동으로 남은 배우자에게 이전될 수 있다.

자식에게 미안해도 내 노후자금은 지키자

주택연금의 가장 큰 장점은 내가 사는 집에서 평생 살면서 부부가 모두 사망할 때까지 연금을 받을 수 있다는 점이다. 거주와 연금을 한 번에 해결할 수 있다. 또 공기업인 주택금융공사가 보증하는 상품이어서 매우 안전하다.

주택연금에 한 번 가입하면 해지가 매우 어려운 것도 사실 장점이다. 은퇴 후에 자식들이 사업 등 여러 이유를 들며 부모가 갖고 있는 집을 담보로 돈을 빌리거나 목돈을 요구하는 경우가 생길 수 있다. 하지만 주택연금에 가입하면 이렇게 중간에 유산을 물려줄 수 없게 된다. 자식에게는 미안한 일이지만, 은퇴자 입장에서는 노후 소득을 확실하게 지킬 수 있다.

주택연금은 소득이 아니라 대출을 받는 것이어서 소득세를 내지 않는다. 다른 소득에 합산되지도 않는다. 건강보험료를 산정하는 소득에도 포함되지 않는다.

주택 연금에 가입하는 주택이 향후 재건축, 재개발, 리모델링이 된다고 해도 주택연금을 받는 데는 지장이 없다. 처음 가입할 때 매월 지급하는 연금이 정해진다. 물가나 금리가 올라도 지급금은 달라지지 않는다.

주택연금 이용 중 이사로 거주지를 이전할 수도 있다. 다만 담보 주택이 달라지기 때문에 이사하려는 주택과 이전 주택 간의 가격 차이에 따라 월지급금이 달라지거나 앞서 받은 돈을 정산해야 할 수도 있다. 이 때문에 이사 전에 미리 주택금융공사에 문의하는 것이 좋다. 여러모로 주택연금은 나쁘지 않은 선택지다.

2부

내 삶을
좌우하는
경제
정책

1장

경제 정책 돋보기

보수 정부는 감세로, 진보 정부는 재정으로 성장한다

2008년 3월 10일, 기획재정부는 당시 이명박 대통령에게 '7% 성장 능력을 갖춘 경제―2008년 실천 계획'이라는 제목의 경제 운용 계획을 보고했다. 2008년 경제 운용 계획이지만 새 정부의 첫 번째 경제 운용 계획이라는 점에서 이명박 정부의 경제 철학과 방향을 볼 수 있는 내용이었다. 특히 진보 정권이라 할 수 있는 김대중·노무현 정부에서 10년 만에 보수 정권인 이명박 정부로 바뀌는 때인 만큼 경제 정책에 큰 변화가 생길 것으로 보였다.

기획재정부는 이날 경제 운용 계획에서 법인세 최고 세율을 당장 25%에서 22%로 3%p 낮추고 임기 마지막 해인 2013년에 22%에서 20%로 2%p 더 인하하겠다고 밝혔다. 이외에도 기업들이 연구·개발(R&D) 투자를 확대하면 세금을 깎아주는 투자 세액 공제도 확대하겠다고 설명했다.

세금을 낮추는 이유는 기업들의 투자를 늘리기 위해서였다. 법인세율을 낮추면 그만큼 세금이 줄어 이 돈으로 기업들의 더 많은 투자를 유도할 수 있다는 계산이었다. 또 해외 기업을 유치하기도 좋다. 기업들의 투자가 늘어나면 그만큼 고용과 임금이 늘어나고 이는 소비 확대로 이어져 기업들의 투자가 다시 늘어나는 선순환을 기대한 것이다. 임종룡 당시 기획재정부 경제정책국장은 "세계 최고의 기업 환경을 만들기 위해 경쟁국의 세제 정책 등을 감안할 것이다. 대만의 경우 최근 법인세율을 17.5%로 추진하고 있다"라고 말했다.

실제로 국회는 2008년 법인세율을 25%에서 22%로 3%p 인하했다. 그러나 이 같은 정책은 '부자 감세' 논란으로 번졌고 법인세율 추가 인하는 이뤄지지 않았다. 오히려 이후부터는 '법인세 정상화'라는 이름으로 법인세율을 다시 올려야 한다는 이야기가 나오는 상황이다.

2008년 10년 만에 복귀한 보수 정부가 첫 번째 경제 정책으로 법인세율 인하를 외쳤다면 9년 만에 복귀한 진보 정권은 1순위 경제 정책으로 '분배'를 강조했다.

2017년 7월 25일, 정부는 문재인 (당시) 대통령 주재로 국무회의를 열고 '새 정부 경제 정책 방향'을 확정했다. 9년 만에 진보 정부로 정권을 교체한 문재인 정부의 첫 경제 정책의 키워드는 '소득 주도 성장'이었다. 정부는 "소득 증가와 일자리 창출을 통해 저성장과 양극화 문제를 동시에 극복하겠다"면서 소득 주도 성장, 일자리 중심 경제, 공정 경제, 혁신 성장을 4대 정책 방향으로 제시했다.

여기서 핵심은 소득 주도 성장과 일자리 중심 경제였다. 정부 재정을 통해 일자리를 늘리고 2020년까지 최저임금을 1만 원으로 올려 저소득층의 소득을 늘린다는 계획이었다. 가계 소득이 늘어나면 소비가 활성화되고 그래서 기업의 이익이 늘어 투자와 고용이 늘어나면 다시 가계 소득이 증가하는 선순환을 기대한다는 내용이다. 또 이를 통해 세수가 늘어나면 재정이 튼튼해지고 재정 지출을 더 늘릴 수 있다고 봤다. '분배'를 통해 가계 소득이 늘어나면 경제가 활성화될 것으로 본 것이다.

문재인 정부의 야심 찬 정책에 따라 임기 초반에는 최저임금을 빠르게 올렸고 일자리 예산도 어느 정부보다 많이 편성했다. 하지만 코로나 대유행과 그에 따른 경제 침체의 영향으로 최저임금은 2022년 기준 9,160원에 머물러 있다. 취업자 수는 5년간 107만 명이 늘었지만 일주일에 36시간 미만 일하는 단기 취업자가 174만 명 증가해 일자리 질은 떨어졌다는 평가를 받는다.

이에 대해 청와대는 코로나 영향 등 대외 경제 변수로 인한 결과라고 설명했지만 경제 전문가들은 코로나 이전에는 오히려 취업자 수가 감소했다며 소득 주도 성장이라는 '분배' 정책의 실패라고 비판하고 있다.

어느 정부나 '가계 소득 증가→소비 증가→기업 소득 증가→투자 및 일자리 확대→가계 소득 증가'라는 선순환을 통해 경제 성장을 꾀한다. 그러나 2008년 보수 정부는 이 경제 선순환의 시작점을 기업 소득 증가로 놓고 감세 정책을 펼쳤다. 반면 진보 정부는 선순환의 시작점을 가계 소득 증가로 놓고 분배 정책을 펼치기 시작했다. 성장이라는 목표는 같았지만 선순환을 일으킬 시작점을 어디로 잡느냐에 따라 정책 방향이 완전히 달라지는 것이다.

보수 정부와 진보 정부는
어떤 철학으로 국가를 운영할까?

지금까지 우리가 알아본 금리나 환율, 주가지수, 채권 가격, 부동산 가격 같은 것들은 기업이나 가계 같은 시장 참여자들의 합리적인 판단에 따라 결정되는 요소였다(물론 최근에는 시장 참여자들이 비합리적인 판단을 한다는 설명이 더 설득력을 얻고 있기는 하다). 하지만 이제부터 살펴볼 2부에서는 시장 참여자들과는 다른 유인에 의해 움직이는 정부에 대해 살펴볼 예정이다.

정부가 중요하다고 하는 이유는 경제의 3대 주체(기업, 가계, 정부) 중 정부가 가진 힘이 매우 강하면서도 시장 논리가 아닌 이념이나 정치 논리에 따라 움직인다는 특징 때문이다. 그러니 현재 집권한 정부가 어떤 성향을 가지고 있는지, 쉽게 말해 진보인지 보수인지에 따라 정부 정책이 달라지는 만큼 이를 알아야 기업이나 가계도 좀 더 효과적으로 대응할 수 있다.

보수와 진보를 단순히 양극단으로 구분하면 보수는 자유주의, 시장주의이고 진보는 사회주의, 공산주의라고 할 수 있다. 보수의 자유주의는 개인의 자유를 존중하고 보장하는 데 초점을 맞춘다. 개인이 자신의 자유의지에 따라 내린 판단을 보장하고 이런 판단들이 모여 만들어진 시장의 흐름에 따라 경제가 움직여야 한다(시장주의)고 본다. 그래서 보수 정부에서 국가의 역할은 개인이 최대한 자유롭게 판단하고 행동할 수 있도록 보장하는 심판의 역할에 머무른다. 당연히 정부 규모는 작고 권한도 많지 않다. 이른바 '작은 정부론'이다. 경제 정책의 목표는 성장이다. 시장을 통한 성장을 하다 보면 자연스럽게 부가 저소득층까지 흘러내려 간다는 이른바 '낙수효과'를 기본으로 한다.

반면 진보의 사회주의는 인간 개개인의 의사와 자유를 최대한 보장하기보다는 사회 전체의 이익을 중요하게 여긴다. 그래서 개인이 내린 결정의 합으로 경제를 움직이기보다는 국가가 사회 전체의 이익을 중요하게 여기고 통제하는 데 초점을 맞춘다. 자본을 개인이 소유하지 않고 모두가 공동으로 소유하도록(공산주의) 하는 것도 중요한 특징이다. 그래서 진보 정부에서 국가의 역할은 커진다. 공공의 이익을 위해 시장에 직접 뛰어들어서 판단을 내리고 행동한다. 심판이 아닌 선수가 되는 것이다. 정부의 권한은 막강해진다. 이른바 '큰 정부론'이다. 보수 정부가 성장을 통해 자연스럽게 분배가 이뤄진다고 본다면, 진보 정부에서는 국가가 분배에 개입하고자 한다. 여기서 분배는 직접적인 현금 지원도 있겠지만 기본적으론 복지 정책을 통해 경제성과를 나누는 방식을 추구한다. 저소득층의 소득을 늘려서 소비를 촉진하면 경제 전체가 성장할 수 있다는 '분수 효과'를 이론적인 배경으로 한다.

현대 국가는 완전한 시장주의와 공산주의 사이 어딘가에 있다

보수의 극단에는 완전한 시장주의가 있고 진보의 극단에는 공산주의가 있다. 당연히 이 두 사상 모두 완벽하지는 않다. 극단적인 시장주의로 갔을 땐 소수가 자본을 독점하면서 시장이 오히려 비효율적으로 돌아가게 된다. 극단적인 공산주의에서는 시장을 작동하게 하는 인간의 이기심(욕심)이 사라지기 때문에 경제 전반의 생산성 저하를 가져온다. 또 정부 논리에 따라 자본을 배분하면서 자본 활용도 비효율적이 된다.

현대 국가들은 이 양극단의 어느 지점에 서 있다. 북한 같은 특수한 경우를 제외하면 양극단에 위치한 국가는 없다. 이때 상대적으로 어느 쪽에 더 가까우냐에 따라 보수와 진보로 구분할 수 있다. 예를 들어, 한국 정치에서 국민의힘은 민주당을 진보라고 하지만 정의당이 볼 때 민주당은 진보라고 보기 어렵다. 또 보수 정부라 할 수 있는 박근혜 정부에서 진보 정책이라 할 수 있는 증세나 복지 확대를 했다. 진보 정부라고 할 수 있는 문재인 정부에서는 규제 샌드박스처럼 규제를 줄이는 보수 정부의 정책을 도입했다. 그러나 이런 정도의 차이나 정책의 혼용이 있을지라도 각 정부가 추진하는 정책의 차이는 명확하기 때문에 어떤 성향의 정부가 정권을 차지하느냐에 따라 우리의 대응도 달라져야 하는 것은 분명하다.

참고로 보수와 진보를 우파와 좌파로 구분하기도 한다. 그러나 우파와 좌파의 구분은 경제 정책과는 조금 다른 정치적 용어다. 이 말은 1792년 프랑스 혁명 후 지금의 의회라 할 수 있는 국민공회에서 나왔다. 의장석에서 볼 때 왼쪽에는 급진적인 자코뱅파 의원들이 앉았고 오른쪽에는 보수적인 지롱드파 의원들이 앉았다. 가운데는 중간 성격의 마레당이 앉았다. 오른쪽에 앉은 지롱드파는 혁명이 점진적으로 진행되길 바랐고 왼쪽에 앉은 자코뱅파는 급진적인 개혁을 원했다. 지금도 이런 구분은 유효해서 급진적인 사회 변화를 꿈꾸는 정치 세력을 좌파로 보고 안정적인 변화를 원하는(혹은 변하지 않길 원하는) 정치 세력을 우파로 부른다.

세금을 보면 보수 정부와
진보 정부를 구분할 수 있다

    당신은 오늘 대한민국의 대통령으로 취임했다. 법을 바꾸려면 국회 동의라는 기나긴 과정을 거쳐야 하지만 어차피 가정이니 여기에서는 무시하기로 하자. 만약 당신 마음대로 세제를 바꿀 수 있다면 증세 정책을 통해 지금보다 세금을 더 거둘 것인가, 아니면 감세 정책을 통해 지금보다 세금을 덜 거둘 것인가? 또 하나 있다. 정부의 재정 지출은 지금보다 더 늘릴 것인가, 아니면 줄일 것인가? 여기서 끝이 아니다. 규제는 어떻게 할 것인가? 줄일 것인가, 늘릴 것인가?

    모든 정책은 따지고 보면 줄일 것인지, 늘릴 것인지를 선택하는 것이라고 보면 된다. 늘릴 것인지, 줄일 것인지에 따라 그 정부의 성향도 결정된다.

    세금 정책부터 보자. 소위 보수 정부와 진보 정부를 구분할 수 있는 가장 명확한 기준이 바로 세제다. 보수 정부라면 감세(세율을 낮추는) 정책을 펼치고, 진보 정부라면 증세(세율을 높이는) 정책을 펼친다. 물론 우리나라 과거 정부를 보면 소위 보수 정부에서 증세가 이뤄지고 진보 정부에서는 감세가 이뤄지기도 했다. 그래서 좌회전 깜빡이 키고 우회전 했다거나 꼼수 증세라는 비판이 나오기도 한다.

보수 정부의 기본 철학은 작은 정부다. 보수 정부에서는 세금을 '정부가 국민에게 씌우는 막강한 굴레'라고 여기는 경향이 있다. 이 때문에 작은 정부를 지향하는 보수 정부에서는 세금을 줄이는 정책을 펼친다. 기업이 내는 법인세나 가계가 내는 소득세를 줄여주면 실질 소득이 늘어나기도 한다. 여기에 각종 소비세까지 줄여주면 소비를 비롯한 경제 활동을 하는 데 걸림돌이 사라진다고 본다. 이렇게 되면 사람들은 더 자유롭게 경제 활동을 하고, 전체적인 부가 늘어나는 긍정적인 효과를 가져온다고 믿는 것이다. 이명박 정부 시절 법인세율 인하를 추진한 것이 대표적이다.

반대로 진보 정부는 증세를 한다. 세금을 늘리면 그만큼 정부가 할 수 있는 일이 많아진다. 시장 경제를 그냥 두기보다는 정부가 시장 주체로 뛰어들면 경기가 어려울 때 적극적으로 개입해 경기 활성화에 나서기 쉽고, 너무 과열되면 경기를 식히는 조율자 역할을 할 수도 있다. 부동산 경기가 과열되면 세금을 늘려 진정시키는 식이다. 문재인 정부에서 각종 부동산 세금을 강화했던 것을 보면 알수 있다. 또 세금을 늘리면 자연히 고소득자의 자산이 정부에 흘러들어가고 정부는 이 돈을 저소득층을 위해 쓰니 분배 효과도 생긴다. 낙수 효과보다는 정부가 개입해 적극적으로 분배 정책을 써 양극화를 줄일 수 있다고 믿는다.

재정 정책에서도 보수와 진보는 나뉜다. 일단 보수 정부는 재정 건전성에 초점을 두지만 진보 정부는 적극적 재정 정책을 기본으로 한다. 작은 정부를 지향하는 보수 정부가 재정을 적극적으로 늘리기보다 재정 건전성에 중점을 두는 건 어떻게 보면 당연한 일이다. 감세를 기본 기조로 하는 보수 정부 입장에서는 재정을 늘릴 방법을 찾기가 쉽지 않다. 세금을 늘리는 대신 국채를 발행하기도 하지만, 이 역시 시장에 부담을 줄 수 있고 미래 세대의 부담을 늘리기 때문에 결국 재정 건전성을 중시하는 정책을 펼치는 것이다.

반면 진보 정부는 과감한 재정 정책을 펼치려 한다. 큰 정부를 지향하는 진보 정부 입장에서는 그만큼 돈을 써야 할 곳도 많다. 돈을 쓸수록 경제가 살아난다고 믿기 때문에 재정 확대에 대한 부담도 덜하다. 재정을 늘리면 경제가 좋아지고, 경제가 좋아지면 세수가 늘고, 세수가 늘면 다시 재정을 늘릴 수 있는 선순환 구조가 가능하다는 것이 진보 정부의 일반적인 믿음이다.

돈을 쓰는 방법에서도 차이가 난다. 보수 정부는 이왕 돈을 쓸 거라면 경제 활동에 도움 되는 쪽에 쓰려고 한다. 대표적인 것이 사회간접자본(SOC)이다. 도로나 철도를 건설하고 항구나 공항을 지으면 사람들(기업 포함)의 경제 활동에 도움을 준다. 또 SOC 사업을 하려면 정부가 건설회사에 돈을 주고 사업을 맡겨야 하니 정부의 돈이 기업에 흘러들어간다. 기업은 이 돈으로 건설 자재도 사고 인부도 고용해야 하니 결국 정부의 예산이 기업이나 가계로 흘러들어가 전체 경제에 도움을 준다.

반면 진보 정부는 돈을 쓰더라도 SOC 사업보다는 복지 확대에 초점을 둔다. 복지 사업의 기본은 가계의 각종 비용을 줄여주는 일이다. 비싼 병원비나 학비, 양육비 등을 줄여주면 다른 쪽으로 소비가 늘어난다. 또 저소득층에게는 정부가 직접 돈을 주거나 일자리를 제공해 가계 소득을 늘려준다. 이렇게 되면 소득이 적은 사람도 낙오하지 않고 다시 기회를 얻어 경제 활동을 할 수 있으니 전반적인 부가 늘어나고 고르게 성장할 수 있는 효과가 있다.

규제에 대한 입장 차이도 분명

규제를 대하는 태도에도 차이가 난다. 보수 정부는 경제 활동의 각종 장애물을 줄이는 것을 목표로 한다. 그래서 정부가 만들어 놓은 각종 규제도 줄이는 쪽으로 방향을 잡는다. 특히 기술이 발달하면서 필요가 없어진 규제들이 대표적이다. 예를 들어 금융기관의 공인인증서는 개발 당시에는 첨단 방식이었으나 지금은 훨씬 편한 기술로 대체할 수 있다. 과거에는 병원에서 대면 진료만 가능했지만 지금은 통신의 발달로 원격 진료가 가능해지니 이와 관련된 규제를 풀어서 새로운 산업으로 키우려 한다. 은행 같은 금융업부터 택시 면허 등 각종 면허제도도 정부가 컨트롤하는 규제들이다. 보수 정부는 이런 진입 장벽을 낮춰 새로운 산업이 탄생할 수 있도록 유도한다.

반면 진보 정부에서는 규제를 강화한다. 기업에 너무 많은 자유를 허용할 경우 특정 업체가 과도할 정도로 시장점유율을 확보해 독점이 생길 수 있다고 보기 때문이다. 과도한 규제 완화는 대형 사고로 이어질 수 있다 보니 규제를 통해 안전성을 강화하려고 한다. 글로벌 금융위기 이후 금융업에 각종 감독 규제가 도입되는 것부터 IT 산업에서 정보 유출 사고가 나지 않도록 보안 규제를 강화하는 것도 이런 맥락이다. 또 대기업이 골목상권에 들어오지 못하게 중소기업 적합업종을 지정하거나 소상공인의 영업 보호를 위해 대형 마트 의무휴일을 지정하고 편의점 입점 거리에 제한을 두는 것도 정부의 규제다. 경제 활성화보다는 규제라는 정부의 직접적인 개입을 통해 소비자나 약자를 보호한다는 목적이다.

다른 나라와의 교역에서도 보수 정부와 진보 정부 간의 차이가 드러난다. 보수 정부는 개방 정책을 기본으로 한다. 두 나라가 협정을 통해 관세라는 장애물을 서로 없애면 기업이나 소비자 모두 비용은 줄고 매출은 늘어 그만큼 양국 경제가 활성화되고 규모도 커진다. 그러나 이렇게 되면 내수 기업이나 상대적으로 경쟁력이 떨어지는 경제 주체들이 피해를 볼 수 있다. 우리나라의 경우 대표적인 분야가 농업이다. 값 싸고 질 좋은 외국산 농산물이 관세 장벽 없이 들어오면 가격 경쟁력에서 밀리는 농가가 피해를 보고 잘못하면 완전히 무너질 수도 있다. 이렇게 되면 오히려 다른 나라에 대한 의존도가 높아져 나중에는 소비자 피해로 돌아올 수 있다. 그래서 경쟁력이 떨어지는 분야라도 없어지지 않도록 관세라는 장벽을 통해 보호하는 것이 필요하다는 게 진보 정부의 입장이다.

보수 정부는 작은 정부를 지향하는 만큼 민간에서 할 수 있는 일은 굳이 정부가 할 필요 없다고 생각한다. 또 정부가 독점적인 사업을 하면 방만해지고 비효율적이라고 생각한다. 그래서 공공기관을 늘리기보다는 민영화를 통해 시장에 더 많은 역할을 주고 사업 주체도 늘리려고 한다. 과거에는 통신 업무를 한국통신 한 곳에서만 하다가 지금은 KT로 민영화하고 SKT와 LG유플러스에도 각종 통신 사업을 허용하는 식이다. 반면 진보 정부는 큰 정부를 지향하므로 민영화를 반대하고 오히려 공공기관을 늘리려고 한다. 공공의료시설 증설, 건강보험 보장 확대 등은 민간에서도 할 수 있는 일이지만 국민생활에 필수적인 일이라면 독점권을 주고 공공성을 확대하는 방향으로 정책을 펼친다.

[보수와 진보 비교]

진보	비교	보수
공산주의 · 사회주의	철학(극단)	자유방임주의
분배	경제 목표	성장
확장적 재정	재정	건전성 강조
증세	조세	감세
강화	규제	완화

보수 정부가 진보 정책, 진보 정부가 보수 정책 낼 때도 많다

　보수 정부는 보통 시장의 자유와 부의 확대, 작은 정부를 지향한다. 그래서 감세와 규제 완화, 개방 정책을 펼친다. 반면 진보 정부는 약자 보호와 부의 분배, 큰 정부를 지향하고 증세와 재정 확대, 규제 강화 정책을 펼친다.

　그런데 이런 일반적인 법칙이 대한민국 정부에서는 이따금 통용되지 않기도 한다. 진보 정부라 불리던 김대중 정부와 노무현 정부에서 꾸준히 법인세를 낮췄고, 노동 정책에서도 비정규직을 도입했으며, 공공기관 민영화도 가장 활발히 이뤄졌다. 한·미 FTA가 체결된 것도 진보 정부 때였다. 반면 보수 정부라 할 수 있는 박근혜 정부에서는 고소득층의 소득세율을 올리고 소득 공제를 세액 공제로 대거 전환하면서 사실상 증세 정책을 펼쳤다. 또 기초연금제를 도입하고 소득과 상관없이 만 5세 이하 전 계층에 무상보육을 도입하는 등 복지 예산을 대폭 늘렸다. 그러니 반드시 보수 정부는 이렇게 하고 진보 정부는 이렇게 할 것이라는 예상이 늘 들어맞지는 않는다.

노무현 정부는 한·미 FTA 체결, 박근혜 정부는 감세

사실 대한민국 경제 정책은 보수와 진보라는 이념적인 구분보다 세계 경제의 흐름에 따라 좌우될 때가 많다. 세계 경제 상황이 상대적으로 좋으면 자신들이 원하는 정책을 펼 수 있지만 상황이 좋지 않으면 결국 세계 경제 흐름에 맞는 정책을 펼칠 수밖에 없다. 수출 비중이 크고 대외 의존도가 높은 한국 경제의 특성 때문이다.

김대중 정부가 어느 정부보다 신자유주의적인 정책을 펼친 것은 외환위기라는 초유의 사태를 맞았기 때문이다. 노무현 정부에서는 내부 상황이긴 해도 임기 첫해에 카드대란이 터지면서 진보적인 경제 정책을 펴기 어려웠다. 재정 건전성을 그렇게 강조하던 이명박 정부에서 역사상 가장 큰 규모의 추경을 편성한 것도 글로벌 금융위기라는 예상 못한 상황을 만났기 때문이다. 반면 문재인 정부에서는 임기 초반 세계 경제가 호황기를 맞았고 박근혜 정부에서 이어진 증세 정책으로 세수가 늘어난 덕분에 과감한 재정 정책을 펼칠 수 있었다. 그러나 2019년 들어 세계 경제가 급격히 악화하면서 문재인 정부의 경제 정책 방향도 달라지는 모습이다. 당장 분배 정책을 강화하기 위해 최저임금을 2년 연속 10% 이상 올렸으나 속도 조절에 들어갈 수밖에 없었다. 또 집값 잡기를 위해 기준금리 인상에 나섰지만 세계 경제 둔화로 금리를 올린 지 1년도 못 돼 금리 인하로 돌아섰다.

정권이 바뀌지 않았는데도 경제 정책의 방향이 달라지기도 한다. 대표적인 변수가 선거다. 선거와 경제 성장률은 일정한 상관관계가 있다. 보통 선거를 앞둔 상황, 특히 대선과 같은 큰 선거를 앞두고는 경제 성장률이 오를 것으로 생각하기 쉽다. 여당이 재집권하기 위해 성장률을 끌어올리려 할 것으로 보여서다. 그러나 실제로는 그렇지 않다는 연구가 많다.

현대경제연구원이 2016년 12월에 발표한 보고서 〈정치 불확실성과 경제〉를 보면, 1987년 13대 대선부터 2012년 18대 대선까지 6번의 대선이 열린 해에는 경제 성장률이 전년보다 평균 0.5%p 떨어졌다. 특히 설비 투자가 평균 4%p 하락했고 민간 소비도 평균 0.6%p 떨어지는 것으로 나타났다. 대선이라는 정치 불확실성으로 인해 기업들이 투자를 줄이고 민간에서는 소비가 둔화한다는 것이다. 실제로 대기업들은 새로운 정부가 들어서면 선심성 투자 계획을 발표하는 경우가 많다 보니 굳이 정부 마지막 해에 대규모 투자를 할 이유가 없어 돈 주머니를 묶고 있는 경우가 많다.

기업에서 새로 취임한 경영자가 이전 경영자 때 쌓였던 부실을 취임 첫해에 반영하는 이른바 빅 배스(Big Bath) 효과가 정부에서 나타나기도 한다. 2013년 2월 박근혜 정부가 시작되자 그해 3월 기획재정부는 '경제 정책 방향'을 발표하며 성장률 전망을 3.0%에서 2.3%로 0.7%p 하향 조정했다. 직전 전망치를 발표한 지 약 100일 만에 비관적인 전망을 내놓은 것이다. 그러면서 대규모 추가 경정 예산을 편성했고 결국 2013년 경제 성장률은 2.9%를 기록했다. 직전 정부의 정책 실패를 대대적으로 공개하고, 대규모 추경의 지렛대로 삼는 것이다. 이렇게 해서 당초 발표됐던 경제 성장률 전망치보다 높은 실적을 달성한 뒤, 자신들의 성과로 삼는 것이 일반화되고 있다.

문재인 정부 때도 비슷했다. 문재인 정부가 출범한 2017년에도 한국은 깜짝 성장률을 달성했다. 2016년 12월 정부는 2%대 중반의 성장률을 전망했지만 문재인 정부 출범 후 발표한 경제 정책 방향에서는 3% 성장을 전망했다. 박근혜 정부가 일단 엄살을 부린 뒤(성장률 전망 하향 조정) 성적을 냈다면, 문재인 정부는 처음부터 큰소리를 치고(성장률 전망 상향 조정) 실제 성적을 내는 식이었다. 그러나 그 방식은 두 정부 모두 10조 원이 넘는 대규모 추가 경정 예산(2013년 17조 4,000억 원, 2017년 11조 원) 편성을 통한 경기 부양이었다.

정부도 넘지 못하는 국회의 벽

국민 여론과 국회도 경제에 미치는 영향이 적지 않다. 최근에는 정부의 정책보다 국민 여론과 국회의 영향력이 더 크다는 시각도 있다. 국민 여론을 등에 업고 국회에서 반대하고 나서면 정부가 할 수 있는 일은 매우 적어진다. 정부가 정책을 만들더라도 정책이 실제 실행되려면 법제화가 돼야 한다. 그런데 법을 만들고 입법하는 일은 정부가 아닌 국회가 맡고 있다. 국회가 정부의 정책에 반대하면 정부로서도 어찌할 도리가 없다.

과거에는 법으로 큰 방향을 정하고 세부 내용은 시행령 같은 하위법령을 통해 정부가 만드는 경우가 많았다. 하지만 최근에는 법 자체를 세밀하게 만드는 것이 일반적으로 되면서 국회 동의 없이 정책을 만드는 건 쉽지 않아졌다. 이 때문에 갈수록 정책 결정의 중심이 정부에서 국회로 기울고 있다.

실제로 이명박 정부에서 법인세 인하가 막힌 것이나 서비스 산업 활성화 방안을 담은 서비스 산업 발전법이 10년 가까이 통과되지 못하고 있는 것도 국회의 벽을 넘지 못해서다. 오죽하면 박근혜 정부 때는 규제 개혁 방안을 내놓으면서 국회 동의 없이 할 수 있는 시행령 개정안들만 모아 발표하곤 했다.

오히려 정치 전문가들은 보수 정부는 진보 경제 정책을 펼치고 진보 정부는 보수 경제 정책을 펼치는 것이 효과적이라는 말을 한다. 요즘처럼 야당을 설득하기 어려울 때 야당이 찬성할 수밖에 없는 정책을 내놓고 우리 편 지지자들을 설득하는 것이 더 쉬워서다. 노무현 정부에서 체결한 한·미 FTA나 박근혜 정부의 각종 증세안과 복지 확대 정책, 문재인 정부에서 통과된 인터넷은행 특례법과

[노무현 정부부터 문재인 정부까지 각 정부별 대표적인 진보·보수 정책 비교]

정부	진보 정책	보수 정책
노무현 정부	종합부동산세 도입	한·미 FTA 타결, 법인세 인하
이명박 정부	28.4조 원 규모 역대 최대 추경 편성	법인세율 인하 등 각종 감세 정책
박근혜 정부	무상보육·기초연금 도입	부동산 규제 완화
문재인 정부	재정 확대, 부동산 규제 강화	규제 샌드박스 도입

규제 샌드박스 법안 등이 대표적이다.

이런 것을 보면 정책에는 정답이 없다. 국민의 눈치를 보느라 보수 정부가 진보 정책을 펼치고 진보 정부가 보수 정책을 펼치며 갈지자 행보를 하는 것이 야당의 반대에 막혀 아무것도 하지 못하는 것보다는 차라리 나은 모습이기도 하다.

2장

국가 재정

IMF는 왜 한국 정부에 돈 좀 더 쓰라고 조언한 걸까?

    2019년 3월 12일, 넥메틴 타르한 페이지오글루 IMF 미션단장이 정부서울청사 기자 간담회장에 들어섰다. 그는 2월 27일부터 정부와 '2019년 연례협의'를 진행했다. IMF는 매년 회원국의 경제 상황을 점검하기 위해 협의단을 파견하여 정부와 중앙은행, 정책연구기관, 민간기업 등을 방문하고 경제 동향과 경제 정책 전반에 대한 의견을 나눈다.

    페이지오글루 단장은 이날 연례협의 결과를 발표하며 "한국 정부가 올해 목표한 경제 성장률(2.6~2.7%)을 달성하려면 국내총생산(GDP)의 0.5% 이상 규모의 추가 경정 예산을 편성할 필요가 있다"라고 조언했다. 2018년 한국의 GDP(명목 기준)가 약 1,782조 원인 것으로 고려하면 약 9조 원 규모의 추경 예산 편성을 주문한 셈이다. 그는 한국 경제 체력이 탄탄하지만 외부 불확실성이 크다 보니 개방도가 높은 한국 경제가 부정적인 외부요인을 극복하려면 정부가 당초 계획보다 돈을 더 써야 한다고 설명했다. 또한 페이지오글루 단장은 "한국 정부는 지난 3년간 초과 세입이 있었기 때문에 향후에 지출을 더 늘릴 여지가 있다"라고 말했다. 그동안 세금이 예상보다 더 들어와 돈을 더 쓸 여유가 있다는 의미다.

    기본적으로 경제를 구성하는 주체는 기업과 가계, 그리고 정부다. 기업과 가계가 힘들어져 경기가 둔화되면 금리를 내려 경제 활력을 일으키는 방법도 있지만 정부가 쓰는 돈을 늘려서 떨어진 활력을 키우는 것도 한 방법이다.

    사실 IMF는 수년 전부터 한국 정부에 재정 지출을 늘릴 것을 권고했다. 한국의 GDP 대비 국가 채무비율은 2019년 현재 40%를 밑돈다. 경제협력개발기구(이하 'OECD') 회원국의 국가 채무비율 평균치가 약 110%인 것과 비교하면 그만큼 정부 빚이 적다는 의미다. IMF 입장에서는 한국처럼 경제 규모는 크고 재정 건전성은 좋은 국가에서 재정을 좀 풀어 한국 경제는 물론 세계 경제 활력에도 기여하길 바라는 마음이 있었을 것이다.

그러나 한국 입장에서는 고령화가 본격적으로 시작되고 사회적으로도 복지 확대 요구가 커지고 있어 지금 재정에 여유가 있다고 함부로 돈을 쓸 수 없다. 실제로 2000년 이후 한국의 국가 채무 증가율은 OECD 국가 중 네 번째로 빨랐다. 여기에 고령화가 예상보다 빠르게 진행되고 출산율은 세계 최저 수준이며, 통일이라는 급격한 재정 지출 변수도 있는 만큼 안심할 수 없는 현실이다. 또 다른 한편에서는 지금처럼 경기가 어려울 때 정부가 돈을 풀지 않으면 결국 경기가 둔화해 오히려 재정이 더 악화할 수 있다는 우려도 나온다. 재정에 대한 갑론을박은 어떻게 보면 경제를 둘러싼 정부의 정책과 역할에 대한 모든 측면을 반영한다고도 볼 수 있다.

한국 정부 1년 예산이면
시총 1~4위 기업 사고도 남는다

2022년 12월 24일, 국회는 2023년 예산안을 통과시켰다. 정부가 2023년에 쓰겠다고 한 돈은 총 638조 7,000억 원이었다. 2022년 예산(607조 7,000억 원)과 비교해 5.1% 늘었다.

638조 7,000억 원이라 하면 얼마나 큰돈인지 감이 안 올 것 같은데, 2021년 기준 우리나라 1년 국내총생산(GDP, 명목 기준)이 2,057조 원인 것을 고려하면 GDP의 3분의 1 정도 되는 규모다(물론 정부 지출은 100% GDP로 잡히지 않는다. 그래서 정부 지출을 늘려 GDP를 끌어 올리는 것은 비효율적이라는 지적이 많다). 이 돈을 5,000만 국민에게 그냥 나눠준다고 해도 1인당 약 1,300만 원씩 돌아간다. 또, 2023년 1월 31일 기준으로 삼성전자, LG에너지솔루션, SK하이닉스, 삼성바이오로직스(이상 코스피 시가총액 1~4위)를 사고도 약 32조 원이 남는다. 매일 1억 원씩 쓰면 1만 7498년 이상을 써야 하는 어마어마한 돈이다.

이렇게 큰돈을 정부는 1년에 다 쓴다. 어디에 쓰는 걸까? 우리가 당장 느끼지는 못하지만 각종 저소득층 지원부터 영유아 보육비, 치안 유지비, 국방비, 새로 길을 내는데 들어가는 돈도 다 정부 돈으로 한다.

가장 많은 돈이 들어가는 분야는 보건·복지·고용

2023년 예산안을 자세히 살펴보자. 가장 많은 돈이 돌아가는 분야는 보건·복지·고용이다. 저소득층 지원, 일자리 지원 예산 등에 총 226조 원이 들어간다. 두 번째로 큰 영역은 일반·지방행정 분야로 112조 2,000억 원이다. 공무원 월급 등 그야말로 정부를 유지하기 위해 쓰는 돈이다. 이어 교육(96조 3,000억 원), 국방(57조 원), R&D(31조 1,000억 원), 산업·중소기업·에너지(26조 원), SOC(25조 원), 농림·수산·식품(24조 4,000억 원), 공공질서·안전(22조 9,000억 원), 환경(12조 2,000억 원), 문화·체육·관광(8조 6,000억 원), 외교·통일(6조 4,000억 원)의 순으로 돈이 많이 들어간다.

올해 나라 살림을 보면 정부의 총지출은 638조 7,000억 원이다. 반면 총수입은 625조 7,000억 원이다. 13조 원가량 적자인 셈이다. 적자 재정을 편성했다거나 국가 채무가 늘었다고 말하는 이유다.

예산안을 정확하게 이해하려면 정부 재정을 구분해서 봐야 한다. 재정은 크게 예산과 기금으로 나눈다. 예산은 일반회계와 특별회계로 나눈다. 일반회계는 우리가 보통 이야기하는 정부 재정 활동이

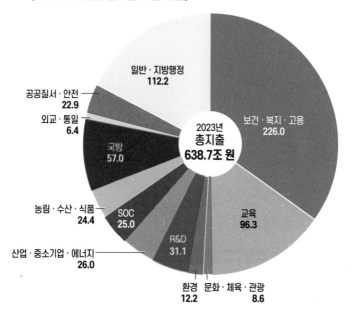

[2023년 예산안 분야별 재원 배분]

2023년
총지출
638.7조 원

보건 · 복지 · 고용
226.0

일반 · 지방행정
112.2

공공질서 · 안전
22.9

외교 · 통일
6.4

국방
57.0

농림 · 수산 · 식품
24.4

SOC
25.0

산업 · 중소기업 · 에너지
26.0

R&D
31.1

환경
12.2

문화 · 체육 · 관광
8.6

교육
96.3

• 단위: 조 원
• 자료: 기획재정부

다. 우리가 내는 세금들을 모아 정부의 각종 사업에 쓴다. 반면 특별회계는 특정한 사업을 운영하려고 따로 돈을 모으고 쓰는 예산이다. 우편 사업, 양곡 관리, 유아교육 지원 사업 등이 대표적이다.

기금도 특별한 목적을 위해 돈을 모으고 그 돈은 해당 사업을 위해서만 써야 한다는 점에서 특별회계와 비슷하다. 다만 특별회계의 경우 지출항목이나 규모를 바꾸려면 국회 동의를 받아야 하지만 기금은 좀 더 자율성이 높다. 대표적인 것이 바로 국민연금이다. 국민연금은 세금이 아닌 국민연금항목으로 따로 돈을 거두고 해당 돈도 별도로 운용하고 사용한다. 기금은 총 67개, 특별회계는 20개가 있다.

총지출과 총수입을 단순 비교하는 것을 통합재정수지라고 한다. 올해 예산에서 통합재정수지는 13조 1,000억 원 적자다. 그러나 통합재정수지로만 보면 재정을 제대로 파악하기 힘들다. 예를 들어, 총수입에는 국민연금과 같은 사회보장성 기금이 포함된다. 이런 기금은 앞에서 말한 것처럼 일반회계와 따로 구분해서 관리된다. 현재 국민연금은 나가는 돈보다 들어오는 돈이 더 많은데, 돈이 들어온다고 정부 예산에 다 섞어서 써버리면 국민연금이 금방 바닥날 수 있다. 그래서 지금은 돈을 쌓아놓는 사회보장성 기금을 제외한 뒤, 흑자와 적자를 따지는 것을 관리대상수지라고 한다. 올해 관리대상수지는 58조 2,000억 원 적자로 예상된다. 이는 GDP 대비 2.6% 수준이다. 이만큼 돈이 모자라는 것이니 대부분 국채를 발행해 조달한다. 국가 채무가 늘었다는 이야기가 나오는 건 이런 이유 때문이다.

예산이 부족하면 추경을 편성한다

모든 일은 계획대로 풀리지 않는다. 정부가 하는 일도 그렇다. 정부가 처음 세운 계획이 틀어지면서 확보한 예산을 다 못 쓰는 경우도 있다. 예를 들어, 중소기업이 직원 1명을 채용하면 이 직원의 월급 일부를 정부 예산으로 보전해주기로 하고 예산 1조 원을 편성했다. 그런데 중소기업들이 이런 정책에도 불구하고 채용을 많이 늘리지 않으면 예산은 있는데 돈을 다 쓰지 못 하는 일이 생긴다. 이런 걸 '불용'이라고 부른다.

불용이 생기면 정부 입장에서는 남는 돈을 돈이 모자라는 다른 사업에다 좀 투입하면 좋겠는데 그럴 수가 없다. 예산을 목적에 맞게 쓰지 않고 전용(다른 용도로 쓰는 것)하면 국가 재정법에 어긋나서다. 만약 칸막이가 없으면 국회에서 예산을 심의해 목적에 맞게 편성했어도 정부 마음대로 돈을 쓸 수 있기 때문에 이를 막아 놓은 것이다.

앞에서 예로 들었던 중소기업 월급 보전 사업이 너무 잘되어 편성했던 돈보다 돈이 더 필요할 수 있다. 이럴 땐 돈이 부족하다며 해당 사업을 멈출 수도 있고, 정부 비상금이라 할 수 있는 예비비를 투입하기도 한다.

재정을 운용하다 보면 예상보다 세금이 더 걷힐 수도 있고, 불용으로 쓰지 못한 돈이 생길 수도 있다. 이를 합해 세계잉여금이라고 한다. 쉽게 말해 1년이 지나고 보니 다 쓰고 남는 돈이다. 이렇게 남는 돈은 지방교부세, 교부금 정산, 국가 채무 상환에 먼저 쓴다. 그리고 남은 돈은 추가 경정 예산 재원으로 쓰거나 다음 해 세입으로 넘긴다.

반대로 예상과 달리 돈이 덜 들어오거나 재해 등 예상치 못한 곳에 써야 할 지출이 생길 때, 경제가 어려워 정부가 재정을 풀어 경제를 살려야 할 때는 추경을 편성한다. 추경은 해마다 짜는 본예산과 마찬가지로 정부가 편성하고 국회의 동의를 받아야 한다. 과거에는 정부가 추경을 너무 남발하다 보니 거의 매년 편성하는 일이 벌어졌다. 그래서 2006년 국가 재정법을 만들어 추경 편성 조건을 전쟁과 대규모 자연재해, 경기 침체나 대량 실업 등 대내외 요건의 중대한 변화, 법령에 의한 지출 소요 발생으로 엄격하게 정했다.

그러나 이런 조건에도 명확한 기준이 없다 보니 경기가 조금만 어려워도 정부는 추경을 편성하고픈 유혹에 빠지게 된다. 실제로 2015년부터 매년 경기침체와 실업을 이유로 추경을 편성했고, 코로나 대유행의 직격탄을 맞은 2021년과 2022년에는 두 차례에 걸쳐 편성했다.

1년 나라 예산 600조 원 중 세금은 400조 원

2017년 처음 400조 원을 돌파한 정부 예산은 이미 600조 원을 넘어섰다. 내 지갑에는 5만 원짜리 한 장도 잘 없는데 이 엄청난 돈은 다 어디에서 나오는 걸까? 2023년 정부 예산을 통해 자세하게 살펴보자.

2023년 예산에서 정부의 총지출은 638조 7,000억 원이고 총수입은 625조 7,000억 원이다. 총수입에서 국세, 즉 세금으로 걷는 돈이 400조 5,000억 원으로 가장 많다. 나머지는 다른 주머니라 할 수 있는 기금이 200조 3,000억 원이고, 정부가 보유한 주식을 팔거나 벌금이나 과태료로 걷은 돈, 정부 사업 운영으로 벌어들이는 세외 수입 25조 원 등이다. 이런저런 방법으로 정부는 돈을 버는데 역시나 가장 확실한 방법은 세금이다. 세금에서 가장 큰 비중을 차지하는 3가지는 바로 소득세와 법인세, 부가가치세다.

2023년 세입 예산안을 기준으로 보면, 소득세는 131조 9,000억 원, 법인세는 105조 원, 부가가치세는 83조 2,000억 원이다. 3가지 세금을 합치면 320조 1,000억 원으로 전체 국세의 약 80%를 차지한다.

소득세는 말 그대로 소득에 부과하는 세금이다. 소득이 있는 곳에 세금이 있다는 말이 있듯 모든 소득에는 세금이 붙는다. 보통 소득세 중에서도 투명한 유리지갑을 가진 직장인들이 내는 근로소득세가 전체 소득세의 절반 정도 된다. 이 외에 자영업자들이 내는 종합소득세와 부동산이나 주식을 팔아 얻은 소득에 물리는 양도소득세 등이 있다.

소득세만큼 큰 규모의 세금이 법인세다. 법인세는 회사의 소득에 거두는 세금이다. 법인세는 경제 상황과 밀접한 관련이 있다. 경제가 좋으면 그만큼 회사의 수입이 늘면서 법인세도 늘어난다. 반면 경제가 나쁘면 그만큼 법인세는 줄어든다.

부가가치세는 일상생활과 가장 밀접한 세금이다. 거래 단계별로 재화나 용역에 생기는 마진에 부과되는 세금을 부가가치세라고 한다. 쉽게 말해 물건을 살 때 그 가격의 10%를 세금으로 낸다고 생각하면 된다. 부가가치세는 농산물이나 의료비 등을 제외하면 대부분의 거래에 부과된다. 누구도 세금에서 자유로울 수 없다고 하면 '나는 세금 안 내는데…'라고 생각하는 사람이 많다. 그러나 우리가 편의점에서 음료수 한 캔이라도 사려고 하면 부가가치세를 내야 한다. 어차피 음료수 한 캔 가격에 부가가치세가 포함돼 있기 때문에 깊은 산속에 움막을 짓고 사는 자연인이 아닌 이상 누구도 세금을 피할 수는 없다.

이렇게 규모가 큰 3대 세금 외에도 교통·에너지·환경세가 11조 1,500억 원, 개별소비세가 10조 2,000억 원 정도 된다. 교통·에너지·환경세는 도로나 도시철도, 대중교통 등을 확충하기 위해 걷는 세금이다. 명확한 목적을 갖고 있어서 목적세라고 부르기도 한다. 주유소에서 휘발유나 경유를 살 때 기름값에 포함돼 있다. 개별소비세는 특정한 물품을 살 때 내는 일종의 사치세다. 자동차, 귀금속, 유흥업소에서 돈을 쓸 때 개별소비세를 내게 된다. 부가가치세, 교통·에너지·환경세, 개별소비세처럼 내가 세금을 내는지도 모르게 제품 가격에 붙여 내는 세금을 간접세라고 부르기도 한다.

[2023년 주요 국세 수입 예상표]

구분	예산(억 원)
소득세	1,318,632
법인세	1,049,969
상속세	171,274
부가가치세	832,035
개별소비세	101,943
증권거래세	49,739
인지세	8,158
기타내국세	47,926
관세	47,926
교통·에너지·환경세	111,471
교육세	47,022
종합부동산세	57,133

• 자료: 기획재정부

관세도 있다. 한국에 들어오는 수입품에 부과하는 세금이 관세다. 과거에는 국내 산업을 키우기 위해 어마어마한 관세를 부과하기도 했다. 그러나 갈수록 국가 간 무역에서 관세를 물리지 않는 자유무역협정(FTA)이 늘어나면서 전체 세수에서 관세가 차지하는 비중도 줄어들고 있다. 이 외에도 상속세, 증권거래세, 교육세, 종합부동산세 등이 있다.

직장인 열에 넷은 세금 안 낸다

국민개세주의라는 말이 있다. 잘 못 발음하면 욕 같이 들리지만, 사실 국가의 모든 국민은 세금을 내야 한다는 당연한 원칙을 천명한 말이다. 앞에서 말한 것처럼 부가가치세 등 각종 간접세를 생각하면 국민개세주의는 이미 실현되고 있다고 해도 무방하다. 유치원생이 엄마 심부름으로 슈퍼마켓에서 생수 한 통을 사도 세금을 낸 것과 다름없다.

그런데 조금만 자세하게 살펴보면 이게 꼭 맞는 말은 아니라는 걸 알 수 있다. 근로소득세를 한번 보자. 직장인들은 유리지갑이라는 말을 입에 달고 산다. 소득을 숨길 수 없으니 세금도 왕창 떼어간다는 게 보편적인 인식이다. 하지만 실제는 조금 다르다. 2019년 기준, 근로자 1,917만 명 중에 705만 명이 각종 공제와 감면을 받아 소득세를 전혀 내지 않았다. 면세 근로자 비율이 36.8%에 달한다. 40%를 넘겼다가 소폭 낮아졌지만 여전히 높은 편이다. 대략 연소득 5,000만 원 이하인 사람들은 세금을 거의 내지 않는다고 봐도 된다.

다른 나라와 비교해도 한국은 면세자 비율이 매우 높은 편이다. 2016년 기준, 미국의 면세자 비율은 30.7%였다. 2015년 기준으로 일본은 15.5%, 호주 15.8%, 캐나다 17.8%였다. 우리가 선진국이라 부르는 많은 국가가 우리보다 면세자 비율이 낮다.

세금 이야기를 하면 '부자에게 세금을, 서민에겐 복지를'이라는 정치적인 구호도 나온다. 부자들이 세금을 덜 낸다고 생각해서 이런 말이 도는 것 같은데, 실제로는 그렇게 보기가 힘들다. 2019년 기준, 급여 총액 기준으로 상위 10%가 소득세의 72.5%를 내고 있다. 상위 20%로 범위를 넓히면 87.4%까지 늘어난다. 반면 미국은 상위 39.5%가 84%의 소득세를 담당하고 있다. 영국은 상위 10%가 59.8%를 내고 캐나다는 53.8%를 낸다. 한국은 고소득자가 소득세의 상당 부분을 책임지고 있다. 이런 결과가 나오는 이유는 일단 면세 비율이 높고 고소득자에게는 세율 누진체계가 적용되기 때문이다.

우리나라 소득세 최고세율의 경우 10억 원 초과구간에 45%가 적용된다. 2020년 세법 개정으로 최고세율 42%인 5억 원 초과 과세표준구간을 5~10억 원(42%)과 10억 원 초과(45%)구간으로 나눴다.

이렇게 보면 연봉 10억 원을 받는 사람은 '4억 5,000만 원을 세금으로 내겠구나'라고 생각할 수 있는데 그런 건 아니다. 연봉 10억 원에 다 세금을 물리지 않고 각종 소득 공제를 통해 소득 범위를 좀 줄여준다. 이 과정을 거친 뒤에 나오는 과세표준액이 세금을 내는 기준이 된다. 세금을 부과할 수 있는 순수 소득이라는 뜻이다. 과세표준액이 9억 원이라면 일단 1,200만 원까지는 6%인 72만 원을 내고, 1,200만 원에서 4,600만 원까지는 15%인 510만 원을 낸다. 또, 4,600만 원부터 8,800만 원까지는 24%, 8,800~1억 5,000만 원까지는 35%, 1억 5,000~3억 원까지는 38%, 3~5억 원까지는 40%, 5억 원 초과구간에는 42%의 세율이 적용된다(10억 원 초과구간에는 45%의 세율이 적용된다). 그래서 소득은 10억 원인데 과세표준이 9억 원인 사람의 세금은 4억 2,000만 원이 아니라 3억 4,260만 원이 된다.

한국의 곳간지기들

거시경제를 자동차에 비유해보자. 자동차는 엔진이 있어야 움직이지만 실제 자동차를 컨트롤하는 건 액셀러레이터와 브레이크다. 거시경제에도 이 액셀러레이터와 브레이크가 존재한다. 바로 금리와 재정이다. 경기가 좋지 않을 때 금리를 낮추고 경기가 과열되면 금리를 올리는 식으로 거시경제의 흐름을 제어할 수 있다. 재정도 마찬가지 역할을 한다. 경기가 좋지 않을 때는 재정을 풀고 경기가 과열되면 재정을 조여서 거시경제의 움직임에 대응할 수 있다.

바로 이 금리와 재정을 움직이는 곳이 한국은행(한은)과 기획재정부(기재부)다. 특히 나라의 살림살이를 쥐고 있는 기재부를 모르고서는 한국의 거시경제에 대해 이야기하기 힘들다.

정부 부처 중 슈퍼 갑은 기재부 예산실

기재부는 여러 정부 부처 중에서도 가장 힘이 센 곳으로 통한다. 돈줄을 쥐고 있어서다. 기재부는 정부가 돈을 얼마나 쓸지(예산실)와 얼마나 거둘지(세제실)를 정한다. 또 돈이 잘 쓰이는지(재정관리국), 나라 재산 관리나 채권은 잘 소화되는지(국고국)도 본다. 이뿐 아니다. 거시경제 정책을 세우고(경제정책국), 다른 부처의 경제 정책을 조율(정책조정국, 경제구조개혁국, 장기전략국)하기도 한다. 국제 금융(국제금융국)과 국제 통상 전략(대외경제국, 개발금융국)도 세우고 공공기관 관리(공공정책국)와 심지어 복권 사업(복권위원회 사무처)도 주관한다.

기획재정부 장관은 경제부총리를 겸직한다. 우리나라에는 교육부 장관이 겸직하는 사회부총리와 경제부총리, 단 두 명의 부총리만 있다. 그만큼 기재부의 권한과 위상이 막강하다는 것이다.

이렇게 하는 일이 많다 보니 역대 정권마다 기재부를 어떻게 쪼개고 합칠까 고민하기도 했다. 기재부의 역할이 가장 컸던 때는 김영삼 정부 시절 재정경제원으로 불릴 때다. 당시 재경원은 지금의 기획재정부에 금융위원회가 합쳐진 조직이었다. 이후 김대중 정부부터 경제 정책과 금융 정책, 세제 등을 맡는 재정경제부와 정부 예산, 재정 전략을 담당하는 기획예산위원회 및 예산청(후에 기획예산처로 통합)으로 분리됐다. 그러다 이명박 정부 들어서면서 금융 기능은 금융위원회로 독립시키고 재정경제부와 기획예산처를 합친 기획재정부로 재탄생했다.

기재부는 다양한 역할을 맡고 있지만, 그중에서 가장 중요 역할 중 하나는 재정을 관리하는 일이다(그래서 이름도 '기획+재정부'다). 돈을 어디에 얼마나 쓰고 얼마를 거둘지 결정하는 것이다.

돈 쓸 곳을 정하는 기재부 예산실은 다른 정부 부처 공무원들도 함부로 대하지 못하는 '슈퍼 갑'으로 통한다. 각 부처마다 하고 싶은 사업이 있어도 예산실에서 승인해주지 않으면 할 수 없다. 예산실은 매년 8월 말에 이듬해 예산안을 국회에 넘기는데 예산안 심사 막바지인 7~8월에는 각 정부 부처는 물론 지자체, 공기업에서 온갖 청탁이 줄을 잇는다. 이맘때 기재부 1층 로비에 있으면 어깨에 별 4개를 단 장군이 서성거리는 모습도 볼 수 있다. 공무원들에게는 저승사자 같은 국회의원마저도 함부로 대할 수 없는 곳이 예산실이다. 예산안의 최종 심사는 국회에서 하지만 예산실이 퇴짜 놓은 사업은 예산에 포함되기가 사실상 불가능하다.

기재부를 제외한 다른 정부 부처나 지자체에서는 톱다운 방식의 예산제도가 도입되기를 바라기도 한다. 톱다운제도는 기재부가 각 부처에 예산 총액만 주고 이 돈으로 어떤 사업에 사용할지는 부처가 자율적으로 정하는 방식이다. 대신 예산실은 예산 편성 기준과 성과 평가에 집중하는 식이다. 톱다운 방식을 강화해야 한다는 이야기는 매년 나오고 기재부도 이를 최대한 받아들인다고 하지만 실제로는 제대로 되지 않고 있다. 예산이라는 막강한 권한을 기재부가 제 손으로 포기할 가능성은 없어 보인다.

예산실이 슈퍼 갑으로 통하지만 딱 한 군데, 예산실을 견제할 수 있는 곳이 있다. 바로 같은 기재부에 있는 세제실이다. 돈을 어디에 쓸지 결정하려면 우선은 돈이 얼마나 들어올지 알아야 한다. 그런데 세제실은 정부 총수입에서 가장 큰 비중을 차지하는 국세가 얼마나 들어올지를 예상하는 곳이어서 예산실이 특별히 신경 써야 한다. 세제실에서 "경기가 좋지 않아 내년에는 세입이 줄어들 것 같다"라며 세입을 확 줄여버리면 예산실은 아무리 돈을 쓰고 싶어도 예산안 편성에 어려움을 겪게 된다.

일부 재정학자는 지금처럼 한 부처 안에 예산실과 세제실을 두지 말고 과거처럼 두 개 부처로 나눠 서로 견제해야 한다는 주장을 한다. 그나마 지금은 기재부 안에서도 세제실은 1차관, 예산실은 2차관이 맡아 서로 견제할 수 있게 하고 있다. 한때는 세제실을 2차관 산하에 넣고 2차관을 일명 슈퍼 차관으로 만드는 재정 실험을 한 적도 있지만 얼마 지나지 않아 다시 세제실은 1차관, 예산실은 2차관 산하로 돌아왔다.

누가 힘 센 국회의원인지 궁금하면 예산결산위원회를 보라

이처럼 정부가 돈 쓰는 일과 돈 걷는 일을 정하지만 그래도 최종 결정은 국회에서 한다. 기재부가 세제 개편안과 예산안을 만들면 이를 최종 결정하고 승인하는 것은 국회의 역할이다. 국회가 나라의 세수와 살림살이를 결정하는 것은 의회 민주주의제도의 출발이기도 하다.

1628년 영국의 권리청원에는 '대표 없이 조세 없다'라는 말이 나온다. 과거에는 왕이 자기 마음대로 세금을 거두었지만 국민을 대표하는 의회의 동의 없이는 앞으로 세금을 함부로 거둘 수 없다는 의미다. 그래서 민주주의를 도입한 국가 대부분은 법에 따라 세금을 거두고 의회가 예산을 편성하게 된다. 정부가 돈을 어떻게 거두고 어디에 쓸지 짜더라도 최종 결정은 국민의 대표인 국회가 하는 것이다.

이처럼 국회가 예산을 최종 결정하는 것은 국민이 정부를 견제하기 위해서인데 실상은 국민이 국회의원을 감시해야 하는 상황이 벌어지기도 한다. 예산을 결정하는 국회 예산결산위원회는 국회의원이라면 누구나 들어가고 싶어 하는 곳이다. 예산을 결정하는 자리이기 때문에 자기 지역구 예산을 슬쩍 밀어 넣을 수 있기 때문이다. 또 예산 시즌만 되면 여러 지역구 의원들의 민원성 예산이 쏟아진다. 지역에서도 자기 지역을 대표하는 국회의원이 예산결산위원회에 들어갔으면 하고 내심 바란다.

현행법상 국회는 정부 예산 편성안 총액에서 감액만 가능하다. 국회의원들이 표를 위해 지역 예산을 마구 끼워 넣으면서 재정 건전성을 해치는 것을 막기 위해서다. 이렇다 보니 국회의원들은 예산 심사 때 일단 정부안에서 일정액을 먼저 깎은 뒤, 의원들이 원하는 사업을 끼워 넣는다. 문제는 이 과정에서 꼭 필요한 사업들의 예산이 깎이는 경우가 많다는 점이다. 특히 예산안 심사 막판으로 가면 각 당 예산결산위원회 간사들로 구성된 소소(小小)위원회라는 비공식 협의체를 가동해 밀실에서 기록도 남기지 않고 각종 민원 예산을 끼워 넣기도 한다.

만약 국회에서 여·야 대립으로 예산안이 통과되지 않으면 어떻게 될까? 매년 가을에서 봄 사이면 미국 연방정부가 셧 다운에 들어갈 수 있다는 뉴스가 나온다. 셧 다운이란 국회에서 예산이 배정되지 않아 경찰이나 소방, 항공, 전기 등 국가가 유지되는 데 필수적인 서비스를 제외한 연방정부 기관이 일시 폐쇄되는 것을 의미한다. 예산은 국회에서 정해야 하는데 국회가 이런저런 이유로 회계연도가 시작되기 전까지 예산 편성을 하지 못하면 돈을 쓸 수 없어 정부가 문을 닫는 것이다. 이 기간 동안 연방 공무원들은 강제 무급 휴직에 들어가고, 필수 서비스 공무원들도 예산안이 타결될 때까지 돈을 받지 못한다.

우리나라도 과거에는 해마다 예산안이 해를 넘기기 전까지 통과되지 않으면 어쩌나 걱정했다. 실제로 국회나 기재부 출입 기자들은 한 해의 마지막 날인 12월 31일을 예산안 통과 기사와 함께 보내고는 했다. 그러나 국회선진화법에 따라 2014년부터는 예산안을 여·야가 합의하지 못하면 정부 예산안이 12월 2일 본회의에 자동 부의된다. 이 덕분에 2014년 이후로는 '올해 안에 예산안이 통과되지 않으면 어떡하나'라고 걱정하는 일은 아직 없다.

재정은 경제에 어떤 영향을 미칠까?

정부가 재정을 늘리거나 줄이는 것이 경제에 어떤 식으로 영향을 미치는 걸까? 얼핏 들어서는 이해하기 어려우니 예를 들어보자.

정부가 재정 지출을 늘려서 지하철 노선을 새로 만든다고 한다. 그러면 지하철 노선을 만드는 건설회사는 수입이 늘어나고 지하철 노선 건설 현장에서 일하는 근로자를 추가로 뽑게 된다. 일자리가 생긴 근로자는 식당이나 시장에서 더 많은 돈을 쓸 수 있게 되고 이로 인해 소비가 늘어나는 효과가 생긴다. 골목식당의 수입이 늘어나면 일손이 필요해진 식당 주인이 주방에서 일할 사람을 한 명 더 구하고, 그러면 다시 고용이 늘어나게 된다. '재정 지출 증가→민간 소득 증가→소비 증가→소득 증가'라는 선순환이 만들어진다.

이렇게 정부의 재정이 경제에 도움 되는 것을 '승수 효과'라고 한다. 재정 승수란 정부의 재정 지출 증가가 국내총생산(GDP)을 얼마나 늘려주는지를 보여주는 지표다. 재정 승수가 1이라면 정부 지출이 1조 원 늘었을 때 GDP도 1조 원 늘어난 것으로 본다. 승수 효과가 1 이상이면 정부가 돈을 쓸수록 이득인 셈이다.

재정을 늘린다고 경제가 늘 좋아지는 건 아니다

정부는 1년 예산을 짜지만 특별한 상황에서는 추가 경정 예산을 편성한다. 앞에서도 말했지만 추경은 예상치 못했던 대규모 자연재해나 새로운 법이 통과돼 돈을 써야 하는데 예비비가 부족할 때 편성한다. 또 경기가 급격히 나빠질 때도 추경이 필요하다.

정부가 처음 예산을 편성할 때는 그해에 경제 성장률이 얼마 정도 될 것으로 예상하고 그에 맞춰 세금이 얼마나 들어올지 미리 계산해본 뒤에 짠다. 그러나 경제가 예상만큼 성장하지 못하면 세수가 부족해지고 지출을 줄여야 하는 상황이 된다. 경기가 나빠지는데 정부가 예상만큼 돈을 쓰지 못하면 경기는 더 나빠질 수 있다. 그래서 긴급히 추경을 편성해 마중물 역할로 쓰는 것이다.

코로나가 세계를 덮치기 전까지 정부가 역대 가장 대규모 추경을 편성한 시기는 2009년이다. 2008년 글로벌 금융위기가 터졌는데 2009년 예산은 이미 국회에 제출돼 있었다. 어쩔 수 없이 2009년 예산안 통과와 함께 함께 추경을 편성했다. 당시 추경 규모는 28조 4,000억 원이었다. 2009년 본예산이 284조 5,000억 원이었으니 추경이 본예산의 10%나 될 정도로 많았다. 그 덕에 2009년 경제 성장률은 마이너스가 될 것이란 우려를 깨고 플러스 성장을 했다.

[역대 추경 규모]

	규모	내용
2015	11.6조원	메르스 사태·가뭄 대응
2016	11조	브렉시트, 기업 구조조정 영향 대응
2017	11조	일자리·민생안정 지원
2018	3.8조	청년 일자리·위기지역 지원
2019	5.8조	미세먼지·선제 경기 대응·강원산불 및 포항지진 피해 지원
2020 1차	11.7조	코로나19 파급영향 최소화·조기 극복
2020 2차	12.2조	전 국민 재난지원금 지급
2020 3차	35.1조	코로나19 경제위기 극복과 포스트코로나 시대 대비
2020 4차	7.8조	소상공인, 고용취약계층 등 지원
2021 1차	14.9조	방역상황 장기화 및 고용 악화 지원
2021 2차	34.9조	코로나19 피해 지원, 백신·방역, 고용·민생 등 지원

• 주: 2015년 이후 기준
• 자료: 기획재정부

이 기록은 코로나 2년 동안 깨졌다. 정부는 2020년에 네 차례에 걸쳐 66조 8,000억 원, 2021년에 두 차례에 걸쳐 49조 8,000억 원의 추경을 편성했다. 코로나 극복을 위한 조치였지만 2년 동안 누적 추경 규모가 130조 6,000억 원으로 이전 20년 치를 합친 것(123조 9,000억 원)보다 많았다. 정부와 국회가 무분별한 추경으로 국가 재정을 망치고 있다는 비판이 나왔다.

이렇게 재정을 늘리면 경제에 도움이 되니 정부 입장에서는 마구 돈을 쓰고 싶을 것이다. 그러나 그렇게 할 수가 없다. 우선 재정을 쓰는 것이 비효율적이기 때문이다. 재정 승수는 어떻게 쓰느냐에 따라 1이 안 되는 경우도 있다. 예를 들어 정부가 푼 돈이 수입품을 사거나 하는 식으로 해외로 빠져나가는 경우가 그렇다. 정부가 돈을 푼다고 100% 다 국내 소비로 이어지지 않는 경우도 있다. 재정이 만병통치약이 될 수 없는 것이다.

재정을 늘리는 것이 오히려 경기에 악영향을 미치기도 한다. 세금이 많이 걷혀 재정을 늘리는 데 문제가 없다면 괜찮지만, 세금이 덜 걷혀서 국채를 발행해 지출을 늘려야 할 때가 있다. 이런 경우에는 재정 확대가 경기에 부정적으로 작용할 수 있다. 국채 발행이 늘면 시장에서 금리가 올라가고 시장 금리 상승으로 기업들의 대출 비용이 늘어나기 때문이다. 기업이 투자를 줄이면 경기가 악화할 수 있다. 이를 '구축 효과'라고 한다.

재정 건전성도 이 문제에서 빼놓을 수 없다. 정부가 계속 빚을 내면서 재정을 늘리다 보면 '빚의 함정'에 빠질 수 있다. 2021년 말 기준, 한국의 GDP 대비 국가 채무 비율은 46.9%이다. 그동안 한국은 국가 채무 비율을 40% 아래로 관리해왔지만 코로나 사태로 재정을 확대하면서 국가 채무 비율도 함께 뛰었다. 아직 OECD 국가들과 비교해 건전한 편이지만 일각에서는 달러나 유로화, 엔화 등 기축통화를 쓰는 국가들을 제외하면 한국의 재정 건전성은 보통 수준이라는 평가도 있다. 기축통화를 쓰는 국가들은 급하면 얼마든지 돈을 찍어 재정을 확충할 수 있지만 그렇지 않은 국가들은 국가 채무가 늘어날수록 국채를 찍어내기 어려워진다.

반대 목소리도 있다. 우리나라는 정부가 너무 돈을 쓰지 않다 보니 그 대신 가계 부채를 증가시켰다는 주장이다. 우리나라의 GDP 대비 가계 부채 비율은 100%를 넘어섰다. 주요국과 비교해도 매우 높은 비율이다. 이런 가계 부채 대부분은 부동산 대출이다. 정부가 빚을 내 공공주택을 충분히 공급했다면 지지 않았을 가계 부채가 상당히 많다는 지적이다. 나라는 부자인데 국민은 가난해진 셈이다.

사실 정부 지출의 승수 효과는 전문가들 사이에서도 항상 논쟁이다. 한국은행은 〈조사통계월보〉 2016년 2월호에 실린 〈재정 정책 분석을 위한 신케인지언 모형 구축〉 보고서에서 우리나라의 재정 승수를 0.8로 분석했다. 그런데 한국은행이 2019년 9월에 발간한 〈새로운 재정 지출 식별방법을 이용한 우리나라의 정부 지출 승수 효과 추정〉(BOK 경제연구) 보고서에서는 정부 지출 승수 효과를 1.27로 산출했다. 같은 한국은행에서도 다른 결과가 나올 정도다. 돈에는 꼬리표가 달려 있지 않다 보니 재정이 어디에서 어떻게 쓰이는지 정확히 알 수 없는 바람에 재정 승수도 추정의 영역이 되기도 한다.

재정을 늘리기 힘들면 세금을 줄여주면 된다

경기가 어려울 때 재정을 늘려 경기를 회복시키는 것처럼 세금 부담을 줄여 경기를 부양시키는 방법도 있다. 법인세를 줄여주면 기업의 소득이 늘어나고 소득세를 줄여주면 가계 소득이 늘어난다. 그만큼 투자나 소비가 늘어날 수 있다.

전반적인 감세가 아닌 분야별 핀셋 정책도 있다. 가장 자주 등장하는 정책이 각종 소비 관련 세금을 줄여주는 것이다. 예를 들어, 자동차 산업이 어려울 때 정부가 "올해 안에 자동차를 사면 개별소비세를 절반으로 줄여주겠다"라고 하는 말을 들어본 적이 있을 것이다. 그러면 내년쯤 차를 사려던 사람도 이왕이면 올해 사는 것으로 계획을 바꾸거나 그만큼 자동차 옵션을 좋게 바꾸기 때문에 소비 촉진에 도움이 된다.

또한 기업의 고용과 투자 확대를 유도하기 위해 고용이나 투자를 늘리면 그만큼 세금을 줄여주는 방법도 있다. 실제로 우리나라는 한동안 기업들에 투자 세액 공제 혜택을 줬다. 저소득 근로자에게 주는 근로 장려세제(EITC)도 있다. 소득이 적은 근로자에게 세금을 걷지 않는 것은 물론 장려금을 주는 제도다. 사실 이 제도는 직접 돈을 주는 제도인 만큼 재정 정책으로 볼 수도 있지만 국세청이 주도하고 있어 조세제도로 분류된다.

그러나 EITC를 제외하면 감세 정책의 가장 큰 수혜자는 대기업이나 고소득자인 경우가 많다. 이 때문에 감세 정책이 부자를 위한 정책이라고 비판받는 것이다. 애초에 법인세나 소득세에서 대기업이나 고소득자가 차지하는 비율이 높다 보니(심지어 소득세 관련해 근로자의 절반 가까이가 세금을 전혀 안 내다 보니) 세금을 줄여줘 봐야 이들이 가장 혜택을 받는 것도 사실이다. 그래서 많은 사람은 세금을 깎기보다 재정 지출을 늘리는 것이 경제에 더 낫다는 주장을 편다. 실제로 2017년 4월 한국은행 경제연구원이 발간한 〈경제분석〉에 따르면 세금을 깎아주는 것보다 재정 지출을 늘리는 것이 경제 성장에 효과가 더 크다고 나온다.

하지만 재정과 세제 정책에는 100%라는 건 없다. 법인세율이 너무 높으면 많은 기업이 세율이 낮은 해외로 본사나 공장을 옮기기 마련이다. 또 해외 투자 유치에도 어려움을 겪을 수 있다.

재정 정책을 이용해 돈을 벌 수도 있다

재정 정책은 정부가 돈을 쓰는 사업이어서 어떤 사업에 돈을 쓰느냐에 따라 내 삶에 큰 변화가 있을 수 있다. 투자관점에서도 그렇다. 대표적인 사업이 바로 사회간접자본(SOC)에 대한 투자다. 내가 사는 집 근처에 새로 지하철을 놓겠다고 정부가 발표하면 부동산 가격이 들썩이게 된다.

그러나 정부 발표만 믿고 바로 부동산에 투자했다가는 오히려 낭패를 볼 수도 있다. 정부가 투자를 결정하고 집행하기까지에는 여러 단계가 있다. 한 단계를 넘었다고 해서 무조건 집행이 이뤄지지 않는다. 시간도 오래 걸린다. 중간에 엎어지는 사업이 비일비재하다. 소중한 내 돈을 지키기 위해서는 정부의 재정 정책이 어떻게 집행되는지를 분명하게 이해할 필요가 있다. 지하철 사업을 예로 들어보자.

242

정부의 투자 발표를 곧이곧대로 믿으면 안 된다

서울시가 우리 집 앞으로 지하철 10호선을 새로 놓겠다고 발표했다면, 이것은 아직 지자체의 계획 수준이다. 이 계획이 국토교통부 철도 사업 계획에 포함돼야 의미가 있다. 국토부를 통과해도 기획재정부의 예비타당성조사(예타)를 통과해야 한다. 정부는 총사업비가 500억 원 이상이고 국고 지원이 300억 원을 넘는 사업은 사업의 정책적·경제적 타당성을 미리 검증하고 평가한다. 이를 예비타당성조사라고 하는데 이를 통해 할 만한 사업이라는 평가를 받아야만 사업이 진행된다. 이 과정이 길면 10년 가까이 걸리기도 한다. 중간에 예타를 통과하지 못해 사업을 접는 경우도 많다.

예타를 통과한다고 바로 다음 날 착공이 되는 것도 아니다. 착공까지 적지 않은 시간이 더 필요하고, 착공 후에도 정부 재정 사업에 따라 완공까지 시간이 예상보다 길어질 수 있다. 즉, '지하철 놓겠다'라고 발표한다 해도 실제 개통해 이용하기까지는 최소 10년은 걸리는 셈이다. 그마저도 실제 사업이 안 되는 경우가 부지기수다. 이 때문에 지자체나 정부의 SOC 사업이라도 얼마나 진행됐는지, 정부 재원은 얼마나 들어가는지, 예타를 면제해주는지 등을 꼼꼼하게 따져서 투자 타이밍을 정해야 한다.

각종 정부 지원 사업도 중요하다. 정부가 재정을 풀어 특정 산업을 지원한다면 이 산업은 소위 국가가 밀어주는 것이니 눈여겨봐야 한다. 실제로 이명박 정부에서는 4대강 사업이나 자원 외교 사업에 재정을 투자하면서 관련 테마주가 유행을 탔다. 수소 경제나 미세먼지 대책 관련 테마주가 인기를 끌기도 했다. 역시 정부 재정이 투입되는 산업들이었다.

정부가 재정을 늘린다고 할 때 조심해야 하는 분야도 있다. 바로 채권 시장이다. 앞에서도 설명했지만 정부가 국채 발행을 늘리면 채권금리가 오르는 구축 효과가 발생한다. 특히 추가 경정 예산을 편성할 때 그렇다. 세금이 많이 걷혀 전년도에 남은 세금으로 추경을 편성하면 몰라도 대부분은 적자 국채를 발행해 추경을 편성한다. 그러면 추경 편성한 만큼 예상 못한 국채가 채권 시장에 풀리게되고 채권금리 상승으로 이어진다. 채권 투자자 입장에서는 채권값이 떨어지게 되니 손해를 볼 수 있다.

세금으로 돈 버는 법

세제도 중요하다. 투자의 관점에서 가장 중요한 건 역시 법인세다. 법인세율을 낮추면 그만큼 세금을 덜 내고, 세금을 덜 내는 만큼 순이익 증가로 이어진다. 미국 주요 주가지수가 2017년부터 급격히 올랐던 것에는 미국의 법인세율 인하도 큰 영향을 미쳤다. 도널드 트럼프는 2017년 대통령에 취임한 후, 법인세율 인하를 추진했고 미국 행정부는 2018년 법인세 최고 세율을 35%에서 21%로 낮췄다. 그러니 법인세율 인하 분위기가 있을 때는 주식 투자의 기회라고 할 수 있다.

세금 정책은 부동산 투자에서도 매우 중요하다. 당장 내 투자 비용이 달라질 수도 있고 부동산 가격 상승이나 하락에도 큰 영향을 미치기 때문이다. 최근 '똑똑한 한 채'라는 말이 나오는 것도 이런 부동산 관련 세금 정책 때문이다.

일단 '종합부동산세(종부세)'의 경우 1가구 1주택자는 공시지가가 9억 원을 넘을 때 종부세를 낸다. 9억 원이 넘더라도 부부 공동명의로 하면 공시지가 기준으로 12억 원까지는 종부세를 내지 않아도 된다. 반면 2주택 이상 소유자의 경우 보유한 모든 주택의 공시지가를 더해 총 6억 원만 넘어도 종부세를 내야 한다. 그래서 어설프게 2주택자가 되는 것보다 괜찮은 집 한 채를 마련하는 게 낫다는 이야기가 나온다.

양도세도 따져봐야 한다. 지난 정부에서 양도세 감면 기준을 강화하면서 부동산 투자가 어려워졌다. 과거에는 임대사업자로 등록해 임대 의무기간(8년)을 충족한 뒤 집을 팔면 양도세를 100% 면제해줬지만 이제는 이런 혜택이 사라져 매매 차익을 통한 기대 수익이 크게 줄게 됐다. 웬만큼 집값이 오르지 않은 이상 각종 비용 등을 고려하면 금융 상품과 비교해 더 높은 수익률을 올리기 어렵게 된 것이다.

"나는 부동산이나 주식 투자는 하지 않을 거야"라고 말하는 사람도 많다. 이런 사람도 세제는 알아둘 필요가 있다. 내 지갑에서 빠져나가는 돈을 아낄 수 있게 해주기 때문이다. 일단 비과세 금융 상품이 있다. 사실 금액으로 보면 얼마 되지 않는 돈이라고 할 수도 있지만, 가만히 앉아서 몇 만 원에서 몇 십만 원까지 아낄 수 있으니 마다할 이유가 없다.

자신이 사는 지역의 농협이나 수협, 신협, 새마을금고 등 지역 조합에 일정 금액을 지분으로 출자하거나(1,000만 원까지) 예탁하면 (3,000만 원까지) 비과세 혜택을 받을 수 있다. 또 월 적립식 저축보험은 10년 이상 장기로 가입하면 월 보험료 150만 원까지는 비과세 혜택을 받을 수 있다. 목돈을 한 번에 내고 연금 형태로 돈을 받는 즉시연금도 비상속형 종신형으로 가입하면 비과세다.

매년 달라지는 연말정산은 반드시 숙지해둬야 세금을 아낄 수 있다. 예를 들어, 카드를 쓰거나 현금을 쓰고 현금영수증을 받으면 소득 공제 혜택을 받을 수 있다. 이때 신용카드보다 체크카드가 공제율이 높으니 당연히 체크카드가 세금 아끼는 데 유리하다. 또 맞벌이 부부라면 일반적으로는 소득이 많은 사람 이름으로 된 카드로만 소비해야 공제 혜택을 많이 받을 수 있다. 다만 소비가 많지 않다면 공제요건에 미치지 못할 수 있으니 누구 이름의 카드로 소비할지 미리 설계해야 한다. 이외에도 연금저축처럼 세액 공제 혜택을 주는 상품에 가입하고, 안경 구입비나 중·고생 교복, 취학 전 아동 학원비, 기부금 등은 연말정산 간소화서비스에서 확인하기 어려우니 직접 자료를 준비해둬야 한 푼이라도 세금을 아낄 수 있다.

3장

정부의
보이지 않는 칼,
규제

MB와 박근혜, 노무현과 문재인의 공동의 적

"기업이 투자하고 싶어도 여건을 만들어줘야 할 수 있다. 트레일러가 지나갈 수 있도록 전봇대를 옮겨 달라고 해도 몇 달이 돼도 안 옮긴다. 공장을 유치하면 뭐 하느냐? 사소한 것도 안 되는데…."

이명박 전 대통령은 대통령 당선인 시절이던 2008년 1월 18일 대통령직인수위 간사회의에서 작심한 듯 '전봇대'를 언급했다. 2년 전 야당 정치인 시절, 전남 영암군 대불국가산업단지를 방문했을 때 지역 기업들이 애로사항으로 얘기한 전봇대가 아직도 그대로라면서 "당장 전봇대를 뽑으라"고 말한 것이다. 이 전 대통령이 대한민국 공무원들의 대표적인 탁상행정의 사례로 든 대불공단 전봇대는 그 후 이틀 만에 뽑혔다. 기업들이 수년 동안 해결해 달라고 요청해도 꿈쩍 않던 전봇대가 대통령 당선인의 말 한마디에 뽑힌 것이다. 이 전봇대 사건은 이명박 정권의 친기업 행보를 보여주는 첫 번째 사례이자 가장 대표적인 사례로 남았다.

그렇다고 이명박 정권 때만 '규제와의 전쟁'을 벌인 것은 아니다. 진보든, 보수든 어느 쪽이 정권을 잡아도 결국 규제와의 전쟁이라는 카드를 뽑아 들었다. 김대중 전 대통령은 기요틴(단두대)을 언급하며 규제를 단두대처럼 철폐하겠다고 공언했고, 노무현 전 대통령은 규제 총량제를 도입했다.

박근혜 전 대통령은 좀 더 원색적인 표현을 써가며 규제와의 전쟁에 나섰다. 박 전 대통령은 규제를 '원수'나 '암 덩어리'로 부르면서 대대적인 규제 철폐에 나섰다.

문재인 전 대통령도 마찬가지였다. 문재인 전 대통령은 붉은 깃발과 싸웠다. 문 전 대통령은 2018년 8월 인터넷전문은행 특별법 도입에 힘을 실어주기 위해 규제 혁신 행사에 참여한 자리에서 영국의 적기조례를 거론했다. 영국은 19세기 자동차가 등장하자 자동차 앞에 붉은 깃발(적기)을 든 기수가 앞서가도록 했다. 마차업자를 보호하기 위해 마차보다 성능이 뛰어난 자동차의 속도를 강제로 제한한 것이다. 하지만 영국 정부의 규제에도 불구하고 결국 자동차는 마차를 제치고 현대 사회를 대표하는 운송 수단으로 자리 잡았다. 문 전 대통령이 언급한 '붉은 깃발'은 이후 문재인 정부 규제 개혁의 상징적인 단어가 됐다.

이렇게 한국의 모든 정권은 빠짐없이 규제와의 전쟁에 나섰다. 이는 두 가지 사실을 일러준다.

첫째, 규제와의 전쟁이 경제 정책의 성과를 가르는 중요한 요인이었다는 점이다. 외환위기 이후 고성장 시기가 끝난 한국 입장에서는 새로운 성장 동력을 찾아야 했고, 이 과정에서 불필요한 규제를 정비하는 건 불가피한 일이었다.

문제는 여기에 있다. (둘째) 모든 정권이 규제와의 전쟁에 나섰다는 건 다시 말해 모든 정권이 규제와의 전쟁에서 패했다는 뜻이기도 하다. 역대 어느 정권도 규제와의 전쟁에서 이겼다고 선언한 적이 없다. 실제로 1998년 1만 185건이었던 국내 규제 건수는 2015년에 1만 4,688건으로 늘었다. 김대중, 노무현, 이명박, 박근혜 정부가 모두 규제를 줄이겠다고 공언했음에도 말이다. 도대체 규제란 무엇이길래 이렇게 생명력이 끈질긴 걸까? 그리고 규제의 이점은 없는 걸까? 정말 모든 규제는 사라져야 할 '절대악' 같은 걸까?

규제란 무엇인가?

뉴스만 보다 보면 규제를 '절대악'으로 생각하기 쉽다. 규제는 '철폐'하거나 '혁신'하거나 '뛰어 넘어야 할' 무언가로만 묘사되기 때문이다.

여기에서 근본적인 질문이 하나 나온다. 이렇게 규제가 나쁘면 애초에 규제를 왜 만든 걸까? 처음부터 규제를 만들지 않았다면 규제를 없애려고 이렇게 노력할 필요도 없을 텐데 말이다.

규제는 헌법이 정한 정부의 역할

마치 모두가 규제를 없애기 위해 노력하는 것처럼 보이지만, 사실 규제는 공기와 마찬가지로 우리의 삶에 필수 불가결한 존재다. 우리는 매일 숨을 쉬면서 살아가지만 공기를 느끼면서 사는 사람은 없다. 규제도 마찬가지다. 우리가 하는 거의 모든 사회생활, 경제생활의 근간에 규제가 존재한다. 규제의 존재를 매 순간 느끼지는 않지만, 규제는 언제나 우리의 곁에 있다.

규제의 영어 명칭인 'Regulation'은 라틴어에서 온 말이다. 라틴어 'Regula'는 척도(Ruler), 규칙(Rule)이라는 뜻을 가지고 있다. 우리 사회에서 모두가 지켜야 하는 규칙의 대표적인 것이 '법규'다. 결국 규제라는 말을 쉽게 바꾸면 '세상을 살아가면서 모두가 지키기로 약속한 법규'라고 볼 수도 있다.

실제로 규제는 우리 법체계의 근간인 헌법에도 등장한다. 헌법 제119조에는 '국가는 균형 있는 국민 경제의 성장 및 안정과 적정한 소득의 분배를 유지하고, 시장의 지배와 경제력의 남용을 방지하며, 경제 주체 간의 조화를 통한 경제의 민주화를 위하여 경제에 관한 규제와 조정을 할 수 있다'라는 문구가 나온다. 헌법은 정부에 규제를 하라고 분명하게 명시하고 있다.

경제적인 측면에서 보면 규제는 시장의 실패를 보완하기 위해 필요한 법규이자 안전망이다. 전통적인 경제학은 시장 경제체제에서 시장의 역할을 절대적으로 보고 있다. 시장에 모든 것을 맡기면 자원이 적절하게 분배되고 효율적인 경제 성장이 가능하다고 설명한다. 하지만 실제 경제가 작동하는 과정에서 이 이론은 허점을 많이 드러냈다. 가장 대표적인 시장 실패는 독점 기업의 탄생이다. 시장주의에 의해 탄생한 독점 기업은 역설적으로 시장이 제대로 작동하지 못하게 막는다. 규제는 이런 시장의 실패를 바로잡기 위해 시작됐다.

규제를 줄이면 경제 성장률은 높아진다?

규제는 자동차 브레이크와 같다. 브레이크가 없는 자동차는 매우 빠르게 달릴 수 있다. 그러나 안전하지 못해 결국 사고가 난다. 반면 브레이크를 너무 많이 밟으면 자동차 속도가 느려지고 최악의 경우 앞으로 나가지 못한다.

규제가 아무리 좋은 목적으로 도입된 제도라고 해도 시간이 지나면서 규제를 유지함에 따라 발생하는 비용을 무시할 수 없다. 심지어 규제가 도입된 목적을 달성하더라도 사라지지 않고 그대로 남아 경제 활동을 방해하는 경우도 많다. 이런 규제는 기업의 활동을 방해하고 투자를 막는 장애물로 작용한다. 원래 의도와는 다른 방식으로 규제가 활용되면서 경제 전체의 효율을 떨어뜨리는 것이다.

지주회사 규제가 대표적이다. 정부는 외환위기를 겪으면서 대기업의 계열사 간 과도한 상호출자가 문제라는 것을 깨닫는다. 그리고 얽히고설킨 대기업의 지배 구조를 단순화시키기 위해 지주회사 제도를 도입한다.

문제는 지주회사제도를 도입하면서 금융 자본과 산업 자본을 분리한다는 목적으로 일반 지주회사는 금융회사를 자회사로 보유할 수 없고, 금융 지주회사는 일반 자회사를 보유할 수 없게 됐다. 금융회사는 주로 고객들의 투자금을 바탕으로 운용되는데 산업 자본과 금융 자본이 무분별하게 섞이면 위기 때 산업 자본이 무너지면서 금융회사에 투자한 투자자들이 손해를 볼 수 있다는 우려 때문이었다. 규제가 만들어질 당시에는 목적이 좋다고 했지만, 제도를 도입한 지 20년이 지난 지금은 대표적인 낡은 규제가 됐다. 지주회사 규제가 아니어도 금융감독원의 각종 규제를 통해 얼마든지 관리할 수 있다. 그런데도 이 제도가 유지되면서 대기업들은 정부가 권장하는 지주회사가 되려면 갖고 있는 금융회사를 팔아야 한다. 예컨대 롯데는 지주회사로 체제를 전환하면서 롯데카드 등 각종 금융 계열사를 매각하게 됐다. 반면 지주회사체제가 아닌 삼성은 여전히 삼성카드와 삼성생명, 삼성화재 등 금융 계열사를 보유하고 있다. 정부가 권장하는 지주회사로 바꾸면 오히려 차별을 당하는 것이다. 삼성이 지주회사체제로 전환하지 못하는 것도 이 때문이다. 지주회사로 전환했을 때 지주회사 '삼성'이 삼성생명 등 금융 계열사를 보유하거나 삼성생명 등 금융 계열사들이 삼성전자 등 일반 회사를 보유하지 못하다 보니 지주회사체제 도입이 어려운 것이다.

모든 규제가 시장 실패를 개선하기 위해 도입된 게 아니라는 점도 중요하다. 많은 정부가 경제적인 이유가 아니라 정치적인 이유로, 때로는 사회 갈등을 조절하기 위해 규제를 도입한다. 이렇게 도입된 규제는 그 자체로 경제에 좋지 않은 영향을 미칠 수밖에 없다. 예컨대 1982년에 제정된 '수도권정비계획법'은 서울과 인천, 경기도를 수도권으로 묶고 공장 총량제를 적용하고 있다. 수도권 과밀화를 이유로 만들어진 이 법에 따라 사실상 수도권 내에 새로운 공장을 짓는 것이 불가능해졌다. 문제는 이 규제를 풀려고만 하면 현재 지역구에 있는 공장들이 수도권으로 들어갈 것으로 걱정하는 비수도권 의원들이 반대해 40년 가까이 규제가 풀리지 않고 있다는 것이다. 그 사이 수도권 투자가 막힌 기업들은 지방이 아닌 더 좋은 입지의 해외로 떠나며 법 취지도 제대로 살리지 못한다는 지적이다.

이렇게 다양한 규제가 얽히고설키면서 경제 활력을 떨어뜨리는 결과로 이어진다. 한국은행은 1998년부터 2005년까지의 OECD 자료를 활용해 규제가 시장 역동성에 미치는 영향을 분석했다. 분석 결과에 따르면 규제 수준이 10% 낮아지면 총요소 생산성 증가율이 약 0.3%p 확대되는 것으로 나타났다. 규제 완화를 통해 총요소 생산성을 증대하고, 이를 통해 성장 잠재력을 키울 수 있다는 것이다. 총요소 생산성이란 노동과 자본의 투입량으로 설명되지 않는 부가가치의 증가분이다. 일종의 기술 혁신이라 볼 수 있다. 특히 금융이나 의료, 교육 등 서비스 산업에서 규제 완화의 효과가 큰 것으로 분석됐다. 불가리아의 경제학자 드얀코프(S. Djankov)는 전 세계 135개국의 규제 수준과 경제 성장률을 비교한 2006년 연구에서 규제 강도가 가장 강한 국가가 규제 수준을 가장 약하게 낮출 경우 경제 성장률이 2.3%p 증가할 수 있다고 주장하기도 했다. 그는 규제 강도가 커질수록 자원의 비효율적인 배분으로 기업이 부담해야 하는 비용이 커진다고 설명했다.

한국은 정말 규제 대국일까?

대한상공회의소는 2019년 5월 한 보고서를 통해 한국의 진입 규제환경은 조사 대상 54개국 가운데 38위라고 밝혔다. 독일(8위), 미국(13위), 일본(21위) 같은 선진국은 물론이고 중국(23위), 이집트

(24위) 같은 국가보다도 순위가 낮았다. 그만큼 진입 규제가 높다는 것으로 기존 시장에 새로운 혁신자가 탄생하기 어렵다는 뜻이다. 대한상공회의소는 '혁신적인 아이디어가 나와도 기존 사업자가 반대하면 한국에서는 신산업이 크지 못한다'라고 지적했다.

실제로 한국에서는 규제에 가로막혀 성장이 더딘 신산업이 한둘이 아니다. 삼성전자는 2017년 스마트폰 갤럭시S8을 내놓으면서 의사와 영상으로 상담할 수 있는 서비스를 탑재했다. 그러나 한국에서는 규제 탓에 이용할 수 없었고 미국에서만 쓸 수 있는 서비스로 전락했다. 해외에서는 빠르게 성장한 P2P 금융도 한국에서는 오랫동안 정식 금융 서비스로 인정받지 못했다. 드론 관련 규제가 풀리는데도 몇 년이 걸렸다.

차량 공유 서비스는 기존 사업자인 택시업계의 강한 반발 탓에 한국에 제대로 자리 잡지 못하고 오랜 시간 표류했다. 정부는 규제 완화와 혁신 성장을 외쳤지만, 정작 규제를 풀어야 할 순간에는 주저하고 멈칫하기 일쑤였다.

하지만 한국을 규제 대국이라고 하기에는 모호한 구석이 많다. OECD가 정부 입법 규제 입안과정을 중심으로 34개 회원국의 규제 정책을 평가한 결과를 보면, 한국은 대부분의 부문에서 상위권에 들었다. 2018년 평가 결과를 보면 이해관계자 참여 법률 부문에서 4위를 차지했고, 규제 영향분석 법률 부문에서는 3위였다. 다른 부문도 대체로 3~6위 안에 들었다. 규제 관리체계만큼은 OECD 어느 국가와 비교해도 뒤떨어지지 않는 것이다.

전문가들은 한국의 규제체계가 다른 국가와 비교해 부족하기보다는 정보기술(IT) 발전 속도가 빠르다 보니 관련한 이슈도 많이 터져 나온다고 보기도 한다. 신산업 등장 속도가 워낙 빠르다 보니 규제가 이 속도를 쫓아가지 못해 기존 규제와 신산업 사이의 마찰음이 크다는 설명이다.

규제는 정부의 힘 그 자체

정부 규제는 국가마다 문화나 사회적 여건, 지리적 여건 등에 따라 무궁무진하지만 크게 몇 가지 분류로 나눌 수 있다.

우선 규제가 적용되는 시점에 따라 사전적 규제와 사후적 규제로 나눌 수 있다. 사전적 규제는 문제가 일어나기 전에 문제의 발생을 막기 위해 적용하는 규제다. 사후적 규제는 문제가 발생한 이후에 그와 관련된 처벌을 위해 적용되는 규제라고 볼 수 있다. 사후적 규제도 그 처벌의 강도에 따라 경제 주체가 문제가 될 행동을 하지 못하도록 막는 사전적 규제의 기능을 할 수 있다.

규제 완화를 놓고 펼쳐지는 진보 진영과 보수 진영 간의 싸움을 정확하게 이해하기 위해서는 사전적 규제와 사후적 규제를 구분할 필요가 있다. 규제를 완화할지, 말지를 놓고 벌어지는 다툼은 결국 사전적 규제를 사후적 규제로 바꿀 것인지를 놓고 다투는 것과 마찬가지다.

사전적 규제의 대표적인 사례가 산업 자본이 은행을 가지지 못하도록 하는 '은산분리' 정책이다. 산업 자본은 쉽게 말해서 재벌을 말한다. 삼성그룹은 삼성전자, 삼성중공업, 삼성생명, 삼성증권 등 수많은 계열사를 가지고 있지만 삼성은행은 없다. 마찬가지로 LG은행이나 SK은행, 한화은행도 없다. 이런 재벌 계열의 은행이 없는 이유가 바로 은산분리 규제 때문이다. 삼성 같은 재벌이 은행을 소유했을 때 생길 수 있는 여러 문제를 우려해 애초에 은행을 가지지 못하도록 막은 것이다.

[은산분리 규제의 역사]

1961년	박정희 정부, 시중은행을 국유화하며 은산분리 첫 시작
1982년	전두환 정부, 동일인 보유 가능 은행 주식 8%로 제한
1994년	동일인 보유 가능 은행 주식 상한 8%→4%로 축소
2002년	동일인 주식 보유 한도는 10%, 산업자본 지분 한도는 4%로 제한
2009년	산업자본 지분 한도, 4%→9%로 완화
2013년	산업자본 지분 한도, 9%→4%로 재축소
2015년	박근혜 정부, 인터넷전문은행 인가 … 은행법 개정 추진
2016년	국회, 산업자본 지분 한도 34% 또는 50%로 늘리는 법 발의
2017년	4%룰 하에서 인터넷은행인 케이뱅크, 카카오뱅크 첫 출범
2018년	문재인 정부 · 여당, 은산분리 규제 완화 추진
2019년	ICT 기업에 한해 산업자본의 은행 지분 보유 한도 34%로 확대

사전적 규제는 이런 식으로 경제 주체의 권리 행사를 아예 막기 때문에 정부가 행사할 수 있는 굉장히 강력한 힘이라고 볼 수 있다. 정부가 쥐고 있는 다양한 면허권도 사전적 규제의 하나로 볼 수 있다. 새로운 금융회사를 설립하려면 금융위원회가 허가를 내줘야 하

고, 항공사가 새로운 지역에 취항해 항로를 만들려면 국토교통부로부터 운수권을 받아야 한다. 금융회사를 설립하려는 회사나 항공사가 아무리 돈이 많고 뛰어난 경영진을 데려와도 정부가 허가를 내주지 않으면 사업을 시작도 못 한다.

이렇게 사전적 규제가 너무 강력하기 때문에 재계는 늘 사전적 규제를 줄여야 한다고 주장한다. 문제가 생길지, 생기지 않을지 알 수도 없는 상황에서 일단 규제부터 하고 보는 건 지나친 행정 편의적인 생각이라는 주장이다. 실제로 개혁 성향의 시민단체나 학자들도 사전적 규제를 줄이고 사후적 규제를 늘려야 한다는 데에는 대체로 동의한다. 다만 어떤 규제를 어느 정도 수준으로 줄일지를 놓고 늘 다툼이 생긴다.

그렇다고 사후적 규제라고 해서 만만하게 볼 수 있는 것은 아니다. 최근에는 각국 정부가 사전적 규제를 줄이는 대신 사후적 규제의 강도를 높이는 방식으로 규제 정책을 펼치고 있다. 사업 기회를 뺏는 대신에 일단 사업을 할 수 있게 해주고 문제를 일으키면 일벌백계하겠다는 것이다.

최근에는 '포지티브(Positive) 규제'를 '네거티브(Negative) 규제'로 바꾸자는 식으로도 설명한다. 우리나라 규제체제는 기본적으로 할 수 있는 것들을 열거해놓는 포지티브 규제다. 가능하다고 명시된 것 외에는 모두 안 된다는 의미다. 일종의 사전적 규제다.

예를 들어 정부가 'A 마트에서는 식료품, 가전제품, 생활용품만 팔 수 있다'라고 규제하면 포지티브 규제다. 이렇게 되면 A 마트는 팔 수 있는 것들이 딱 정해져 있다. 문제는 마트에서 충분히 팔 수 있지만 앞에서 언급한 범주에는 들어가지 않는 새로운 상품이 나온다면 A 마트에서는 팔 수 없게 된다. 규제 때문에 신사업이 막히는 것이다.

반면 네거티브 규제는 안 되는 것들만 열거해놓는 방식이다. 'A 마트에서는 의약품과 금융상품, 그 외 법에서 매매가 금지된 것은 팔 수 없다'라고 규제하면 이건 네거티브 규제다. 이렇게 되면 팔지 말라고 정해준 것 외에는 모든 것을 팔 수 있으니 훨씬 자유롭다. 대신 뭔가를 팔다가 문제가 생기면 규정을 바꿔 팔 수 없는 것을 추가해야 한다. 정부 입장에서는 사고가 터진 다음에야 대처할 수 있어 대응이 느리다는 단점이 있다.

규제를 구분하는 또 다른 방법은 사회적 규제와 경제적 규제로 나누는 것이다. 사전적 규제와 사후적 규제가 시점에 따라 나누는 방식이라면 사회적 규제와 경제적 규제는 규제가 적용되는 범주와 관련이 있다.

우선 사회적 규제는 크게 환경 규제와 산업재해 규제, 소비자 안전 규제, 사회적 차별 규제 등으로 나뉜다. 미세먼지 문제를 해결하기 위해 공장의 배출가스 양을 규제하거나 공장 근로자의 안전을 위해 작업 시간을 제한하는 것이 대표적인 사회적 규제다. 주로 환경, 노동과 관련된 규제라고 보면 된다.

반면 경제적 규제는 진입 규제, 가격 규제가 대표적이다. 경제적 규제가 나오는 가장 큰 이유는 독과점에 대한 우려 때문이다. 시장에서 경쟁이 제대로 작동하지 않을 것이라는 우려, 그래서 제품의 가격이 필요 이상으로 비싸게 책정되고 제대로 물건이 공급되지 않을 것이라는 우려 때문에 정부는 경제적 규제를 꺼내 든다.

과거 규제 철폐론자들은 경제적 규제를 주로 타깃으로 잡았다. 정부가 진입·가격 규제를 통해 직접 시장에 개입하는 것은 문제를 일으킬 뿐이라는 이유에서다. 하지만 최근에는 사회적 규제로 전장이 옮겨가는 모양새다. 미세먼지나 산업재해가 사회적 이슈로 떠오르고, 사람들이 삶의 질에 관심을 많이 가지면서부터다.

재벌과의 싸움

정부가 추진한 규제와의 전쟁의 역사를 돌아보면 재벌과의 전쟁이라고 해도 될 정도다. 그만큼 정부 규제의 칼끝은 늘 재벌을 겨누고 있었다.

정부의 재벌 규제가 시작된 건 1980년대다. 1981년에 정부는 '독점 규제 및 공정 거래에 관한 법률(공정거래법)'을 시행했다. 담합과 불공정 거래행위를 막기 위한 법률이 처음 등장한 것이다. 지금의 공정거래위원회가 하는 일이 바로 이 법률에서 시작됐다.

하지만 1980년대에만 해도 공정위는 경제기획원 산하의 부서 하나에 불과했다. 공정위가 경제기획원에서 독립해 별도의 부처가 된건 1990년 5월이다. 1980년대에 재벌의 문어발식 확장이 문제가되면서 정부는 재벌을 규제하기 위한 각종 제도를 도입했다. 대기업집단의 상호출자가 금지되고 출자총액제한제도가 시행된 것도 이때다. 상호출자는 독립된 법인들이 자본을 상호 교환하는 식으로 다른 법인의 주식을 보유하는 것을 뜻한다. 재벌은 계열사 간 상호출자를 통해 지배력을 강화했는데, 1987년부터 상호출자는 금지됐다. 1990년 출범한 공정위는 이런 각종 재벌 규제를 집행하기 위한 정부 부처였다.

정부의 재벌 규제는 1990년대 후반에 다시 한 번 대대적으로 강화된다. 외환위기를 불러온 원인 중 하나가 재벌의 문어발식 확장과 무분별한 차입 관행이었기 때문이다. 재벌을 통제해야 한다는 여론이 높아졌고 정부는 재벌을 규제하기 위한 방안을 여러 개 내놨다. 계열사 간 내부 거래를 철저하게 감시하기 시작했고, 지주회사로의 전환을 유도하기 시작한 것도 이때부터다. 사외이사제도가 본격적으로 시행됐고 소액주주의 권리도 강화됐다. 지주회사체제는 한국 재벌에 흔하던 순환출자체제와 비교하면 주식 소유의 흐름이 단순해서 투명성과 책임성의 측면에서 선진 경영체제라는 평가를 받는다.

규제를 둘러싼 정부와 재벌의 신경전은 문재인 정부에서도 계속됐다. 문재인 정부는 재벌 개혁을 내세웠고, 재벌 개혁운동으로 유명한 김상조 교수를 공정거래위원장에 임명하기도 했다. 이후 김상조 교수는 청와대 정책실장에 임명됐다.

하지만 각종 경제지표가 악화하면서 대기업의 투자 확대를 유도하기 위해 재벌 규제의 고삐를 느슨하게 쥔다는 평가도 나온다. 문재인 정부가 현대자동차그룹이 땅값으로만 10조 원이 넘는 돈을 투자한 삼성동 글로벌비즈니스센터(GBC)에 대한 건축심의를 통과시킨 일 등이 있기 때문이다.

정부 규제의 대리자들

규제는 정부가 가진 강력한 권한이지만 이 힘을 정부가 늘 직접 행사하는 건 아니다. 정부가 직접 나서지 않더라도 정부의 규제 정책을 대신 집행할 수 있는 기관은 많다. 국회가 입법을 통해서 정부 규제를 뒷받침하기도 하고 때로는 정부의 영향력이 미치는 공기업이 나서서 규제 정책을 내놓기도 한다. 최근에는 국민의 노후자금을 굴리는 국민연금이 스튜어드십 코드를 통해 기업 경영에 참여하기도 한다.

이런 간접적인 방식의 규제는 정부가 직접 나서지 않는다는 점에서 정부의 행정력을 아끼고 빠른 규제 효과를 기대할 수 있다는 장점이 있다. 반면 정부가 공기업의 이해관계를 무시하고 규제 집행을 떠맡긴다는 비판도 받는다.

과거에는 공기업을 통해 이뤄지는 규제 정책이 정부가 직접 나서는 것과 다름없이 받아들여졌지만, 최근에는 이 둘을 분리하는 경향이 강하다. 공기업 내부에서도 정부의 규제 집행에 동원되는 것에 반감이 크고, 시장에서도 공기업을 통한 규제에 반발하는 경우가 많다.

정부와 시장 사이에 위치한 공기업

공기업은 공공의 목적을 위해 정부가 직간접적으로 투자해 소유권을 갖고 있거나 통제권을 행사하는 기업을 말한다. 일반적인 행정기관과 다른 점은 기업이기 때문에 수익성을 추구해야 한다는 점이다. 예컨대 국가 전력 생산과 유통, 관리 등을 담당하는 한국전력공사는 공공의 목적을 위해 존재하는 동시에 기업이기 때문에 수익성도 신경 써야 한다. 특히 주식 시장에 상장된 기업이기 때문에 수익성에 대한 고민이 더 클 수밖에 없다.

공기업이 정부의 규제 집행 대리인 역할을 할 때 생기는 가장 큰 문제가 바로 여기에 있다. 공기업도 기업인 이상 수익성을 관리해야 하는데 정부의 규제 집행을 맡다 보면 수익성을 포기해야 하는 경우가 생긴다.

한국전력공사의 사례를 보자. 한국전력공사의 2022년 3분기 말 기준, 총부채(연결 기준)는 약 177조 8,000억 원으로 문재인 정부 출범 직전인 2016년 말(약 104조 8,000억 원)보다 73조 원가량 늘었다. 부채비율은 143.4%에서 223.2%로 80%p 가까이 솟구쳤다. 2021년에는 국내 상장사 역대 최대인 6조 원에 가까운 영업 손실을 내기도 했다.

한전의 경영상황이 이렇게 악화한 이유는 뭘까? 가장 큰 이유는 정부가 시행하기로 한 안전 규제다. 정부는 발전 부문의 안전 규제를 대폭 강화하고 있는데 이 때문에 비용이 증가하면서 발전 공기업의 경영에 나쁜 영향을 미쳤다. 여기에다 정부가 추진하는 신재생에너지 투자 확대의 실제 집행도 발전 공기업이 맡고 있다. 아직 수익성이 좋지 않은 신재생에너지에 투자를 늘리다 보니 발전 공기업의 실적이 좋아질 수가 없다. 문재인 정부가 추진했던 탈원전 정책도 발전 공기업 실적에는 부담이었다. 원전 발전을 줄이려면 발전 단가가 비싼 LNG(액화천연가스) 발전을 늘려야 한다. LNG 가격이 오르는 상황에서 LNG 발전을 늘리려다 보니 발전 공기업의 실적은 악화할 수밖에 없다. 정부의 원전 규제, 안전 규제의 집행자 역할을 공기업이 맡다 보니 이런 문제가 생기는 것이다.

이런 식으로 공기업이 정부 규제를 대신 집행하는 사례는 셀 수 없이 많다. 공기업이 진출해 있는 거의 모든 사회 분야에서 공기업이 정부를 대신해 규제 집행자 역할을 하고 있다고 보면 된다. 부동산 시장에서는 한국주택금융공사와 주택도시보증공사 같은 공기업이 있다. 주택도시보증공사는 2019년 6월 6일, 전국 34개 '고분양가 관리 지역'의 분양가 상한 기준을 10%p 낮추는 내용의 '고분양가 사업장 심사 기준 개선안'을 발표했다. 정부가 직접 발표한 정책은 아니었지만 이 방안은 즉각 부동산 시장에 영향을 줬다. 주택도시보증공사가 독점 발급하는 분양 보증이 없으면 금융권 대출을 받을 수 없기 때문에 주택도시보증공사의 심사 기준 개선은 사실상 정부의 정책 발표와 마찬가지 역할을 한다.

구조 조정 집행자 국책은행

산업은행이나 수출입은행 같은 국책은행은 구조 조정 집행을 통해 정부의 역할을 대신한다. 국책은행은 정부가 특수한 목적을 위해 특별법을 통해 설립한 은행이다. 국내에는 한국은행, 산업은행, 중소기업은행, 수출입은행이 있다. 이 가운데 중앙은행 역할을 하는 한국은행, 일반 시중은행과 유사한 성격의 중소기업은행을 제외하고 산업은행과 수출입은행이 주로 정부를 대신해 구조 조정의 칼자루를 쥐는 경우가 많다.

기업 구조 조정이나 산업 구조 조정은 직접적인 규제 정책은 아니지만 문제가 있는 산업이나 기업의 회생을 유도하고 이 과정에서 발생할 수 있는 대량 실업 등의 부작용을 줄이기 위한 과정인 만큼 넓은 의미의 정부 규제 정책의 하나로 볼 수도 있다.

국책은행의 역할은 기업이 어려움을 겪을 때 민간 은행들처럼 바로 우산을 뺏지 않고 기다려 주거나 오히려 자금을 투입해 살리는 것이다. 민간 은행보다는 아무래도 여유가 있으니 '경쟁력은 있지만 일시적인 어려움을 겪는 기업'이 망하지 않게 돕자는 의미다. 부실을 겪었거나 현재 부실한 기업들의 최대주주가 대부분 산업은행이나 수출입은행인 이유다.

문제는 이렇게 돈을 넣어 기업을 살릴지, 아니면 그대로 망하게 할지 결정할 때 기업 가치를 제대로 보기보다는 정치권이나 집권 세력의 입김이 개입되는 점이다. 그러면 망해야 할 기업들이 국책은행 밑에서 좀비처럼 붙어 있고, 국책은행은 밑 빠진 독에 물 붓듯 계속해서 자금을 투입하게 된다. 국책은행 입장에서는 어려운 기업을 살린 뒤 시장에 매각하고 회수한 돈으로 다시 어려운 기업을 도와주는 선순환이 돼야 하는데 정리되지 못한 기업이 주렁주렁 달린다. 2021년 말 기준 산업은행이 1대 또는 2대 주주인 주요 회사로는 대우조선해양, 대우건설(2019년 7월 산업은행 자회사인 KDB인베스트먼트가 지분 인수), HMM, 한국GM 등이 있다.

한국전력 같은 공기업이나 산업은행 같은 국책은행은 어지간한 민간기업보다 규모가 크고 영향력도 크다. 정부의 입김에 쉽게 흔들리지 않을 것 같지만, 그렇지가 않다. 정부가 공기업을 통해 간접적으로 규제를 집행할 수 있는 이유도 여기에 있다.

정부가 공기업을 통제하는 수단은 여러 가지다. 우선 인사권이 있다. 대부분의 경우 공기업 최고경영자(CEO)는 정부의 결정으로 임명된다. 이사회 등을 통해 자율적으로 임명된다고 하지만 사실상 정부에서 결정되는 경우가 많다.

두 번째는 감사다. 공기업은 감사원 등으로부터 정기적으로 감사를 받아야 한다. 감사원의 감사는 공기업 직원이라면 누구나 치를 떨 정도로 강도 높게 진행된다. 특정 공기업이 잇따라 감사를 받는 경우가 종종 있는데 정부에 밉보여서인 경우가 많다. 인사와 감사를 쥐고 있는 정부의 지시를 공기업으로서는 거스르기 쉽지 않은 구조다.

기획재정부가 절대 놓지 않는 공공기관 평가권도 중요하다. 공공기관 평가를 통해 해당 공공기관 임직원들의 성과급이 결정된다. 공공기관 내부에서 가장 민감하게 생각하는 것이 공공기관 평가다. 그래서 해당 공공기관의 최고 인재들이 공공기관 평가를 잘 받기 위한 담당 업무에 배치되곤 한다. 정부는 공공기관 평가 때 정부 정책과 관련된 영역에 배점을 높이는 식으로 해당 공공기관을 관리하고 이를 통해 정책 목적을 달성하곤 한다.

국민연금의 힘

2019년 3월, 한국 기업사(史)에 기록될 만한 사건이 있었다. 3월 27일 대한항공빌딩 5층 강당에서 열린 대한항공 정기 주주총회에서 (당시) 조양호 한진그룹 회장이 표 대결 끝에 대한항공 대표이사 직을 잃는 일이 생긴 것이다. 출석 주주의 3분의 2가 동의해야 조 회장이 대표이사에 재선임이 될 수 있는데 64.1%만이 동의했다. 조 회장의 재선임을 막은 건 대한항공 2대 주주인 국민연금이었다. 대한항공 지분 11.7%를 가진 국민연금은 조 회장 연임안에 반대하기로 결정했고 이 결정은 실제 조 회장이 대한항공 대표이사에서 물러나는 결정타가 됐다.

국민연금이 대한항공 대표이사의 향방을 가를 수 있었던 것은 2019년부터 본격 시행된 스튜어드십 코드의 영향이 컸다. 스튜어드십 코드는 기관투자자에게 적극적으로 의결권 행사에 나서도록 한 제도다. 기관투자자가 투자 기업의 의사 결정에 적극적으로 참여해 투명한 경영을 끌어내고자 도입됐다. 스튜어드십 코드 도입 이후에도 뚜렷한 성과가 없어 종이호랑이에 불과한 것 아니냐는 지적도 있었지만 대한항공 주주총회를 계기로 누구도 국민연금을 함부로 볼 수 없게 됐다.

문제는 국민연금의 의결권 행사가 정부의 영향력에서 자유롭지 못하다는 점이다. 국민연금의 주주권 행사 방향을 결정하는 조직이 수탁자책임 전문위원회인데 이 조직 구성원의 다수가 정부나 시민단체, 노동단체에서 추천받은 위원으로 이뤄져 있다. 정부의 입맛에

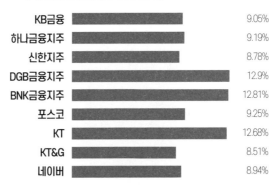

[국민연금이 최대주주인 회사]

회사	지분율
KB금융	9.05%
하나금융지주	9.19%
신한지주	8.78%
DGB금융지주	12.9%
BNK금융지주	12.81%
포스코	9.25%
KT	12.68%
KT&G	8.51%
네이버	8.94%

[국민연금 톱 5 투자 종목]

종목	지분율(평가액)
삼성전자	8.5%(39조 8,413억 원)
SK하이닉스	9.1%(8조 6,696억 원)
네이버	8.9%(5조 5,368억 원)
현대차	8.1%(3조 6,211억 원)
삼성SDI	8.0%(3조 6,157억 원)

• 주: 2021년 말 기준, ( ) 안은 평가액

맞는 결정이 나오기 쉬운 구조인 셈이다.

국민의 노후자금 관리가 최우선과제인 국민연금이 정부의 규제 정책에 동원되는 것이 맞는지에 대한 논란도 있다. 앞서 스튜어드 십 코드를 도입한 해외의 연기금은 이사회 내에 정부 인사를 배제 해서 독립성 문제를 해소하고 있다.

정부만큼 강력한 규제기구, 시민단체

규제는 때때로 국경을 넘나들기도 한다. 개별 국가 차원의 규제는 그 국가의 영토 안에서만 힘을 가지지만, 국제기구나 국제협약에 기반을 둔 규제는 전 지구적인 차원에서 힘을 가진다. 때로는 이런 전 지구적인 규제가 기업 활동에 더 큰 영향을 미치기도 한다. 특히 수출 비중이 큰 한국 기업들은 국제적인 규제에 더 많은 영향을 받는다.

대표적인 사례가 '파리기후변화협약'이다. 전 세계 195개국 정상은 2015년 12월 12일 프랑스 파리에 모였다. 버락 오바마 당시 미국 대통령 주도로 체결된 이 협약은 지구 평균 온도가 산업화 이전 시기보다 2도(℃) 이상 상승하지 않도록 제한하기 위해 회원국 모두가 노력하기로 하는 내용을 담고 있다. 20세기 내내 화석연료의 사용과 녹지의 감소로 지구 평균 온도가 꾸준히 오르면서 심각한 기후 변화 현상이 나타나자 전 세계가 손을 잡은 것이다.

지금은 협약 체결을 주도한 미국이 탈퇴를 선언하면서 협약 자체가 존폐의 갈림길에 섰지만 여전히 대부분의 국가와 기업들은 이 협약을 염두에 두고 정책과 경영 계획을 세우고 있다. 이 협약의 가장 중요한 핵심은 온실가스 감축을 위해 화석연료 사용을 줄이는 데 있다. 이를 위해 전 세계 주요국은 온실가스 감축 목표를 각각 설정하고 이를 지키기 위한 규제 정책을 내놓고 있다. 한국도 협약을 체결한 국가이기 때문에 온실가스 감축 계획을 세우고 이를 실행하기 위해 준비하고 있다. 최근 한국에서 논란이 되는 탈원전이나 신재생에너지 확대 같은 에너지 정책도 결국 큰 맥락에서 보면 파리기후변화협약의 실행과정에서 방법론을 놓고 갈등을 빚는 것으로 볼 수 있다. 온실가스 감축이라는 최종 목적지 자체는 원전 찬성론자나 원전 반대론자나 다르지 않다.

파리기후변화협약을 체결하고 이행 계획을 세우는 건 국가지만, 실제로 실행해야 하는 주체는 기업이다. 기업 입장에서는 파리기후변화협약이라는 국제적인 규제가 기업의 생사를 결정짓는 중요한 규제가 됐다. 국가 차원의 규제는 그 나라를 떠나면 신경 쓰지 않아도 되지만, 국제적인 규제는 지구를 떠나지 않는 한 피할 길이 없다. 벌써 많은 기업이 파리기후변화협약이 가져올 변화에 적응하기 위해 노력하고 있다. 글로벌 에너지 기업인 로열더치셸은 '순(純) 탄소 발자국(Carbon Footprint, 한 단체가 활동을 통해 발생시키는 이산화탄소의 총량)'을 2050년까지 현재의 절반 수준으로 줄이기로 하고 바이오 연료나 수소 에너지 개발에 총력을 기울이고 있다.

정부와 국회를 움직이는 시민단체도 있다

몇 년 전부터 시민단체가 새로운 규제기구로 떠오르고 있다. 시민단체는 그 자체로는 기업의 활동을 강제할 수 있는 힘이 없다. 정부처럼 행정적인 제재를 할 수 있는 것도 아니고, 국회처럼 입법을 통해 규제 활동을 할 수 있는 것도 아니다. 하지만 시민단체는 정부와 국회 모두를 압박할 수 있는 이익단체다. 특히 일부 시민단체는 정부나 국회와 긴밀하게 협력하며 강한 힘을 가지고 있기도 하다. 문재인 정부에서는 참여연대가 대표적이었다.

1994년 '참여와 인권이 보장되는 민주사회 건설'을 목표로 만들어진 참여연대는 시민의 정치적, 경제적 권리 확대를 위해 다양한 활동을 펼치고 있다. 특정 분야에 집중하는 대부분의 시민단체와 달리 참여연대는 사회 전 분야를 아우르는 활동을 하는 게 특징이다. 문재인 정부 내각에는 참여연대 출신이 대거 포진하며 출범 초기부터 관심을 모았다. 장하성 청와대 정책실장, 조국 청와대 민정수석, 김상조 공정거래위원장, 김기식 금융감독원장, 정현백 여성가족부 장관, 박은정 국민권익위원장 등(이상 첫 직책 기준)이 대표적인 참여연대 출신이다.

참여연대는 재벌의 비리를 파헤치며 재벌 기업의 총수 일가를 직접 고발하기도 하고, 환경·안전·노동 분야의 규제 정책을 직접 만들어서 국회를 통해 입법 활동을 하기도 한다. 다른 시민단체들도 마찬가지 활동을 하지만 참여연대만큼 성과를 내는 곳은 찾기 힘들다는 게 대체적인 평가다.

시민단체가 기업 활동을 감시하고 정부와 국회의 빈틈을 메우는 건 해외에서는 흔히 찾아볼 수 있는 모습이다. 시민단체가 기업에 부정적인 감시 활동만 하는 것은 아니다. 오히려 기업 활동을 지지하는 시민단체도 있다. 실제로 많은 뉴스에서 서로 다른 입장을 가진 시민단체들이 특정 이슈를 놓고 공방을 벌이는 장면을 볼 수 있다. 이렇게 시민단체들의 공방을 통해 형성된 여론이 정부나 국회가 규제 정책을 실제 집행하는 과정에서 중요한 참고자료로 쓰이기도 한다.

4장

잘못된 정책이 부른
경제 위기

미국 자치령 '푸에르토리코'의 파산 위기

2017년 5월, 우리에게는 이름도 낯선 카리브해의 작은 국가 푸에르토리코가 파산 보호를 신청했다는 뉴스가 나왔다. 푸에르토리코는 15세기부터 스페인의 지배를 받다 미국과 스페인 간의 전쟁 이후인 1898년 미국이 점령했다. 이후 1952년 미국의 자치령 중 하나가 됐다. 아무리 자치령에 불과하더라도 미국의 보호를 받는 국가인데 경제가 파산할 지경에 처했다는 건 이해하기 힘든 뉴스였다. 하지만 조금만 외신을 찾아보면 푸에르토리코 경제가 무너진 이유를 알 수 있다. 경제 정책의 실패가 한 국가를 무너뜨릴 수 있다는 것을 보여주는 생생한 사례 연구다.

푸에르토리코는 2000년대 초반에만 해도 카리브해 일대에서 가장 잘사는 국가였다. 미국 자치령인 데다 미국 본토에서 가깝기 때문에 많은 기업이 투자했고 덕분에 경제도 빠르게 성장했다. 특히 화폐가 미국 달러화이고, 미국 자치령이라는 지위 덕분에 채권 발행도 쉬웠다. 푸에르토리코는 번 돈을 모으기보다는 국민과 국토 전체에 뿌리는 걸 택했다. 새로운 정부가 들어설 때마다 대규모 인프라 투자가 이뤄졌다. 산업의 규모나 경제력이 미국 본토에 비교할 바가 아니었지만, 임금과 복지 수준은 미국 본토와 동일했다. 공공시설 이용요금은 아예 공짜였다. 그러나 축제는 오래가지 않았다. 미국 연방정부가 푸에르토리코에 부여한 낮은 법인세율 등 몇몇 혜택을 없애자 자생적인 산업 기반이 없던 푸에르토리코 경제는 빠른 속도로 무너지기 시작했다. 그럴 때마다 푸에르토리코 정부는 채권을 더 찍어 급한 불을 끄기 바빴다. 2009년에만 해도 푸에르토리코의 부채는 510억 달러 정도였는데 2015년에는 740억 달러 수준으로 늘었다.

〈이코노미스트〉는 푸에르토리코의 위기에 대해 '정부가 제공하는 사회보장

제도 지원금이 너무 많아서 많은 주민이 직장을 다니며 월급을 받기보다 빈곤층으로 살면서 지원금 받기를 택했다'라고 꼬집었다. 그리스를 비롯한 남유럽과 남미 국가를 병들게 한 '복지병'이 푸에르토리코도 집어삼킨 셈이다.

이렇게 나라가 어려우면 돈을 구하기 위해 정부가 선택할 수 있는 카드는 하나뿐이다. 정부가 갖고 있는 각종 권한을 민간에 파는 것이다. 푸에르토리코는 파산을 선언하면서 거의 모든 국가시설 운영권을 민간에 넘기겠다고 발표했다. 푸에르토리코 수도인 산후안의 항구 운영권을 비롯해 공항 운영권, 교통 위반 벌금을 징수할 수 있는 권리, 공영주차장과 학생 기숙사를 운영할 수 있는 권리, 상하수도와 쓰레기 처리장을 운영할 권리 등이다. 정상적인 나라라면 국가나 지자체가 책임져야 할 공공시설 운영권을 모두 민간에 넘겨서라도 어떻게든 돈을 마련하겠다고 밝힌 것이다. 〈월스트리트저널〉은 이런 푸에르토리코의 결정에 '카드빚을 갚기 위해 집을 팔아버리는 것처럼 현명하지 못한 선택'이라고 지적했다. 하지만 막다른 골목에 몰린 푸에르토리코 입장에서는 별다른 선택지가 없기도 했다.

푸에르토리코 경제의 붕괴는 국가 정책의 중요성을 보여준다. 정부 지도자의 잘못된 선택과 정책이 한 국가를 20여 년 안에 망국의 길로 이끌 수 있다. 물론 국가는 기업이나 개인과 달리 파산을 선언한다고 해서 쉽게 망하지 않는다. IMF를 비롯한 글로벌 금융기관의 도움으로 경제를 재건할 자원과 시간을 받을 수 있다. 하지만 문제의 본질을 고치지 않으면 위기는 계속된다. 아르헨티나는 이미 몇 차례나 IMF의 구제금융을 지원받았다. 푸에르토리코는 여전히 위기 상황이지만 경제를 재건할 노력보다는 미국에 정식으로 편입되기를 바라고 있다. 미국 정부와 의회의 반응은 냉랭하다.

국가 부도의 날은 언제 어떻게 찾아왔나?

1997년 11월 21일. 대한민국 역사에서 잊을 수 없는 날 중 하나다. 최근에는 이른바 '국가 부도의 날'로 잘 알려진 날이다. 바로 한국 정부가 IMF에 구제금융을 신청한 날이 1997년 11월 21일이었다. 한강의 기적을 말하고 동아시아의 용을 자처하던 한국 경제가 단 한순간에 세계의 골칫거리로 전락한 순간이기도 하다.

외환위기는 단순히 한국의 체면을 떨어뜨리기만 한 게 아니었다. 외환위기를 기점으로 30대 재벌 기업 중 절반이 넘는 17개가 퇴출당했다. 도무지 망할 것이라고 생각되지 않던 은행 26개 중 16개가 간판을 내렸다. 기업과 은행이 문을 닫는데 국민의 생활이 편할 리가 없었다. 수많은 실직자가 나왔고 가정이 파탄 나고 자살률은 급등했다.

이제는 20년도 더 지난 과거가 됐지만, 여전히 외환위기는 한국

280

경제와 한국 사회에 여러 경로로 영향을 끼치고 있다. IMF와 한국의 경제관료가 외환위기를 계기로 추진한 각종 개혁 정책은 미완으로 멈춘 상황이다. 여전히 정치권과 경제계, 노동계는 외환위기의 책임을 서로에게 떠넘기기 바쁘다. 제대로 된 원인 분석은 아직도 이뤄지지 않고 있다. 선전과 선동만 난무한다. 1997년 한국 경제에 무슨 일이 있었던 걸까?

외환위기는 어디에서 시작됐나?

한국은 1996년 12월 OECD에 가입했다. 이른바 선진국의 반열에 이름을 올린 것이다. 국가 전체가 잔치 분위기였다. 하지만 한국 경제의 성장은 사상누각에 불과했다. 불과 1년 만에 외환위기가 닥쳤다. 무엇이 문제였을까? 가장 큰 원인은 과도한 빚이었다.

책의 머리말에 쓴 것처럼 자본주의 사회에서 돈을 버는 방법은 간단하다. 돈을 싸게 빌려서 비싸게 빌려주면 된다. 당시 한국의 종합금융회사(종금사)들은 외자를 도입한 뒤 동남아시아 기업들에 돈을 빌려줬다.

문제는 돈을 빌려 올 땐 최대한 싸게 빌리기 위해 단기로 빌리고 돈을 빌려줄 땐 비싸게 빌려주기 위해 장기로 빌려줬다. 이런 방식은 평시에는 괜찮다. 단기로 돈을 빌려도 상환 기간이 다가오면 다시 단기로 돈을 빌려 갚을 수 있다. 그러나 위기 때는 상황이 달라진다. 자금 시장이 얼어붙으면 돈을 빌리기 위해 높은 금리를 지불해야 하고 최악의 상황에는 돈을 빌리지 못해 내 돈을 빌려준 회사의 채권을 싸게 팔아 자금을 조달해야 한다. 돈을 빌려준 회사가 망하게 되는 것도 문제다. 리스크 관리를 못하면 도미노처럼 망해버릴 수 있다.

이런 우려가 현실이 됐다. 1996년 태국에서 외환위기가 발생하면서 동남아시아 경제가 도미노처럼 무너지기 시작했다. 1996년 가을, 태국에서는 금융회사들이 채무자에 대한 신용 평가를 제대로 하지 않았다가 대규모 손실을 보는 일이 발생했고, 이 일을 계기로 외국인투자자들이 태국에 투자한 자금을 빼내기 시작했다. 그러자 태국 정부는 고금리와 외환 시장 직접 개입을 통해 막으려고 했지만 밑 빠진 독에 물 붓는 격이었고, 결국 태국 정부는 1997년 봄에 두 손을 들었다. 비슷한 상황이던 인도네시아와 말레이시아, 필리핀 같은 동남아 국가들도 순차적으로 무너졌다. 결국 동남아 국가들은 1997년 하반기에 잇따라 IMF에 구제금융을 신청했다. 그리고 그 끝에 한국이 있었다.

한국의 종금사들은 만기가 돌아와도 빚을 갚을 수 없었다. 돈을 빌려준 동남아시아에서는 돈을 떼이게 생겼고 새로 빚을 내 갚으려 하니 누구도 한국 금융회사에 돈을 빌려줄 생각이 없었다. 겨우 빌리더라도 며칠 만에 갚아야 하는 초단기 조달이었다.

기업들도 마찬가지였다. 그때는 한국이 빠르게 성장하는 때여서 기업들은 어떻게든 돈만 빌려와 공장을 지으면 돈을 벌던 때였다. 그러다 보니 무리하게 돈을 빌려다가 과도한 투자를 했다. 언제까지고 고공 성장을 이어갈 것 같던 경제는 거품이 꺼지면서 부실한 실상이 드러났다. 경쟁 상대인 일본의 엔화 약세로 가격 경쟁력도 약해졌다. 동시에 옆 나라 중국은 저렴한 인건비를 앞세워 세계의 공장으로 부상했다. 결국 엄청난 돈을 빌려 투자했지만, 성과가 나오지 않으면서 기업들이 무너지기 시작했다. 1997년 초, 한보철강이 부도를 냈고 이후 삼미, 진로, 한신, 기아, 해태, 뉴코아 같은 굴지의 대기업들이 줄줄이 무너졌다.

문제는 이렇게 큰 기업이 무너지면 금융 시장이 얼어붙으면서 다른 기업도 도미노처럼 무너진다는 점이다. 경제가 좋을 때야 금융기관들이 얼마든지 돈을 빌려주지만, 기업이 망하기 시작하면 겁을 먹은 금융기관은 채권 만기에 돈을 빌려주지 않고 돈을 구하지 못한 기업은 연쇄적으로 무너지게 된다. 이렇게 되면 결국 은행들까지 무너지는 시스템 리스크로 이어진다. 기업들이 돈을 갚지 못하니 은행들은 많은 돈을 떼이게 되고 금융 시스템이 망가지는 것이다.

사실 애초에 금융 시스템이 제대로 작동했다면 이런 일은 벌어지지 않았다. 은행은 기업에 돈을 빌려줄 때 제대로 갚을 수 있는지 따지고 문제없는 기업에 돈을 빌려줘야 한다. 하지만 각종 비리는 이런 장치가 작동하지 않도록 만든다. 빚이 너무 많아 돈을 빌리기 힘든 기업은 정치권이나 정부 관료, 심지어 은행장들에게 뇌물을 줘서 빌릴 수 있도록 사주했다. 결국 원칙을 지키지 않은 대출이 쌓이면서 은행까지 무너지게 만들었다. 너무 많은 돈이 묶이면서 이른바 '손절매'를 하지 못하고 더 많은 돈을 넣게 만드는 '대마불사' 논리도 위기를 더 키웠다.

[1997년 아시아 외환위기 일지]

3월	태국 증시 폭락, 대규모 예금 인출 사태
7월	헤지펀드 공격으로 태국 바트화 가치 폭락 시작
7월 2일	태국 환율제도 복수 통화 바스킷제도에서 변동환율제도로 변경. 인도네시아, 필리핀, 말레이시아 통화 절하 압력 가중
7월 3일	필리핀 중앙은행, 정책금리 15%에서 24%로 대폭 인상
7월 11일	필리핀 페소화 환율 하루 변동 폭을 8%에서 12%로 확대
7월 18일	필리핀 정부, IMF 신용 한도를 6억 5,000만 달러에서 11억 달러로 증액
8월 14일	태국 정부 172억 달러 규모의 구제금융 받기로 IMF와 합의 인도네시아 루피아화 가치 하락하자 환율의 일일 변동 제한 폭 폐지
9월 16일	인도네시아 외환위기 수습대책 발표, 주식 시장 외국인 투자 한도 폐지
10월 8일	인도네시아 정부, IMF 구제금융 신청 (인도네시아 정치 불안으로 IMF 프로그램이 실행된 것은 1998년 6월 이후)
10월 17일	대만 외환 방어 포기
10월 23일	홍콩 증시 10.4% 폭락
10월 27일	미국 다우존스 지수 하루 만에 7.2% 하락
11월 21일	한국 IMF 구제금융 신청

우물 안 개구리 정부의 실패

정부 관료들의 잘못도 크다. 한국은 OECD 가입을 위해 금융 시장을 빠르게 개방했고 순식간에 외국인 자금이 들어오면서 원화 가치가 크게 올랐다. 이는 수출 악화로 이어지며 과도한 경상수지 적자를 낳았다. 외화가 들어오지 않으면서 위기 때 방파제 역할을 해야 하는 외환보유액이 크게 부족한 상황으로 이어진 것이다.

문제는 이 당시 세계 경제의 흐름과 전혀 반대로 갔다는 점이다. 1995년 당시 주요 7개국(G7)은 1985년 플라자 합의를 통해 만들어진 엔화 강세를 멈추고 달러화 가치를 더는 떨어뜨리지 않기로 합의한다. 이때부터 달러화 가치가 서서히 오르고 엔화 가치는 떨어지기 시작한다. 그러나 한국은 금융 시장 개방과 저환율 정책으로 원화 강세가 이어지면서 이런 큰 변화를 체감하지 못했다. 그러다 1997년 태국을 시작으로 동남아시아가 무너지면서 한국도 한번에 무너지는 결과를 낳았다.

기업과 금융회사들이 무분별하게 외자를 도입하고, 이에 따른 과잉 투자가 계속된 것은 한국만의 일은 아니었다. 태국이나 말레이시아, 인도네시아 같은 동남아시아 국가들도 1980년대 말부터 외부에서 쏟아져 들어오는 투자금에 눈이 먼 상태였다. 미국과 유럽, 일본의 선진국 기업이 동남아시아에 많은 투자를 했고 한국도 그중 하나였다.

동남아시아에서 발생한 외환위기로 신흥국에 대한 투자를 줄이던 외국인투자자들이 한국에 대해서도 부정적인 평가를 내린 것은 당연한 수순이었다. 당장 한국 경제가 무너질 만큼 심각한 위기가 온 것도 아니지만 외국인투자자들은 한국에서도 투자금을 빼내기 시작했다. 동남아처럼 한국 경제도 무너지리라 본 것이다. 신뢰의 위기였다. 한국은 1996년 12월, OECD에 가입하며 선진국의 반열에 올랐다고 춤을 췄지만 실상은 동남아 여러 나라와 마찬가지로 개발도상국에서 벗어나지 못하고 있었던 셈이다. 세계 무대에서 한국 경제의 위상을 제대로 파악하지 못한 채 선진국을 따라 하려다 가랑이가 찢어졌다고도 할 수 있다. 물론 당시에도 재정경제원이나 한국은행 등 경제부처에서 외환위기 가능성을 경고하는 보고서가 나왔지만, 귀담아듣는 이는 없었다.

외환위기는 현재 진행형

IMF에서 구제금융을 받은 대가는 처절했다. IMF는 대대적인 기업 구조 조정과 자본 시장 자유화, 고금리·긴축 재정 정책을 요구했다. 가진 건 다 팔고 허리띠 졸라매 빌려준 돈을 빨리 갚으라는 의미였다(시간이 지나면서 IMF의 고금리·긴축 재정 처방은 크게 잘못됐다는 평가가 나왔다. IMF도 과오를 인정하고 다른 개발도상국에 대한 구제금융 프로그램을 진행할 때는 과도하게 재정 긴축을 요구하지 않는 방향으로 정책을 수정했다). 그 결과, 대규모 실업 사태로 이어졌다. 비정규직 노동자라는 한국만의 특이한 근로 형태가 생겨났고 빈부 격차도 심해졌다.

긍정적인 면도 있었다. 고통스럽지만 부실한 기업과 금융회사의 구조 조정은 한국 경제의 병폐를 한 번에 털어내는 기회가 됐다. 굴지의 대기업들이 문을 닫았지만 살아남은 기업들은 위기를 기회로 삼아 오히려 세를 불렸다. 삼성과 LG, 효성 같은 기업이 외환위기를 기점으로 오히려 자기 분야에서 입지를 단단히 한 기업들이다. 외환위기로 도산한 기업의 사업과 인력, 자산을 싼값에 인수한 대기업들은 지금의 재벌체제를 더욱 단단히 다졌다.

다행히 동남아시아와 한국을 제외한 세계 경제가 좋은 편이었고 원화 약세는 수출에 큰 도움이 되면서 한국은 빠르게 회복할 수 있었다. 그리고 2001년 8월 한국은 구제금융을 신청한 지 3년 8개월 만에 IMF에서 빌린 195억 달러를 전액 상환했다. 상환 예정일보다 3년이나 빨랐다.

외환위기는 수십 년 전의 일이지만 어떤 의미에서는 현재 진행형이다. 외환위기의 교훈이 여전히 유효하기 때문이다. 재계를 대표하는 단체인 전경련은 외환위기 직후 보고서 하나를 냈다. 이 보고서에서 전경련은 외환위기가 깨뜨린 한국 경제의 법칙들을 열거했다. '은행은 망하지 않는다', '대기업은 영원하다', '부동산이 가장 안전한 자산이다', '평생을 한 직장에서 보낸다' 등의 신화들이다.

외환위기 이후 수십 년이 지난 지금도 한국 사회에서는 전경련이 열거한 법칙들이 여전히 굳건하다(평생 직장 신화 제외). 하지만 언제든 위기는 한국 사회를 덮칠 수 있다. 우리는 한국 경제가 선진국 반열에 올랐다고 생각하지만, 여전히 (특히 자본 시장에서는) 한국 경제는 개발도상국으로 평가받는다. 외환위기의 전개과정에서 살펴봤듯이 오해는 심각한 판단 착오를 낳고, 결국 국가적인 재난으로 이어질 수 있다.

미국 4대 은행 중
2곳이 하루 만에 사라졌다

2008년 9월 15일, 미국 '4대 투자은행' 중 2곳이 무너졌다. 리먼 브라더스는 미국 뉴욕 남부 파산법원에 파산보호(Chapter 11)를 신청하겠다고 발표했고, 같은 날 메릴린치는 뱅크오브아메리카(BoA)에 매각됐다. 이게 얼마나 충격적인 사건이었냐면 (한국 상황으로 비유하자면) 신한은행과 하나은행이 하루 안에 동시 파산했다고 발표하는 것과 비슷한 일이다(이해하기 쉽게 하고자 예를 든 것이니 오해 없길 바란다).

당연히 전 세계 경제가 큰 충격을 받았다. 이날 미국 뉴욕의 다우지수는 504포인트가 하락했는데 9·11 테러 사건 이후 가장 큰 하락 폭이었다. 유럽과 아시아 증시도 모두 얼어붙었다. 전 세계 금융시장이 공포에 떨어야 했다.

위기의 진원이었던 미국은 적극적인 대응에 나섰다. 2007년 초만 해도 미국의 정책금리는 5%대였다. 2007년 9월, 미국 연방준비제도이사회는 정책금리를 4.75%로 내렸다. 그리고 이후 1년여 만에 0~0.25%까지 떨어졌다. 그야말로 급전직하였다. 제로금리를 유지해서 시장에 유동성(자금)을 공급하려고 한 것이다. 미국뿐 아니라 전 세계 중앙은행이 모두 금리를 낮추기 시작했다.

파격적인 금리 인하에도 금융 시장의 불안이 사그라지지 않자 미국의 중앙은행인 연방준비제도(연준)는 달러를 찍어내기 시작했다. 달러화라는 기축통화를 가진 나라다운 해결책이었다. 당시 연준 의장을 맡고 있던 벤 버냉키에게는 '헬리콥터 벤'이라는 별칭이 붙었다. 헬리콥터가 공중에서 달러를 마구 뿌리듯이 시장에 돈을 찍어냈다는 의미였다.

미 연준의 대규모 양적완화 정책은 적지 않은 후유증을 가져오지만 어쨌거나 당면한 위기를 헤쳐 나가는 데는 성과가 있었다. 리먼브라더스 파산 이후 혼란에 빠져 있던 금융 시장은 서서히 회복하

[한국 기준금리 및 미국 기준금리 변화 추이]

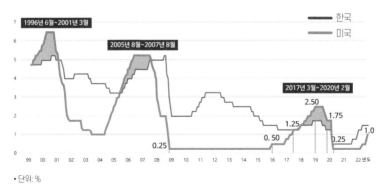

• 단위: %

기 시작했고, 6개월 정도 지나자 주요 주가지수가 바닥을 찍고 반등했다. 2009년 전 세계 경제는 마이너스 성장했지만 2010년에는 다시 플러스 성장으로 돌아섰다.

물론 세계 경제가 완전히 회복하는 데는 적지 않은 시간이 필요했다. 미 연준이 양적완화를 끝내고 기준금리를 0.25%p 인상한 것은 2015년 12월이었다. 유럽중앙은행은 2018년 말 양적완화를 종료한 이후 한동안 기준금리를 0%로 유지했지만, 2022년 하반기부터 빠르게 올리기 시작해 3.0%(2023년 2월 초 기준)까지 올렸다.

부동산과 금융공학의 잘못된 만남

글로벌 금융위기는 왜 발생한 걸까? 그 원인을 정확히 파악하려면 미국의 부동산 시장에 대한 이해가 필요하다. 많은 사람이 리먼브라더스라는 이름은 기억하지만 패니메이, 프레디맥이라는 이름은 기억하지 못한다. 두 회사는 미국 모기지(주택담보대출) 시장의 절반 정도를 차지하고 있던 주택 금융 시장의 절대 강자였다. 글로벌 금융위기를 일으킨 직접적인 도화선 역할을 한 것도 이 회사다.

글로벌 금융위기를 부르는 또 다른 명칭으로 '서브프라임 모기지 사태'가 있다. 서브프라임은 프라임(Prime) 아래 등급을 의미한다. 미국의 주택담보대출은 신용등급에 따라 프라임, 알트에이, 서브프라임으로 나뉘는데, 이 중 서브프라임은 가장 신용이 낮은 등급을 뜻한다. 쉽게 말해 서브프라임 모기지는 신용등급이 매우 나쁜 사람이 받은 주택담보대출이다.

2000년대 초중반 미국의 부동산 시장은 호황기였다. 가만히 있어도 집값이 오르니 사람들은 빚을 져서라도 무리하게 집을 사려고 했다. 빚을 갚을 만한 충분한 수입이 없는 사람들까지 부동산 시장에 뛰어들었다. 은행들은 부동산 시장에 대한 장밋빛 전망만 믿고 마구잡이로 돈을 빌려줬다. 한국은 주택담보대출비율(LTV)을 금융당국이 정해서 관리하지만, 미국은 이런 것도 없었다. 심지어 집을 사면서 내야 하는 취·등록 비용도 해결하라며 집값보다 더 많은 돈을 빌려주기도 했다. 은행 입장에서는 이들이 돈을 못 갚아도 담보로 잡은 집값은 계속 올라가니 이걸 팔아 대출을 상환하면 된다고 생각해 갚을 능력이 있든 없든 돈을 빌려준 것이다.

이렇게 나간 서브프라임 모기지(비우량 주택담보대출)가 나중에 주체할 수 없는 큰 손실로 돌아오게 된다. 은행은 서브프라임 모기지를 모기지 전문 금융회사에 넘겼고, 모기지 은행들은 이를 주택저당채권(MBS) 형태로 전환했다. 리먼브라더스 같은 월스트리트의 금융공학 전문가들은 서브프라임 모기지에 기반을 둔 MBS로 돈을 벌 기회를 포착했다. 다양한 등급의 MBS를 섞은 다음, 다시 쪼개 파는 '부채담보부증권(CDO)'이라는 금융 상품을 만든 것이다. 신용등급이 높은 프라임등급과 알트에이등급의 MBS 사이에 서브프라임등급의 MBS를 섞어 위험한 요인은 없다고 선전했다. 갓 딴 신선한 사과와 딴 지 조금 지났지만 별문제 없는 사과, 딴 지 시간도 오래됐고 썩은 부분도 있는 사과를 믹서기에 모두 넣고 갈아 주스 100잔을 만든 뒤 아무 문제가 없다고 선전해서 판 셈이다. 채권보증회사, 국제신용평가사, 언론 등 수많은 이해관계자가 이런 구조의 상품이 가진 위험성을 모르고 지나쳤다.

그러나 연준이 2004년부터 금리를 올리기 시작하면서 금리 상승에 따른 이자 부담이 늘어나자 서브프라임등급의 대출자들에게서 연체가 나타났다. 이들의 담보로 잡힌 집이 쏟아지면서 집값이 하락했다. 담보로 잡힌 집값이 무너지면서 관련 채권도 부실해지자 이제 모기지 전문 금융회사와 투자은행이 무너졌다. 사과 주스에 섞여 들어간 썩은 사과 때문에 식중독에 걸린 셈이다. 그제야 사람들은 어떤 사과 주스에 썩은 사과가 들어갔는지 찾아 나섰지만 이미 섞여버린 주스에서 썩은 사과를 찾는 일은 무의미했다. 결국 미국 4대 투자은행 중 두 곳이 문을 닫는 초유의 금융위기로 이어졌다.

월스트리트를 점령하라!

글로벌 금융위기는 세계 경제의 심장이라는 미국에도 큰 타격을 입혔다. 하지만 위기의 장본인인 월스트리트의 금융인들은 몇몇을 제외하고는 별다른 영향 없이 여전히 고액 연봉을 받으며 떵떵거리며 살고 있었다. 특히 대형 은행들을 살리는 데 어마어마한 세금이 투입됐는데도 대형 금융회사의 임직원들은 고액 성과급 파티를 벌였고 대중의 분노가 극에 달했다. 이때 나온 구호가 '월스트리트를 점령하라!(Occupy Wall Street!)'다.

글로벌 금융위기가 발발한 지 3년이 지난 2011년 9월 17일 미국 뉴욕의 즈카티공원에는 30여 명의 청년이 모여 미국 경제의 불안과 부조리에 항의하는 시위를 벌였다. 일주일 뒤에는 미국의 유명 다큐멘터리 감독인 마이클 무어가 시위대에 합류했고, 할리우드의 유명 배우까지 합세하면서 규모가 커졌다. 이들은 "미국 최고 부자 1%에 저항하는 99%를 대변한다"라고 외쳤다.

월스트리트를 점령하라는 구호는 몇몇 시위대의 외침에서 끝나지 않았다. 버락 오바마 미국 대통령은 월가를 "살찐 고양이"라고 비난하며 금융 개혁법안인 '도드—프랭크법'의 제정을 밀어붙였다. 이 법은 금융 감독 시스템을 강화하고 금융소비자를 보호하며 대형 투자은행의 자기 자본 투자와 헤지펀드 투자를 금지하는 등 규제를 강화한 내용을 담고 있었다.

글로벌 금융위기가 전 세계에 끼친 큰 영향 중 하나는 시장 자본주의에 대한 대중의 불신이다. 사람들은 시장에 많은 자유를 주면 경제가 더 풍요해질 것으로 기대했지만, 그 결과는 극단적인 양극화와 감당할 수 없는 대형 사고였다. 그 이후 많은 사람이 대안 경제체제를 찾기 위해 동분서주하고 있다. 토마 피케티 교수의 《21세기 자본》이 세계적인 인기를 끈 것도 이때다.

지구 전체가 지고 있는 빚은
총생산의 3배가 넘는다

20세기 들어 전 세계가 하나로 뭉치면서 큰 사건들이 터질 때마다 전 세계 경제도 함께 흔들렸다. 두 번에 걸친 세계대전이나 오일 쇼크, 아시아 금융위기, 글로벌 금융위기, 코로나 사태 등 위기가 터질 때마다 경제 위기도 함께 이어졌고 전 세계는 정부나 민간 할 것 없이 빚으로 위기를 이겨내려 했다.

대표적인 곳이 유럽이다. 2008년 글로벌 금융위기 당시 진앙이었던 미국은 2010년부터 어느 정도 회복세에 접어들었지만, 정작 유럽은 뒤늦게 금융위기의 충격파를 맞게 된다. 금융위기의 충격파가 대서양을 건너 처음 상륙한 곳은 그리스였다.

2008년 글로벌 금융위기의 영향으로 유럽은 심각한 경제난에 봉착했다. 유럽 주요 은행들이 미국의 주택 관련 파생 상품에 대규모 투자했다 큰 손실을 본 탓에 이 은행들을 살리기 위해서라도 막대한 자금이 필요했다. 유럽 각국은 위기 극복을 위해 미국처럼 대규모 경기 부양책을 실시했다. 유럽연합(EU)의 전체 국내총생산(GDP)의 1.5%에 달하는 2,000억 유로(약 265조 4,400억 원)의 유럽 경제 부흥계획이 시행됐다. 동시에 유럽 국가들의 부채가 빠른 속도로 늘어나게 됐다.

기초체력이 튼튼한 독일, 영국, 프랑스 같은 국가들은 위기를 어렵사리 넘길 수 있었지만, 그렇지 못한 국가가 속속 드러났다. 경제가 평탄할 때는 아무런 문제가 없어 보이지만 위기 상황이 닥치면 기초체력이 튼튼한 나라와 그렇지 못한 나라가 드러나기 마련이다.

2010년 남유럽 4개국, 일명 'PIGS(포르투갈, 이탈리아, 그리스, 스페인)'가 하나로 묶였다. 여기에 나중에 아일랜드가 더해져 'PIIGS'가 된다. 영어로 돼지를 뜻하는 이 단어는 영미권 국가들이 이들 국가의 경제 정책과 부패 등을 '돼지'에 비유해 얕잡아 부른 표현이다. 이 때문에 해당 국가들에서는 이 표현에 대한 반발도 있었다.

PIIGS 국가들이 글로벌 금융위기 이후 심각한 재정위기를 겪은 데에는 여러 이유가 복합적으로 작용했다. 앞에서 이야기한 것처럼 금융위기의 여파로 각국이 재정 지출을 늘린 탓도 있지만 원래부터 국가 재정이 빈약하기도 했다. 이 사실이 외부에 알려지지 않고 있다가 뒤늦게 공개된 것뿐이다.

예컨대 그리스는 2009년 10월에 새로운 정권이 집권하면서 새로운 재정수지를 발표했다. 이때 그리스 정부는 재정 적자 전망치를 종전의 3.7%에서 12.7%로 3배 이상 높여서 발표했다. 그동안 그리스 정부가 숨겨왔던 재정 적자가 그만큼 많았다는 것이다. 이 사건을 계기로 전 세계 금융기관과 경제기구는 남유럽 국가들의 재정 적자 문제를 심각하게 보기 시작했다. 가뜩이나 글로벌 금융위기의 여파로 경각심이 높아진 상황에서 시장의 신뢰를 잃은 국가는 시간이 갈수록 채권을 발행해 자금을 조달하는 게 어려워졌다. 결국 스탠더드앤드푸어스(S&P) 등 글로벌 신용평가사들은 그리스, 스페인, 포르투갈 같은 국가의 신용등급을 낮추기 시작했고, 그리스 등은 끝내 유럽연합을 비롯한 국제기구에 손을 벌리게 된다. 한국이 외환위기 때 IMF로부터 구제금융을 받은 것처럼 말이다.

글로벌 부채 규모는 증가일로

글로벌 금융위기 후 10여 년이 지나면서 어느 정도 재정이 회복되자 이번에는 코로나 대유행이 전 세계를 덮쳤다. 글로벌 금융위기와 달리 이번에는 문자 그대로 전 세계를 마비시켰고 전 세계는 마이너스 성장에 빠졌다. 결국 전 세계는 앞다퉈 금리를 내리고 재정을 풀면서 위기에 대응했다. 낮은 금리에 기댄 민간에서도 열심히 돈을 빌려 가면서 버텨냈다.

그 결과, 전 세계 부채는 급증했다. 국제금융협회(IIF)에 따르면, 2021년 말 기준 전 세계 부채는 303조 달러를 기록했다. 코로나 대유행 이후 2년 동안 34조 달러나 늘어난 수치다. 코로나 첫해인 2020년에만 24조 달러가 늘어나 사상 최대 증가 폭을 기록했고, 2021년에도 10조 달러나 증가했다.

전 세계 GDP 대비 부채 비율은 320%에서 360%로 급증했다가 2021년에는 351%로 하락했다. 2020년에는 전 세계가 마이너스 성장을 했지만 2021년에는 재정 확대와 기저 효과 덕분에 플러스 성장을 하면서 GDP 대비 부채비율은 그나마 떨어졌다. 이처럼 GDP 대비 부채비율이 350%가 넘는다는 말은 세계 전체가 지고 있는 부채가 GDP 3배를 넘는다는 뜻이다.

원래부터 전 세계 부채가 이렇게나 많았던 건 아니다. 글로벌 금융위기가 발생하기 전인 2007년에만 해도 전 세계 부채는 170조 달러 정도였다. 하지만 글로벌 금융위기와 코로나 대유행을 거치면서 전 세계 부채는 약 80% 증가했고 부채비율도 200% 수준에서 350%로 크게 늘었다. 이렇게 부채비율이 크게 올라갔다는 것은 성장보다 빚내는 속도가 월등히 빠르다는 의미다.

문제는 금리다. 위기 때마다 저금리에 대규모 부채로 버텨내지만 그 이후 금리가 올라가면 대규모 부채는 큰 부담으로 다가온다. 이런 부채는 대부분 상환하지 못해 재융자를 받아야 하는데 이때는 이미 금리가 올라 높은 이자 비용을 물어야 한다. 특히 코로나 이후 막대한 재정 정책과 초저금리의 부작용으로 물가가 뛰면서 각국은 빠르게 금리 인상에 나서고 있다. 결국 글로벌 금융위기 이후 2년이 지나 남유럽에 재정위기가 온 것처럼 유동성 파티가 끝나면 어떤 나라가 가장 먼저 부실한 속살을 보여줄지 각국이 떨고 있다.

세계 부채 위기의 뇌관은 중국

전 세계가 가장 우려하는 나라는 우리 이웃이다. 세계 경제를 뒤흔들 부채 위기가 닥친다면 그 뇌관은 중국일 가능성이 크다. 중국은 글로벌 금융위기를 극복하는 10년 동안 국가 부채를 엄청난 수준으로 늘렸고, 코로나를 겪으면서 다시 한번 부채가 대폭 커졌다.

중국의 부채가 위험하다고 하는 이유 중 하나는 정확한 부채 규모를 알 수 없다는 점이다. 경제전문가들 사이에서는 중국의 경제 통계를 100% 믿을 수 없다는 주장들이 제기되고 있다. 특히 중국 지방 정부의 부채는 제대로 집계되지 않는 경우가 많다. 지방 정부가 자금 조달을 위해 세운 특수법인의 부채는 제대로 집계되지 않아서다.

중국 정부 싱크탱크인 사회과학원 산하 국가금융발전실험실(NIFD)에 따르면, 2022년 2분기 말 기준, 중국의 총부채 비율은 273.1%다. 부채 규모는 정확하게 집계되지 않지만 국제금융협회(IIF)는 중국의 전체 부채가 60조 달러에 이르는 것으로 추산하기도 했다. 중국의 부채비율이 이미 300%를 넘었다는 주장도 있다.

중국의 경제 상황을 가장 잘 보여주는 것이 중국 최대 민간 부동산 개발업체 헝다(恒大, 에버그란데)의 디폴트(채무불이행) 사태다. 2021년 12월 헝다가 370조 원이 넘는 부채를 안고 디폴트에 빠지자 〈월스트리트저널〉은 '헝다는 중국 경제의 축소판'이라고 평가했다. 헝다가 많은 빚을 내 부동산을 개발하면서 기업을 키운 것처럼 중국도 경제 전략을 일대일로 정책을 통한 대규모 인프라 투자로

298

성장을 이끌고 있다. 하지만 과도한 사업 확장 중 부동산 수요 위축으로 헝다가 디폴트에 빠진 것처럼 지금의 부동산 거품이 꺼지면 중국 경제도 과도한 부채를 안고 위기에 빠질 수 있다는 평가다.

숨겨진 부채가 많다는 점도 같다. 헝다는 문어발식 경영으로 많은 자회사를 통해 부채를 일으켰는데 자금난에 빠지자 여기저기에서 알려지지 않았던 부채들이 튀어나왔다. 이 같은 '그림자 금융'은 중국 경제의 최대 위험 요소 중 하나로 꼽힌다.

중국 정부도 부채 문제를 심각하게 인식하고 있다. 하지만 미·중 무역 전쟁을 비롯해 중국 정부가 부채 줄이기에만 힘쓰기 어려운 환경이 펼쳐지고 있다.

석유 매장량 1위 베네수엘라는 왜 무너졌나?

'금수저로 태어났으면 얼마나 좋았을까?' 하는 생각은 누구나 한 번쯤 해봤을 것이다. 그런데 국가 자체가 금수저인 경우도 있다. 이렇다 할 노력도 하지 않았는데 태어나고 보니 금수저를 쥐고 태어난 사람처럼 국가도 금수저를 쥔 채로 만들어진 경우가 있다. 영토 안에 어마어마한 석유가 매장돼 있어서 가만히 있어도 돈이 굴러오는 그런 국가들 말이다.

기름 한 방울 나오지 않는 한국(사실 이 말은 틀린 말이다. 한국도 동해에 있는 유전에서 적은 양이지만 원유를 생산하고 있다. 2004년 세계 95번째로 산유국으로 인정받았으며 생산량은 세계 100위권 정도다)과 달리 엄청난 원유 매장량을 자랑하는 국가들이 있다. 산유국이라고 하면 중동의 사우디아라비아나 이란, 이집트 같은 국가를 먼저 생각하기 쉽지만, 사실 전 세계에서 석유가 가장 많이 매장된 국가는 남미의 베네수엘라다. 베네수엘라에는 전 세계 석유의 약 25%가 매장돼 있다. 베네수엘라의 석유 매장량은 이란과 이라크를 합친 정도다. 그야말로 넘사벽 금수저 국가다.

경제 정책의 실패는 금수저도 흙수저로 바꾼다

하지만 경제 뉴스나 국제 뉴스에 관심이 있는 독자라면 베네수엘라가 금수저라는 설명에 고개를 갸웃할 것이다. 지난 몇 년 동안 나온 베네수엘라에 대한 뉴스라고는 온통 부정적인 것들뿐이기 때문이다.

2021년 10월 1일 베네수엘라 중앙은행은 자국 화폐 볼리바르의 화폐 단위에서 '0' 여섯 개를 한꺼번에 빼는 리디노미네이션을 단행했다. 리디노미네이션은 통화의 액면을 동일한 비율의 낮은 숫자로 변경하는 것을 말한다. 이 화폐 개혁으로 전날까지 100만 볼리바르였던 화폐는 이날부터 1볼리바르가 됐다. 베네수엘라 중앙은행은 이에 맞춰 새로운 화폐도 발행했다.

베네수엘라가 리디노미네이션을 단행한 것은 2008년 이후 이번이 세 번째다. 우고 차베스 시절이던 2008년 1,000분의 1로 화폐 단위를 줄였고, 2018년에는 10만 분의 1로 화폐 단위를 변경했다. 이처럼 리디노미네이션을 단행하는 것은 연 수백만 퍼센트에 이르는 살인적인 하이퍼 인플레이션 때문이다. 물가가 한없이 치솟다 보니 화폐 가치가 뚝뚝 떨어져 화폐 개혁에 나선 것이다.

2019년 베네수엘라 중앙은행은 전년도 물가 상승률이 13만

60%였다고 발표한 뒤로 물가 상승률을 발표하지 못하다가 2021년 5월에야 전년도 인플레이션이 3,713%라고 발표할 수 있었다. 우리로서는 상상도 못 할 정도로 높은 수치지만 그나마 마두로 정권이 뒤늦게 수입시장 개방과 규제 완화, 공기업 민영화, 긴축 재정 등 개혁 정책을 단행하면서 어느 정도 물가가 잡힌 상태다. 하지만 그사이 베네수엘라 경제는 그야말로 황폐해졌고 전 국민의 10%가 고향 땅을 등졌다.

베네수엘라 경제가 처음부터 이렇게 심각한 지경은 아니었다. 베네수엘라는 1950년대에만 해도 1인당 GDP가 세계에서 5위권에 드는 부국이었다. 풍부한 자원 덕분에 금수저였던 시절이 베네수엘라에도 분명히 있었다. 문제는 넘치는 자원을 제대로 활용하지 못한 데 있다. 부잣집에서 태어난 아이 중에 종종 공부도 제대로 하지 않고 자기계발에도 소홀한 경우를 볼 수 있다. 돈이 많으니 무사태평한 것이다. 하지만 세상은 그렇게 만만하지 않다. 아무리 집에 돈이 많아도 그 돈을 쓸 수 없는 상황이 되거나 갑자기 집이 어려워지면 이렇게 무사태평하던 금수저는 하루아침에 흙수저로 전락할 수밖에 없다. 그런 일이 베네수엘라에도 닥쳤다.

베네수엘라는 오랜 시간 동안 석유 생산 외에 다른 경제 부문을 육성하는 데 소홀했다. 국가 수출의 96%를 석유가 차지할 정도였다. 그렇게 해도 나라에는 돈이 넘쳐났고 국민들은 어려움 없이 살 수 있었다. 석유 의존형 경제체제가 수십 년 동안 이어졌지만, 특별히 문제를 제기하는 이는 없었다. 동시에 베네수엘라는 심각한 빈부 격차 문제도 겪었다. 석유 자원을 독차지한 소수의 지배계층이 부를 움켜쥐고 국민 전체에 골고루 나눠주는 데 인색했다. 1980년대 후반 베네수엘라의 빈곤가구 비율은 50%에 달했다.

이런 상황에서 1999년 반미를 내세운 좌파 정권인 우고 차베스가 집권했다. 차베스 전 대통령은 1999년부터 2013년에 사망할 때까지 베네수엘라를 이끌었는데 대대적인 사회 경제 정책을 펼쳤다. 신자유주의에 반대한다며 도시 빈민과 농민들에게 땅을 나눠주고 공공학교와 보육 시스템, 무상의료 시스템 등을 도입했다. 사회적 지출을 크게 늘렸고 그 덕분에 빈곤가구 비율은 절반 수준으로 감소하기도 했다.

차베스 전 대통령의 무상복지 정책은 베네수엘라 경제의 붕괴를 이야기할 때 늘 논쟁이 되는 부분이다. 일각에서는 나라 곳간이 비어 가는데 무리하게 무상복지를 하느라 경제가 어려워졌다는 지적을 하고, 반대로 소수의 지배계층이 틀어쥔 부를 국민들에게 적절하게 분배한 덕분에 베네수엘라 경제가 그나마 버틸 수 있었다는 설명도 한다. 둘 다 일리는 있다. 문제는 무상복지 정책이 다였다는 점이다.

베네수엘라 원유는 초중질유(超重質油)로 아주 많이 끈적거린다. 그래서 원유 그대로 송유관을 통해 운반할 수 없다. 나프타나 휘발유 등 희석액과 혼합해야 하고 온도도 어느 정도 뜨거워야 한다. 그만큼 기술이 필요한 것이다. 그러나 차베스 정부는 석유로 번 돈을 석유 산업에 재투자하는 데 인색했다. 국영 석유회사에는 전문가가 아닌 측근을 앉혔다. 그러다 보니 기술 발전은커녕 노후한 장비와 설비 교체도 제대로 되지 않았다. 1998년만 해도 하루 생산량이 300만 배럴을 웃돌았지만 2018년 말에는 115만 배럴까지 떨어졌다. 빈부 격차를 줄이기 위한 차베스 전 대통령의 정책도 분명 필요했지만 지속 가능한 경제 환경을 구축하기 위한 정책은 실패한 셈이다. 여기에다 21세기 들어 미국이 셰일오일 개발에 본격 착수하면서 국제유가가 하락하자 석유에만 의존하던 베네수엘라 경제는 자연스럽게 침체를 겪는다. 또 미국이 반미를 내세운 차베스 당시 대통령에 대한 경제 제재를 강화하면서 베네수엘라는 이중으로 타격을 입었다.

자원 부국으로 태어나 한때 세계에서 손꼽히는 부자 국가였지만 지금은 국민들이 허기진 배를 채우기 위해 쓰레기통을 뒤지는 게 일상이 된 나라, 베네수엘라의 사례는 잘못된 경제 정책이 금수저를 어떻게 흙수저로 전락시키는지 상세하게 보여준다.

'자원의 저주'는 선진국도 피할 수 없었다

베네수엘라가 자원의 저주로 몰락했다면 자원의 저주에 걸렸다가 이겨낸 나라도 있다. '네덜란드병(Dutch Disease)'이라는 말까지 있을 정도로 큰 어려움을 겪은 네덜란드가 대표적이다.

네덜란드는 1950년대 말 북해에서 엄청난 규모의 천연가스를 발견한다. 네덜란드는 유전을 세우고 천연가스를 생산해 매년 어마어마한 수익을 냈다. 북유럽의 작은 국가였던 네덜란드가 단숨에 세계적인 산유국의 반열에 올랐고 큰 호황기를 맞았다. 여기까지는 좋았다. 하지만 천연자원을 통한 경제 성장은 오래가지 않았다.

네덜란드 경제는 1970년대 들어서 심각한 위기를 맞았다. 천연 가스를 수출한 대가로 막대한 양의 달러가 네덜란드에 유입됐고 이는 네덜란드 통화인 굴덴화의 가치를 크게 올렸다. 통화 가치 상승은 수출 기업의 가격 경쟁력을 악화시켰고 네덜란드 제조업은 큰 타격을 입었다. 또 네덜란드 정부는 천연가스 수출로 벌어들인 돈을 경제와 산업 분야에 재투자하기보다는 복지 지출을 늘리는 데 썼다. 과도한 복지 지출은 국가 재정을 악화시켰다. 넘치는 복지 지출로 국민들은 일하지 않고도 쉽게 먹고 살 수 있게 되자 노동 생산성은 크게 떨어졌다. 그런데도 시장에는 돈이 넘쳐나다 보니 물가는 빠르게 올랐다. 그러다가 1970년대 두 차례 오일쇼크를 겪으면서 네덜란드 경제는 휘청거렸고 1980년대에 주택 시장의 버블이 터지면서 치명타를 맞았다. 1960년대만 해도 연평균 5% 수준이던 경제 성장률은 1980년대 들어서 1%대로 떨어졌다.

여기까지는 베네수엘라나 네덜란드나 같아 보이지만 네덜란드 정부는 베네수엘라 정부와 달랐다. 노동 생산성을 높이기 위해 노사정이 함께 모여 임금 인상을 억제하는 '바세나르협약'을 체결했다. 자원 의존도를 낮추고 수출 경쟁력 회복을 위해 제조업 경쟁력 강화에 많은 투자를 했다. 무역과 금융, 유통, 디자인, 화훼 등을 주력 산업으로 정하고 적극적으로 육성했다. 이제는 네덜란드에서 자원의 저주라는 말은 어디서도 찾아보기 힘들다.

베네수엘라와 네덜란드의 사례를 보면 풍부한 자원은 국가의 성공을 결정짓는 요인이 아니라는 걸 알 수 있다. 실제로 최근 20년 동안 97개국의 경제 성장률을 보면 경제 성장 속도가 가장 빨랐던 국가 중에 자원이 풍부한 국가는 거의 없었다.

　금수저로 태어난다고 모두가 성공하는 건 아니듯이 자원이 많다고 모든 국가가 선진국이 되는 건 아니다. 중요한 건 경제를 어느 방향으로 이끌고 갈지 결정하는 정책이다.

시장을 이기려던 문재인 정부의 실패한 부동산 정책

2021년 한 해 동안 걷힌 재산세와 종합부동산세(종부세) 등 주택 보유세가 10조 8,756억 원을 기록했다. 종부세가 5조 6,789억 원, 주택에 대한 재산세가 5조 1,967억 원이었다. 5년 전인 2016년과 비교해 종부세는 18배 늘었고 주택에 대한 재산세는 44% 늘었다. 세금이 늘어나니 정부 입장에서는 행복했겠지만 세금을 내야 하는 집주인들은 죽을 맛이었다. 집 1채 갖고 있던 집주인이 아무것도 안 했는데 5년 사이 내야 할 세금이 수백만 원 늘어나는 경우가 여기 저기서 나온 것이다.

그럼 집이 없는 사람은 행복했을까? 더 죽을 맛이었다. 문재인 정부에서 유행한 신조어 중 하나가 '벼락 거지'다. 나는 5년 동안 아무것도 안 하고 그냥 성실히 살았는데('집이 없다'는 사실 아무것도 안 한 것이 아니라 집값 하락에 베팅한 상태다) 부동산 가격이 급등해 순식간에 거지가 됐다는 것이다. 도대체 문재인 정부 5년 동안 무슨 일이 있었던 것일까?

치솟는 집값… 5년 사이 2배로 뛰어

문재인 정부 5년 동안 집값은 그야말로 천정부지로 뛰었다. 부동산 관련 세금을 책정할 때 기준이 되는 공시 가격의 전국 평균은 2017년 이후 5년간 69.89% 올랐다. 특히 서울은 같은 기간 3억 608만 원에서 6억 567만 원으로 약 2배가 됐다.

공시 가격 현실화 정책을 펼쳐 이렇게 많이 올랐다고 항변할 수 있으나 시장 가격을 중심으로 비교해도 상황은 비슷하다. KB국민은행에 따르면, 문재인 정부가 출범한 2017년 5월부터 2022년 3월까지 서울 아파트값은 61.7% 올랐다. KB국민은행이 관련 통계를 작성한 1986년 이후 역대 정부 중 노태우 정부(70.7%)를 제외하고 가장 높았다. 서울 아파트 중위 가격은 2017년 5월 6억 635만 원에서 10억 8,892만 원으로 5억 원 가까이 올랐다. 직전 박근혜 정부에서 1억 3,371만 원 뛰었던 것과 비교하면 상승 폭은 4억 원 가까이 커졌다.

5년간 집값이 뛰면서 전세금도 함께 뛰었다. 문재인 정부 출범 후 2022년 3월까지 서울 아파트 전셋값은 30.4%, 전국 아파트 전셋값은 19.7% 상승했다.

5년간 28차례 부동산 대책… 수요 잡기에만 몰입

이렇게 숫자로만 보면 문재인 정부에서는 부동산 가격 띄우기에 최선을 다한 정부인 것 같지만 실제는 반대였다. 문재인 정부는 출범과 함께 집값을 잡겠다며 출범 한 달 만에 주택담보대출비율(LTV)과 총부채상환비율(DTI)을 강화하는 대출 규제를 내놨고, 이후 5년간 27번이나 부동산 대책을 더 내놓았다. 이 과정에서 세제와 대출 규제, 분양가 상한제와 같은 가격 규제, 거래 허가제까지 각종 규제란 규제는 다 가져다 썼다. 하지만 집값은 역대 가장 많이 뛰었다. 온갖 규제를 다 사용했는데 집값은 왜 오르기만 했을까?

문재인 정부의 부동산 정책이 실패한 원인은 시장에 맞서 수요 억제 정책을 썼기 때문이다. 문재인 정부의 부동산 규제를 살펴보면 대부분 수요를 억제하는 데 초점이 맞춰져 있다. 가격은 수요와 공급의 균형에 의해 형성되는데 수요를 눌러 가격을 낮추겠다는 의도였다. 하지만 자본주의 사회에서 강제로 수요를 억제하는 일은 매우 어렵다. 물건을 사기 어려운 환경을 만든다고 사고 싶은 사람의 구매 욕구까지 돌리기는 쉽지 않아서다. 특히 부동산처럼 꼭 필요하고 개인 자산에서 차지하는 비중도 큰 것이라면 더욱 그렇다.

오히려 계속되는 규제에도 가격이 오르면 수요자는 불안해지고 충동적 수요가 만들어지면서 가격은 더 오르는 악순환에 빠지게 한다. 계속해서 강한 대책이 쏟아져 집 사기는 더 어려워질 텐데 가격이 더 오를 것 같으면 당장 집을 살 생각이 없던 사람까지 무리해서라도 사니 결국 가격은 계속 오른다. 즉, 수요 억제 정책을 펼치다

수요 심리만 자극해 가격을 올린 꼴이 됐다.

공급 정책도 실패… 확장 통화 정책으로 엇박자

공급에서도 문제가 있었다. 공급이 부족하면 가격은 오르기 마련이다. 문재인 정부에서도 그랬다. 문재인 정부는 부동산 공급 이야기만 나오면 다른 정부보다 공급 물량이 많았다며 억울해했다. 실제로 문재인 정부에서 서울지역 아파트 인허가 건수는 연평균 약 4만 6,000호로 박근혜 정부의 인허가 건수(3만 7,000호)보다 많았다. 준공 건수도 연평균 4만 6,000호로 박근혜 정부(연평균 3만 2,000호)보다 많았다.

이렇게만 보면 왜 공급은 문제없었다고 생각할 수 있다. 하지만 자세히 따져보면 그렇지 않다. 우선 서울의 주택 수는 2017년에서 2020년 사이 10만 6,900채 늘었다. 준공 건수도 많았지만 그만큼 멸실 건수도 많았다. 여기에 같은 기간 서울에 거주하는 가구 수는 16만 9,000가구나 증가했다. 새로 생겨난 집보다 가구가 더 늘어나니 그만큼 공급이 부족했다.

심리에 영향을 주는 인허가 건수도 마찬가지다. 연평균 인허가 건수를 보면 박근혜 정부 때보다 많아 보이지만 박근혜 정부의 경우 매년 비슷한 수준을 유지한 반면, 문재인 정부에서는 취임 첫해인 2017년에 7만 5,000건, 2021년에 5만 4,000건으로 크게 줄었고 집값이 꽤 논란이었던 2018년과 2019년, 2020년에는 3만 건대에 그쳤다. 새 아파트 분양도 계속 줄었다. 2017년 서울에 분양한 아파트는 1만 9,251채였지만 2018년 1만 773채, 2019년 1만 5,429채, 2020년 1만 4,021채, 2021년 4,872채 등으로 감소세를 보였다. 강력한 재건축 및 재개발 규제로 새 아파트가 생길 것이란 기대도 하기 어려웠다.

통화·재정 정책도 부동산 정책과 엇박자를 냈다. 부동산 경기에서 가장 중요한 지표는 금리다. 앞에서 설명한 것처럼 금리가 높으면 비용이 올라가 부동산 투자에 소극적이 되고 금리가 낮으면 비용 감소로 수요도 늘어난다.

물론 경기가 어려운 상황도 있었지만 문재인 정부는 임기 대부분 기간 동안 낮은 금리와 확장 재정을 유지하며 어느 정부보다 돈을 많이 풀었고 이는 부동산 가격 급등으로 연결됐다. 물이 안 나오게 한다고 아무리 수도 호스를 움켜쥐어도 수도꼭지를 최대한 열어놓으면 결국 물이 터져 나오는 것처럼 아무리 수요 억제 정책을 써도 돈을 대거 풀면 가격 급등으로 올라갈 수밖에 없다.

'새집 계속 나온다', 수요 안심시켜야 집값도 안정

그렇다면 어떻게 해야 했을까? 시장과 싸우기보다는 시장에 순응하고 달래는 정책을 펼쳤어야 했다는 게 전문가들의 지적이다. 부동산 시장은 심리에 민감하고 특히 공급 부분에서 그렇다. '수요가 얼마나 있든 공급은 얼마든지 하겠다'라는 신호를 계속 주면 정말 실수요자가 아닌 이상 급하게 집을 살 필요가 없어지고 자연스럽게 가격은 안정된다.

실제로 노태우 정부 시절 분당, 일산 등 서울과 바로 붙어 있는 지역에 대규모 신도시 아파트촌을 짓고 지하철, 도시고속도로로 교통을 해결해주자 집값도 꺾였다. 심지어 철옹성 같던 강남 아파트값은 1991년 하반기 이후 하락해 이때의 고점을 회복하기까지 10년이 걸렸다.

하지만 문재인 정부에서는 반대로 움직였다. 시장이 과열될까 봐 공급에 대한 신호는 주지 못하고 수요 대책만 내놓다가 수요 심리를 부추긴 꼴이 됐다. 가구는 늘어나고 멸실되는 집도 늘어가는데 인허가 건수나 아파트 분양 건수는 오히려 줄어들고 갈수록 대출마저 막히는 상황에서 가격은 계속 뛰니 집을 살 계획이 없던 수요자들까지 '벼락 거지'가 되지 않으려고 '영끌(영혼까지 끌어모아) 대출'로 내 집 마련에 나선 것이다. 〈2020년 주거 실태 조사〉에 따르면, 우리나라 국민의 87.7%나 집을 꼭 보유해야 한다고 생각하는 것으로 나타났다. 2017년 조사 때와 비교하면 4.9%p 상승했다. 특히 수도권 거주자의 경우 79.7%에서 87.4%로 7.7%p 올랐다.

5년간 시장과 싸운 경제 정책

사실 문재인 정부가 5년간 시장과 맞서 싸우다 역효과를 낸 것은 부동산 정책뿐이 아니다. 소득 주도 성장을 하겠다며 무리하게 최저임금을 올리다 오히려 최저임금 대상자인 아르바이트생의 자리를 빼앗았다. 아르바이트생이 사라진 자리는 키오스크(무인 단말기)가 대신했다.

'저녁 있는 삶'을 살게 하겠다며 도입한 52시간제는 수입이 부족한 직장인들을 대리 운전, 배달 알바로 몰아냈다. 정부가 일자리를 책임지겠다며 그 어떤 정부보다 많은 예산을 일자리 예산으로 편성했지만 효과는 미미했다. 오히려 현대경제연구원이 박기성 성신여대 경제학과 교수팀에 의뢰해 연구한 전일제 환산 취업자 수를 보면 전일제 일자리는 5년간 209만 2,000개가 사라졌다.

일본과 외교 갈등을 겪으면서 일본이 핵심 소재에 대한 수출 규제를 강화하자 '소부장(소재·부품·장비) 자립'을 선언하고 대대적인 기술 개발 지원 대책을 내놨다. 대일본 소부장 수입액은 2008년 381억 달러에서 2019년 329억 달러로 떨어졌지만 2020년 340억 달러로 반등했고 2021년에는 395억 달러로 오히려 이전보다 늘어났다.

이런 결과들은 자본주의가 극도로 발달할수록 정부는 시장의 흐름에 맞춰 조금씩 대응해야지 맞서 싸워서는 안 된다는 것을 보여준다. 경제를 계절에 비유하면 이해가 쉽다. 무더운 여름에는 에어컨을 틀고 추운 겨울에는 보일러를 틀어서 계절을 잘 날 수 있게 도와주는 게 정부의 역할이지 겨울을 여름으로 다시 여름을 겨울로 바꾸려고 해서는 안 된다.

3부

미래를 좌우하는 빅 웨이브

1장

4차 산업혁명

자동차 운전석에 사람이 없는 시대가 열렸다

지난 2018년 12월 5일(현지 시각), 미국 애리조나주 피닉스 교외의 남동부 지역에 전 세계 언론의 시선이 집중됐다. 구글의 자율주행차 개발업체인 웨이모가 이날부터 '로보택시' 서비스인 '웨이모 원' 운영을 시작했기 때문이다.

웨이모 원은 우리가 익숙한 보통의 택시 호출 서비스와 비슷하다. 웨이모 원 이용자가 스마트폰 앱으로 웨이모의 로보택시를 호출해 탑승하면 목적지까지 갈 수 있다. 승객이 목적지에 내리면 앱에 연동돼 있던 신용카드에서 자동으로 요금이 결제된다.

결정적인 차이점은 '누가 택시를 운전하느냐'다. 웨이모의 로보택시는 사람이 아닌 자율주행 기능을 학습한 인공지능(AI)이 운전한다. 만약을 대비해 사람이 운전석에 타고 있지만, 실제 운전은 오로지 AI에 맡긴다. 웨이모의 로보택시는 세계 최초 4단계 자율주행으로 평가된다. 미국 자동차공학회(SAE)는 자율주행 기술을 1단계부터 5단계까지 분류하는데, 4단계는 운전자가 탑승하되 운전자 제어 없이 오로지 AI가 운전하는 경우를 말한다. 최종 5단계는 운전자도 없는 완전 무인차로 아직까지는 상용화되지 않았다.

웨이모는 구글이 자율주행 기술 개발에 나선 지 9년 만에 거둔 성과다. 구글뿐 아니라 우버, 테슬라 같은 스타트업부터 GM, 포드, 현대자동차그룹 등 전통적인 자동차업체들까지 자율주행 기술 개발에 뛰어들고 있다.

자동차 산업의 경쟁 구도가 뿌리째 흔들리고 있다. 과거에는 누가 더 예쁘고 멋지고 연비가 좋은 자동차를 만드는지를 두고 경쟁했다. 지금은 자율주행과 전기차, 수소전지차 같은 새로운 기술을 누가 더 먼저 개발하고 상용화할지를 놓고 경쟁한다.

이런 경쟁 구도의 변화는 자동차 산업만의 일이 아니다. 자율주행 기술이 자동차 산업의 판도를 바꾸고 있다면 5세대(G) 이동통신 기술은 통신 산업과 인터넷 산업, 콘텐츠 산업에 지각 변동을 일으키고 있다. AI 기술이 세상을 어디까지 바꿀 수 있을지 정확하게 예측할 수 있는 사람은 어디에도 없다. 빅 데이터를 모으고 분석하는 기술이 나날이 발전하면서 고객 한 사람, 한 사람에 맞춤형 서비스를 제공할 수 있게 됐고, 동시에 기술 기반의 빅 브라더 사회가 열리는 것 아니냐는 우려도 나온다. 이 모든 변화를 단 하나의 단어로 요약한 것이 '4차 산업혁명'이다.

인간은 오랫동안 인간 스스로의 힘이나 가축의 힘을 빌려 동력을 만들어 내다 18세기 영국에서 증기를 이용한 동력을 만들어 내면서 공장을 세우고 제품을 대량 생산하기 시작했다. 이것을 1차 산업혁명이라고 한다. 이후 19세기부터 석유를 사용한 내연기관과 전기를 사용하는 모터가 만들어지면서 2차 산업혁명이 발생했고 20세기에 들어 전자회로와 정밀제어를 바탕으로 한 컴퓨터와 인터넷의 등장으로 정보의 유통 속도가 기하급수로 빨라지는 3차 산업혁명이 나타났다. 그리고 21세기 초에는 AI 기술, 사물인터넷(IoT), 5G, 빅 데이터에 기반한 최첨단 정보통신기술(ICT)이 우리 생활과 경제 전반에 혁신적인 변화를 일으키면서 4차 산업혁명 시대를 열고 있다.

4차 산업혁명이 만들어낼 새로운 세상은 어떤 모습일까? 21세기의 전반부를 살아갈 우리는 어떤 변화와 혁신을 마주하게 될까?

알파고가 연 AI 시대 마법의 문

2001년 스티븐 스필버그가 〈에이 아이(AI)〉라는 SF영화를 내놓을 때까지만 해도 '인공지능(AI)'은 영화나 소설에 어울릴 법한 단어였다. 당시에만 해도 AI를 실생활에서 접할 수 있는 방법이 전혀 없었다. AI는 미국이나 유럽의 최첨단 연구소에 가야 시연 정도를 볼 수 있는 기술이었다.

하지만 최근 몇 년 동안 상황은 급변했다. 시작은 알파고였다. 구글이 투자한 영국의 AI 기업 딥마인드는 2016년 이세돌 9단과 바둑 대결을 펼쳤다. 바둑은 경우의 수가 셀 수 없이 많기 때문에 AI 기술이 인간을 뛰어넘기 힘든 대표적인 분야로 꼽혔다. 이세돌 9단과 알파고가 대결을 펼치기 전까지만 해도 그런 전망이 지배적이었다. 하지만 정작 실제 대결에서 알파고는 압도적인 실력으로 이세돌 9단을 물리쳤고 이후 바둑 분야에서 AI 기술은 인간이 따라잡을 수 없을 만큼 빠른 속도로 발전했다.

알파고가 인간의 벽을 뛰어넘더니 AI 비서 기능을 담은 스피커가 세계적으로 인기를 끌었다. AI가 내 펀드 투자를 대신 해주고 야구 경기 결과를 속보로 알려주는 시대가 됐다. AI가 인간을 바둑에서 이기는 건 이제 뉴스거리도 안 된다. 기업은 AI를 차세대 성장동력으로 보고 대대적인 투자에 나서고 있으며 정부도 AI 산업을 육성하기 위해 지원을 아끼지 않고 있다. 사람들은 이제 AI라는 단어에 대해 별세계의 무엇이 아닌 일상의 편리한 기술 정도로 여기고 있다.

이렇게 AI가 사람들의 일상에 빠르게 스며들고 있지만 정작 AI가 무엇인지 정확히 이해하는 사람을 찾기란 어려운 일이다. 그저 컴퓨터와 로봇 기술을 이용한 무엇 정도로 이해하는 사람이 대부분이다. 과연 AI는 무엇일까?

매년 두 자릿수 성장률 보이는 AI 산업

AI에 대한 가장 간단한 정의는 '스스로 생각하는 기계'다. 인간처럼 스스로 생각할 수 있는 기계를 만들기 위한 노력은 20세기 초반부터 이어졌다. 영국의 과학자 앨런 튜링은 1950년에 기계가 인간처럼 생각할 수 있다는 주장을 제시했는데 이때 AI에 대한 기본적인 개념이 처음 등장했다. 튜링은 AI와 실제 인간이 5분 동안 대화를 한 뒤 AI의 정체를 밝혀낼 수 있는지를 따져서 AI를 판별하는 '튜링 테스트'를 고안하기도 했다.

튜링 테스트가 나온 건 1950년이지만 이 테스트를 실제로 통과한 AI가 등장한 건 그로부터 64년이 지난 2014년이었다. 슈퍼컴퓨터에서 구동되는 러시아 AI 프로그램 '유진 구스트만'은 런던 왕립학회에서 열린 튜링 테스트에서 심사위원 30% 이상을 인간으로 생각하도록 속여 합격 판정을 받았다(다만 당시 유진을 우크라이나 국적의 13세 청소년이라고 설명해 심사위원들이 영어가 익숙하지 않은 아이라고 생각할 수 있는 여지를 만들었다. 이 때문에 유진이 튜링 테스트를 진정으로 통과했다고 보기에는 논란이 있다는 주장도 많다).

튜링 테스트와 별개로 AI 기술은 20세기 내내 꾸준히 발전해왔다. 1980년대에는 컴퓨터가 검색 엔진을 통해 스스로 데이터를 수집한 뒤 학습하는 기술이 등장했다. 이 기술은 훗날 알파고에 적용되는 딥 러닝 기술로 발전하게 된다. 딥 러닝은 쉽게 말해서 컴퓨터가 쉴 새 없이 수많은 데이터를 받아들이면서 일정한 패턴을 발견해 사물을 구분하도록 학습하는 기술이다. 예컨대 우리가 고양이를 고양이라고 부를 수 있는 건 태어나서 지금까지 살아오면서 수많은 고양이 사진과 그림을 봤기 때문이다. 우리도 모르는 사이에 수많은 데이터 속에 있는 고양이를 보면서 고양이의 공통적인 외양과 특징을 학습했고 이제는 자연스럽게 고양이를 보고 고양이라고 할 수 있게 된 것이다. 딥 러닝도 마찬가지다. 컴퓨터에 수많은 고양이에 대한 데이터를 보여주면 컴퓨터는 자연스럽게 고양이의 특징을 인식하게 된다. 컴퓨터가 데이터를 받아들이고 처리하는 속도가 인간보다 빠르기 때문에 결국 딥 러닝을 활용한 AI 기술이 빠른 속도로 인간보다 뛰어난 지각 능력을 갖추게 만든다.

이제 AI 기술은 인간과 바둑 대결을 하는 수준을 넘어서 거의 모든 산업 분야에서 전방위적으로 활용되고 있다. 글로벌 시장 조사 업체인 가트너에 따르면, 2021년 전 세계 AI 관련 시장 규모는 1조 2,000억 달러(약 1,300조 원)로 전년 대비 70% 증가했다. 가트너는 세계 AI 관련 시장이 매년 두 자릿수 성장률을 기록할 것으로 예측했다. 전 세계 경제가 둔화하는 가운데 AI 시장만큼은 고공행진을 거듭하고 있다.

AI 기술이 쓰이는 분야는 무궁무진하다. 애플과 구글, 페이스북 같은 IT 기업들은 AI 기술을 활용해 음성인식 비서, 챗봇 등을 개발하고 있다. 생활플랫폼을 장악하는 데 AI 기술을 앞세우고 있는 것이다. AI 기술은 금융 분야에서는 인간을 대신해 투자를 결정하고, 법률과 회계 같은 전문적인 영역에서도 사람보다 더 빨리 판단하고 계산해낸다. 변호사와 회계사는 AI 시대에 사라질 직업 1순위에 꼽히기도 한다. AI 기술은 AI와 전혀 상관없을 것 같은 패션 산업에서도 유용하게 쓰인다. 글로벌 명품업체인 버버리는 AI 기술을 활용해 진품과 모조품을 구별하는 스마트폰 앱을 만들기도 했다. 이제 AI는 모든 산업, 모든 생활에 활용되고 있다. 100조 원 규모의 투자 펀드를 운영하는 손정의 소프트뱅크그룹 사장은 "앞으로 AI 관련 기업에만 투자하겠다"라고 선언했는데 그 이유가 여기에 있는 것이다.

반도체 시장도 AI 맞춤형으로 진화

AI 기술의 가능성은 무궁무진하다. 하지만 AI 기술이 실제로 활용되기 위해서는 반드시 필요한 게 있다. 바로 반도체다. AI 기술에 대해 이야기할 때 많은 사람이 소프트웨어를 떠올리지만 사실 반도체라는 하드웨어가 따라주지 않으면 AI 기술은 공상에 머물고 만다. 스티븐 스필버그가 영화 〈에이 아이(AI)〉에서 그린 미래 사회가 현실로 성큼 다가올 수 있었던 건 빠른 처리 능력을 지닌 반도체 기술이 그만큼 발전한 덕분이다.

반도체는 보통 메모리 반도체와 비메모리 반도체로 나뉜다. 메모리 반도체는 정보를 저장하는 용도로 쓰이는데 우리가 흔히 뉴스에서 접하는 D램이나 낸드 플래시가 대표적인 메모리 반도체다. 메모리 반도체 시장에서 한국 기업들은 압도적인 성과를 내고 있다. 세계 메모리 반도체 시장 점유율에서 한국 기업인 삼성전자와 SK하이닉스가 60% 넘는 점유율을 기록해 전체 시장의 3분의 2를 차지하고 있을 정도다. 반도체는 최근 몇 년 동안 한국 경제의 든든한

[주요 메모리 반도체 생산업체 점유율]

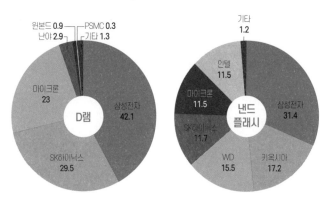

• 주: 2020년 4분기 기준, 단위는 %
• 자료: 트렌드포스

기둥 역할을 해왔다.

하지만 AI 시대에는 시스템 반도체로 대표되는 비메모리 반도체가 갈수록 중요해진다. 비메모리 반도체는 정보 저장이 아닌 IT 제품의 작동에 필요한 계산과 분석, 연산 기능을 수행한다. PC의 중앙연산장치(CPU)나 스마트폰 애플리케이션 프로세서(AP) 등이 대표적인 비메모리 반도체다. 사람 머리에 비유하면 이해가 쉬워진다. 기억력이 좋다면 메모리 반도체가 뛰어난 것이고, 계산이나 분석을 잘한다면 비메모리 반도체가 뛰어난 것이다. 비메모리 반도체 시장에서는 인텔이나 퀄컴 등 해외 기업이 강세다.

비메모리 반도체는 과거에는 PC나 휴대폰 정도에만 쓰이다가 스마트폰과 자율주행차, 드론 등 각종 스마트 제품이 쏟아지면서 그에 맞는 다양한 비메모리 반도체가 필요해지고 있다. 특히나 최근 AI 기술의 핵심적인 역할을 하는 반도체를 따로 'AI 반도체'라고 부른다.

삼성전자를 비롯한 국내 전자업체들이 AI 투자를 늘리는 것도 이런 이유에서다. 삼성전자는 2019년 4월 133조 원을 투자해 2030년까지 세계 비메모리 반도체(시스템 반도체) 시장 1위에 오르겠다는 로드맵을 발표했다. 2021년에는 기존 계획에 38조 원을 더해 총 171조 원을 투입하겠다고 했다. 이미 2018년부터 전 세계 각지에 글로벌 AI 연구센터를 설립하고 있으며, AI 연구 인력도 늘리고 있다. 이를 통해 세계적인 경쟁력을 가진 메모리 반도체와 각종 전자제품, 휴대폰 사업에 AI 기술을 접목해 AI 시대에도 경쟁력을 이어간다는 구상이다.

하지만 실제 성과는 지지부진한 편이다. 오너의 사법 리스크 등으로 대대적인 투자가 따르지 않은 탓에 모바일 AP 시장 점유율은 2019년 12%에서 2021년 4분기 말 4%로 오히려 하락했다. 파운드리 사업에서도 삼성전자의 점유율은 15% 정도로 정체된 가운데 글로벌 1위 업체인 대만의 TSMC는 50% 이상을 유지하며 1위를 공고히 하고 있다. 삼성전자뿐만 아니라 SK하이닉스, 인텔 등 세계적인 반도체 기업들이 AI 시대에 주도권을 뺏기지 않기 위해 투자를 늘리고 있다.

자율주행과 차량 공유는 하나다

    자동차 산업은 4차 산업혁명 변화의 바람이 가장 빠르고 또 가장 거세게 몰아치는 분야다. 2018년 12월 20일, 여의도에서는 6만여 명의 택시기사가 모인 대규모 집회가 열렸다. 카카오의 카풀 서비스에 반대하며 분신 사망한 택시기사를 추모하고 정부에 카풀 서비스 근절을 요구하는 자리였다. 전국의 택시기사들이 택시를 몰고 여의도로 몰려들면서 일대 교통이 마비될 정도였다. 2019년에는 다른 스마트 모빌리티 서비스인 '타다'를 놓고 택시업계와 스타트업 업계가 충돌했다.

    2018년 11월 미국 최대 자동차 생산업체 중 하나인 GM은 공장 7개 폐쇄, 1만 4,700명 감원이라는 대규모 구조 조정 계획을 발표했다. GM을 시작으로 포드가 2만 5,000여 명, 폭스바겐이 7,000여 명, 닛산이 1,000여 명을 구조 조정하는 계획을 잇달아 내놨다. 영국의 경제 전문매체인 〈파이낸셜타임스〉는 이런 현상을 '카마겟돈(자동차와 아마겟돈을 합친 말)'으로 묘사하기도 했다.

카풀 서비스에 반대하는 한국 택시기사들의 집회와 글로벌 자동차 생산업체들의 대규모 감원은 상관없는 일처럼 보이지만 사실 톱니바퀴의 두 축처럼 서로 맞물려 있다. 자율주행 기술과 차량 공유 서비스가 하나로 연결돼 있듯이 말이다.

자율주행 기술 개발을 이끄는 구글의 창업자 래리 페이지와 세르게인 브린은 왜 자율주행이 중요하냐는 질문을 받고 이런 대답을 한 적이 있다.

"자율주행과 차량 공유는 도시에서 주차장을 없앨 것이다. 주차장 없는 도시를 상상해보라. 얼마나 많은 변화가 가능할까?"

이 대답에 우리의 호기심을 풀어줄 실마리가 숨어 있다. 자율주행과 차량공유가 뭐길래 주차장을 없앨 수 있다는 걸까?

시작은 미약하나 끝은 창대하리라

차량 공유 서비스의 대명사인 우버는 2009년에 탄생했다. 창업자인 트래비스 칼라닉과 개릿 캠프는 미국 샌프란시스코의 악명 높은 택시 서비스에 치를 떨었고 택시를 대신할 운송 서비스를 고민하기 시작했다. 그 결과물이 우버다. 스마트폰 앱을 이용해 운전기사와 승객을 이어주는 우버는 운송 서비스의 틀을 바꿔놨다. 그전에는 개인 소유의 자가용이나 운송 회사가 소유한 택시만이 가능한 선택지였다면 우버의 등장으로 개인 소유의 공유 차량도 언제 어디서나 이용할 수 있게 된 것이다.

처음부터 우버가 성공 가도를 달린 건 아니다. 택시업계의 강한 반발이 이어졌고 우버 이용자들도 익숙해지는 데 어느 정도 시간이 필요했다. 하지만 이제는 우버의 뒤를 이어 리프트, 고젝, 그랩 같은 차량 공유 서비스가 전 세계 곳곳에 등장했고 되돌릴 수 없는 흐름으로 자리 잡았다.

한국은 택시업계의 강한 반발에다 주요 자동차 생산업체들의 느린 대응 탓에 차량 공유로의 전환이 다른 국가들보다 느리다. 이 때문에 한국에서는 차량 공유가 어째서 되돌릴 수 없는 흐름인지 이해하지 못하는 사람이 많다. 컨설팅회사 리씽크엑스가 2017년에 발표한 보고서인 〈Rethinking Transportation(교통을 다시 생각해본다) 2020~2030〉은 '타스(TaaS: Transportation as a Service, 서비스로서의 교통)'라는 개념에 기반을 둔다. 쉽게 말해 자동차를 소유하지 않고 공유하면서 서비스로 이용하는 방식이 타스다. 보고서는 타스 방식으로 차량을 이용하는 비용이 차량을 소유할 때의 37%에 불과하다며 경제적인 측면에서 보면 차량 공유는 당연한 흐름이라고 지적한다.

생각해보면 자가용만큼 비효율적인 자산도 없다. 가동하는 시간보다 주차장에 있는 시간이 훨씬 길기 때문이다. 개인이 소유한 자동차의 경우 전체 보유 기간의 4%만 운행 중이고 나머지 96%는 주차장에서 자리만 차지하고 있다는 통계도 있다. 필요할 때 불편함 없이 언제든지 이용할 수 있고 가격까지 저렴하다면 굳이 차를 사지 않고 공유 서비스로 이용하는 것이 훨씬 효율적이다. 사회 전체적으로 봐도 지금보다 차량 수가 더 적어도 지금과 같은 수송 기능을 감당할 수 있으니 훨씬 이익이다.

차량 공유는 자동차 산업을 뿌리째 흔들 수 있는 큰 변화다. GM, 포드 같은 글로벌 자동차 생산업체가 서둘러 구조 조정에 나서면서 연구·개발(R&D)에 많은 인력과 자금을 투입하는 것도 이런 이유에서다. 차량 공유 시대가 본격화되면 자동차 생산량이 급감할 수밖에 없다. 자동차 생산업체들이 '생산'을 떼어내고 자동차 '서비스'업체로 변신을 시도하는 이유다.

자율주행은 차량 공유의 화룡점정

그렇다면 차량 공유와 자율주행은 어떤 관련이 있는 걸까? 앞에서 이야기한 리씽크엑스의 보고서를 다시 살펴보자.

보고서는 타스의 효율을 높이기 위한 마지막 퍼즐조각이 자율주행 기술이라고 지적한다. 사람들은 더는 자동차를 사지 않고 필요할 때에만 스마트폰 앱으로 호출해서 이용하게 될 것이다. 내가 원할 때 자동차를 이용할 수 없다면 차량 공유의 효율은 떨어진다. 사람이 운전하는 차는 이런 점에서 보면 한계가 분명하다. 하지만 자율주행으로 운행되는 자동차는 24시간 쉴 필요가 없다. 호출을 받으면 화장실을 들를 필요도 없고 밥을 먹느라 시간을 지체할 필요도 없다.

자율주행과 결합한 차량 공유는 결국 우리 도시의 주차장을 없앨 것이다. 타스 시대에는 자동차가 지금처럼 많을 필요가 없다. 사람들은 자동차를 소유하는 대신 공유할 것이고, 지금의 10분의 1 수준의 공유 차량만이 24시간 자율주행을 하며 사람들을 태우고 다닐 것이다. GM의 부회장이었던 밥 러츠는 "미래의 운송 수단은 차량 공유업체인 우버와 리프트가 모두 소유하게 될 것이다. 자동차 생산업체들은 굿바이 키스를 준비해야 한다"라고 말한 바 있다.

자율주행과 차량 공유는 먼 미래의 이야기가 아니다. 앞에서 이야기한 구글 웨이모의 로보택시 상용화는 우리가 이미 변화의 한복판에 서 있다는 걸 알려준다. 차량 공유업체는 이제 자동차를 넘어서 일상생활에 필요한 모든 것을 제공하는 종합 플랫폼 사업자로 거듭

[미국 자동차공학회(SAE)의 자율주행 단계]

단계		내용	관련 주요 첨단 사양 및 시스템	해당 주요 업체(추정)
0단계	자동화 없음	운전자가 차량을 완전히 제어해야만 하는 단계.	-	-
1단계	운전자 보조	조향, 가감속 등을 자동화해 운전자가 도움 받는 수준.	정속 주행장치(ACC)	-
2단계	부분 자율주행	고속도로 주행 시 차량·차선 인식, 앞차와 간격 유지 가능, 운전자가 주변 상황 주시.	스마트 크루즈 컨트롤(ASCC), 주행 조향 보조 시스템(LKAS) 등을 결합한 형태	바이두
3단계	조건적 자율주행	일정 구간 자율주행 가능, 운전자가 주변 상황 주시해 돌발 상황 대비.	첨단 운전자 보조 시스템(ADAS)	테슬라, GM, BMW, 포드, 폭스바겐, 볼보
4단계	고도화된 자율주행	특정 도로 조건에서 모든 안전 제어 가능.	라이다(Lidar) 시스템	현대차, 벤츠, 도요타
5단계	완전 자율주행	운전자 개입 없이 목적지까지 주차 등 모든 기능이 완전 자동화된 단계. 운전자 없어도 됨.	커넥티드 시스템	구글, 애플 (특정 구간만 성공)

• 자료: 미국 자동차공학회

나고 있다. 차량 공유업체가 간편 결제 금융 서비스를 제공하고 식료품부터 의약품까지 온갖 생필품을 배달해주기도 한다. 그러면서 미래 사회의 원유라고 할 수 있는 고객의 데이터를 차곡차곡 모으고 있다.

4차 산업혁명 시대에는 산업 간 경계가 흐릿해진다. 조금만 방심해도 자동차업체가 금융회사를 무너뜨릴 수 있고, 유통업체가 의약품 시장을 뒤엎을 수 있다. 차량 공유와 자율주행에서 시작된 변화의 바람이 어디까지 갈지 지켜볼 일이다.

미래의 석유 '5G'

5세대(G) 이동통신 시대가 열렸지만, 여전히 많은 사람이 5G가 어떤 기술인지 정확히 알지 못한다. 어찌 보면 당연한 일이다. 우리는 한순간도 숨을 쉬지 않고 살 수 없다. 그렇다고 공기의 화학 성분 구조를 설명할 수 있는 사람은 별로 없는 것과 같다.

5G는 이동통신 기술이다. 우리가 걸어 다니면서 다른 사람과 통화를 하고 스마트폰으로 인터넷 검색을 할 수 있는 건 이동통신 기술이 보이지 않게 우리의 스마트폰과 네트워크망을 연결해주기 때문이다. 눈에 보이지 않지만 없어서는 안 된다는 점에서 공기와 다를 게 없다.

그렇다면 왜 5G인 걸까? 숫자에서 짐작할 수 있다시피 5G는 이동통신 기술의 큰 흐름에서 다섯 번째로 등장한 기술을 뜻한다. 1세대 이동통신 기술이 등장한 건 1980년대였다. 당시에는 아날로그 방식으로 음성 신호를 주고받았는데 휴대폰의 크기가 거의 벽돌만 했다. '벽돌폰'이라는 별명이 붙은 이유다. 1990년대에 접어들면서 디지털 방식으로 음성과 문자 신호를 주고받는 2세대(CDMA) 이동통신이 등장했다. 우리에게 익숙한 SK텔레콤, LG텔레콤(지금의 LG유플러스), KTF(2009년 KT에 합병) 같은 이동통신업체가 만들어진 것도 이때다. 2000년대에는 3세대(W—CDMA) 이동통신 시대가 열렸다. 이때부터는 영상통화가 가능해질 정도로 데이터 속도가 빨라졌다. 2010년대에는 4세대(LTE) 이동통신이 등장했다. 영화 1편을 5~6초 만에 다운로드받을 수 있게 됐고, 애플과 삼성전자가 이끄는 '스마트폰'의 시대가 열렸다.

그렇다면 5G는 얼마나 빠를까? 간단하게 말해서 5G는 LTE보다 20배 정도 빠르다. 5G의 최대 전송 속도는 20기가비피에스(Gbps, 1초 동안 전송할 수 있는 비트 수)다. 물론 최대 전송 속도는 실제 이용 환경에서 구현하기 힘들고, 통상 4기가비피에스 정도는 무난할 것으로 예상한다. 가정에 보급된 기가인터넷의 4배에 달하는 속도다 [LTE의 경우 최신 스마트폰을 이용해 사람이 몰리지 않는 한적한 시간대

[이동통신 세대별 특징]

	1G	2G	3G	4G	5G
주요 서비스	음성통화	문자메시지	화상통화, 멀티미디어 문자	데이터 전송 및 실시간 동영상 시청	VR, AR, 홀로그램, 자율주행
속도	14.4kbps	144kbps	14Mbps	75Mbps~1Gbps	20Gbps 이상
상용화 시기	1984년	2000년	2006년	2011년	2019년

• 자료: 한국전자통신연구원

에서 속도를 측정해보면 150메가비피에스(Mbps)의 속도가 난다. 평균 속도만 놓고 보면 20배보다 더 빠를 수 있다].

LTE보다 굳이 더 빠른 이동통신이 필요할까 의구심이 들 수 있다. 물론 통신이 빠르면 빠를수록 좋긴 하겠지만 LTE만 해도 크게 불편함이 없어서다. 오히려 소비자 입장에서는 통신사가 5G로 넘어간다면서 요금이나 올리는 것 아니냐는 불만이 생길 수 있다.

5G는 4차 산업혁명의 핏줄

그렇다면 이동통신사들은 그저 자기 배를 채우려고 5G 시대로 넘어간 걸까? 물론 기업 입장에서 이런 이유도 없지는 않겠지만, 그보다는 더 빠른 통신이 있어야 하는 산업들이 새로 생겨나기 때문이다. 바로 4차 산업혁명이라 불리는 산업들이다.

20세기폭스사의 최고기술책임자인 하노 바세는 "5G는 미래의 석유"라고 말했다. 5G를 4차 산업혁명 시대의 핏줄로 비유하는 사람도 많다. 5G 없이는 4차 산업혁명도 불가능하다.

4차 산업혁명 시대의 대표적인 기술 중 하나가 사물인터넷(IoT: Internet of Things)이다. 사물인터넷은 세상에 따로 존재하던 다양한 사물이 서로 연결되면서 전에 없던 새로운 서비스를 제공한다. 많은 가정에 보급된 AI 스피커가 대표적인 사례다. 과거에 스피커는 음악이나 라디오 소리를 크게 들을 수 있는 기계에 그쳤다. 그러나 스피커에 네트워크가 연결되고 AI 기술이 더해지면서 가정의 집사이자 일상의 비서 역할까지 도맡게 됐다. 앞으로는 자가용이나 집에 있는 모든 가전제품들이 네트워크에 연결돼 언제 어디서나 사용할 수 있는 시대가 열릴 것이다.

사물인터넷 시대에는 세계적으로 데이터 이용량이 폭증할 수밖에 없다. 글로벌 네트워크 설비 회사인 시스코(CISCO)는 전 세계 월간 인터넷 트래픽이 2016년 96엑사바이트에서 2021년에는 278엑사바이트로 늘어날 것으로 예측했다. 인터넷 트래픽이 5년 만에 3배 증가한 배경에는 4차 산업혁명과 사물인터넷이 있다.

데이터 이용량이 폭증하는 만큼 더 빠른 이동통신의 등장은 불가피한 상황이었다. 이동통신 네트워크를 고속도로에 비유하면 이해하기가 쉽다. 고속도로를 이용하는 차량이 지금의 3배로 늘어난다고 하면 고속도로를 늘리든지, 자동차의 운행 속도를 빠르게 하든지 해야 한다. 5G는 이 두 가지를 모두 해결했다.

우리 일상에서 5G가 가져다주는 효용을 느낄 일은 생각보다 많지 않다. LTE도 쓰기에 충분히 빨랐기 때문이다. 5G의 진면목은 일상생활보다 산업 현장에서 발휘된다. 멀리 떨어진 곳에서도 실제 현장에 있는 것처럼 장비를 조종하고, AI 기술을 활용한 공장 자동화의 수준도 더 높아진다. 가상현실(VR), 증강현실(AR) 기술을 더 편리하고 빠르게 쓸 수 있게 된다.

특히 자율주행차 기술에는 5G가 반드시 필요하다. 빠르게 움직이는 자동차가 안전하게 움직이려면 통신망을 통해 끊김 없이 빠르게 정보를 주고받을 수 있어야 하기 때문이다. SK텔레콤에 따르면, 시속 100킬로미터로 운행 중인 차가 LTE 통신으로 위험을 감지하면 약 1미터 이동 후 브레이크를 밟게 되지만 5G 통신으로는 위험을 감지한 뒤 약 3센티미터 이동 후 제동을 시작한다.

빅 데이터 시대도 5G와 함께 본격화될 수 있다. 빅 데이터는 말 그대로 엄청난 규모의 데이터를 모으고 분석해서 우리에게 필요한 정보를 뽑아내는 게 핵심이다. 이를 위해서는 5G가 기본이 돼야 한다.

5G 기술은 심지어 친환경·친에너지 기술이다. 같은 양의 데이터를 전송할 때, LTE는 5G보다 100배 정도 많은 에너지를 쓴다. 5G가 빠르게 상용화될수록 데이터 전송에 소모되는 에너지를 아낄 수 있다.

5G는 이제 막 첫걸음을 뗐다. 몇 년 전부터 5G에 대한 이야기가 많이 회자되면서 사람들의 인식에 5G라는 단어가 깊숙이 뿌리내렸지만, 상용화가 시작된 건 2019년 초부터다. 그마저도 완전 상용화가 아닌 일부 지역이나 산업 현장에서만 이용할 수 있다. 5G의 효용을 본격적으로 체감하기 위해서는 아직 시간이 더 필요하다.

탈노동과 기본 소득

2021년 4월 28일부터 30일까지 경기도 일산 킨텍스에서 '2021 대한민국 기본 소득 박람회'라는 행사가 열렸다. 이 박람회의 기조 연설은 2001년 노벨경제학상 수상자인 조지프 스티글리츠 미국 컬럼비아대 교수가 맡았다. 조지프 스티글리츠 교수는 이 자리에서 "한국은 기본 소득에서 세계적 모범 사례가 됐다"라고 말했다. 도대체 기본 소득이 뭐길래, 그리고 한국에서 어떤 논의가 오가길래 '한국형 기본 소득'이 세계적인 관심을 받는 걸까?

일의 정의가 달라진다, 기본 소득 실험 주목

기본 소득은 말 그대로 개인이 기본적인 생활을 영위할 수 있는 수준의 돈을 정부가 지급하는 걸 말한다. 다른 소득이나 구직 활동 여부와 상관없이 무조건 일정 수준의 돈을 지급한다는 점에서 다른 복지제도와 차이가 있다.

기본 소득은 갑자기 튀어나온 개념이 아니다. 미국의 보수 경제학자인 밀턴 프리드먼은 1962년에 '부의 소득세(Negative income tax)'라는 개념을 제시했다. 사실상 지금의 기본 소득 같은 개념이었다. 미국 알래스카에서는 석유를 팔아서 번 돈으로 기금을 조성해 1982년부터 주민들에게 일정 금액의 기본 소득을 지급하고 있다.

비교적 최근에 화제가 된 국가는 핀란드다. 핀란드 정부는 2017년 1월 2,000명의 실업자를 선정해 2년간 매달 560유로(약 72만 원)를 지급하는 기본 소득 실험에 나서기도 했다. 핀란드 정부는 실험 결과에 따라 연장할 수 있다고 했지만, 전반적인 조사 결과에 대해 부정확하다는 비판이 이어졌고 결국 실험은 중단됐다.

미국은 개별 도시 단위로 빈곤층 주민에게 기본 소득을 지급하는 실험이 계속되고 있다. 미국 캘리포니아의 스톡턴이라는 도시에서는 2019년에 주민 125명을 뽑아 매달 500달러를 지급하는 실험을 시작했다. 뉴저지 뉴어크, 미시시피 잭슨, 미네소타 세인트폴 등의 도시도 비슷한 실험을 하고 있다.

'K-기본 소득'에 세계가 주목

한국은 어쩌다 기본 소득의 모범사례로 주목을 받게 된 걸까? 여기에는 경기도가 큰 역할을 했다. 경기도는 만 24세 청년 17만 명을 대상으로 연간 100만 원의 '청년 기본 소득'을 주는 정책을 시행하고 있다. 이재명 전 경기도지사가 성남시장 시절부터 시작했던 정책을 경기도로 확대한 것이다.

기본 소득은 5가지 원칙을 모두 지키는지가 중요하다. 심사하지 않고 지급하는 '무조건성', 모두에게 지급하는 '보편성', 일회성이 아니라 지속해서 지급되는 '정기성', 개인에게 지급하는 '개별성', 현금으로 지급하는 '현금성' 등이다. 경기도의 기본 소득 실험은 이 원칙을 대체로 지키는 것으로 평가된다.

기본 소득에 대한 우리나라 국민의 반응도 비교적 나쁘지 않은 편이다. 민간독립연구소인 LAB2050에 따르면, 2020년 3월 기준으로 기본 소득제에 대한 찬성 의견은 61.8%에 달했다. 여야 할 것 없이 정치권에서도 기본 소득에 대해 적극적으로 입법과 제도 개선에 나서고 있기도 하다.

다만 구체적인 부분에서는 차이가 있다. 가장 큰 차이는 재원이다. 정치권에서 내놓는 기본 소득의 재원 확보 방안을 보면 조금씩 차이는 있지만 1년에 300조 원이 넘는 예산이 필요하다. 이렇게 막대한 재원이 필요해서 이를 마련하기 위한 방법론을 놓고 정치권에서는 입장이 분분하다. 진보 진영에서는 증세를 기반으로 기본 소득 도입을 이야기하고, 보수 진영에서는 기존의 다른 현금성 복지를 합쳐서 기본 소득으로 개편하는 걸 선호한다.

'보편성'도 문제다. 보수 진영에서는 저소득층에만 기본 소득을 지급해야 한다고 주장한다. 윤희숙 전 국민의힘 의원은 중위소득 50% 이하 가구에만 기본 소득을 주자는 제안을 하기도 했다. 오세훈 서울시장은 중위소득 85% 이하면서 재산이 3억 2,600만 원 이하인 가구 중 일부를 선정해 가구 소득 부족분을 지급하는 안심 소득 사업을 시작했다.

로봇이 일자리 가져간다. 기본 소득은 선택 아닌 필수?

기본 소득 논쟁을 더 자세하게 이해하려면 로봇과 인공지능(AI) 기술의 발전이 가져오는 '탈(脫)노동' 현상을 염두에 둬야 한다. 글로벌 컨설팅업체인 맥킨지는 인간이 하는 업무 활동의 50% 정도는 2055년까지 로봇과 AI가 대체할 것으로 전망했다. 우리는 매일 아침 출근하고 일주일에 5일 동안 일하는 것을 당연하게 여기지만, 앞으로 몇십 년 안에 이런 '당연한 일'이 사라질지 모른다.

맥킨지는 직종별로 AI와 로봇에 의해 대체될 수 있는 가능성을 따졌다. 가장 가능성이 높은 직종은 '예측 가능한 육체 노동'이었다. 공장에서 생산 라인을 따라 자동차를 조립하는 일이 대표적이다. 맥킨지는 이런 부류의 육체 노동은 78%의 확률로 자동화될 것으로 봤다. 사무실에 앉아서 하는 업무의 상당수도 로봇에 의해 대체될

[20년 내 없어질 가능성이 높은 직업 순위]

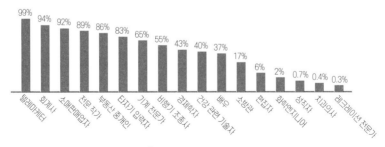

• 자료: 〈이코노미스트〉, 영국 옥스퍼드대 논문 「THE FUTURE OF EMPLOYMENT: HOW SUSCEPTIBLE ARE JOBS TO COMPUTERISATION?」

수 있다. 예컨대 영국 옥스퍼드대 연구진은 로봇과 AI 기술을 활용하면 회계 감사 업무의 98%를 자동화할 수 있다고 봤다.

로봇과 AI가 많은 직업을 사라지게 할 테지만, 동시에 새로운 직업이 부상할 수 있다. 엔지니어를 비롯한 몇몇 일자리는 전 세계적으로 공급 부족 현상을 겪고 있다. 최근 대학 교육에서 문과생에게도 소프트웨어나 코딩 교육을 하는 것도 이런 영향으로 볼 수 있다.

4차 산업혁명이 가속화되면 아예 인간이 일할 필요가 없어진다는 분석도 있다. 문제는 일이 우리 사회에서 가지는 효용이다. 사람들이 그저 심심해서 일하는 게 아니다. 일하고 돈을 벌어야 의식주를 해결할 수 있기 때문이다. 일하지 못하게 되면 당연히 돈을 벌수 없고 생활이 불가능해진다. 로봇과 AI가 사람의 일을 대신하면 사회 전체적으로는 생산성이 높아지겠지만 일자리를 뺏긴 개인은 빈곤층으로 전락하게 된다.

경제 구조에서 인간의 역할은 생산자이자 동시에 소비자이다. 사람들이 직업을 잃고 돈이 없어서 소비를 못 하면 결국 기업도 생산 활동을 멈춰야 한다. 이런 문제를 해결하기 위한 방안으로 '기본 소득'이 등장했다. 탈노동 현상의 부작용을 해결하기 위해서라도 기본 소득이 꼭 필요하다는 것이다. 세계적인 로봇 전문가인 마틴 포드는 "4차 산업혁명 시대에 경제 성장을 지속하기 위해서는 구매력을 직접 분배해야 한다. 기본 소득이 개인의 자유를 보장하면서 최소한의 사회적 안전망을 만드는 시장 지향적인 해결책이 될 것이다"라고 말했다.

블록체인과 비트코인은
세상을 바꿀 게임 체인저가 될까?

블록체인과 비트코인의 생일은 2008년 10월 31일이다. 블록체인과 비트코인의 창시자로 알려진 나카모토 사토시(Nakamoto Satoshi)가 리먼브라더스 파산 직후 전 세계 수백여 명의 컴퓨터 프로그래머들에게 메일을 보낸 날이다. 그는 금융회사와 중앙은행, 정부가 각종 금융 정보를 독점하는 시대를 깨뜨리자는 제안과 함께 블록체인의 구현 방식을 담은 9장짜리 논문을 첨부했다.

비트코인과 블록체인은 다르다

이제는 블록체인과 비트코인이라는 단어를 다들 익숙하게 받아들인다. 하지만 정확한 의미를 물어보면 여전히 대부분의 사람이 우물쭈물하기 마련이다. 도대체 블록체인은 뭐고 비트코인은 뭘까?

블록체인에서 '블록'은 암호화폐 거래 내용의 묶음(덩어리)을 의미하고, '체인'은 덩어리를 차례차례 연결해놓은 사슬을 뜻한다. 블록체인을 이해하려면 나카모토 사토시의 첫 메일 내용을 떠올릴 필요가 있다. 나카모토 사토시는 블록체인 기술에 기반을 둔 비트코인을 '완벽하게 탈중앙화된(Decentralized) 시스템'으로 불렀다.

현재 금융 거래는 은행이나 정부 기관 같은 소수의 기관에 모든 거래 정보가 모이는 구조다. 예컨대 신한은행이라면 신한은행 고객의 모든 금융 기록이 담긴 노트(원장)가 1권 있다. 이 노트는 신한은행 중앙금고(서버)에 보관된다. 거래가 발생할 때마다 이 노트를 꺼내 '철수가 영희에게 100만 원 송금', '철수 잔금 100만 원 감소', '영희 잔금 100만 원 증가' 등으로 적는다. 거래 노트가 1개만 있으니 새로운 거래가 발생해도 이 노트에만 적으면 된다. 그래서 거래 처리 속도가 빠르다. 그러나 보안에는 취약하다. 이 노트만 빼앗아(해킹) 조작해 버리면 되기 때문이다. 그래서 금융기관들은 서버 보안에 돈을 많이 투자한다. 이는 은행 이용자들의 수수료 부담 증가와 대출 금리 상승으로 전이된다.

블록체인 기술은 은행 혼자 갖고 있던 이 노트(원장)를 모든 참가자가 똑같이 나눠 갖는 구조다. 그래서 분산원장이라고 부른다. 은행은 거래가 발생하면 원장 하나만 바꾸면 되지만 블록체인에서는 모든 참가자가 노트에 거래 내용을 적는다. 또 10여 분마다 서로 비교해 다른 점이 있다면 과반수의 노트가 맞다고 보고 그 내용으로 통일한다. 해킹이 사실상 불가능한 구조다. 블록체인을 해킹하려면 이 시스템에 참여하는 엄청나게 많은 컴퓨터(채굴기)의 절반 이상을 10여 분 안에 해킹해야 한다.

문제는 속도다. 거래가 일어날 때마다 수많은 컴퓨터가 기록해야 하고 매번 맞춰봐야 한다. 원장 하나만 고치면 되는 기존의 방식과 비교해 속도가 느릴 수밖에 없다.

그럼 비트코인은 뭘까? 앞에서 말한 수많은 컴퓨터가 서버로 참여하는 대신 받는 일종의 대가다. 비트코인 광풍이 불었을 때 비트코인에 투자하는 사람만큼 비트코인을 직접 채굴(마이닝)한다는 사람도 많았는데 채굴기가 일종의 서버가 되고 서버로 일한 대가를 비트코인으로 받아가는 것이다.

만약 블록체인이 대중화돼 모두가 이 블록체인을 이용한다면 블록체인 이용자는 수수료를 내야 할 것이다. 만약 이 수수료를 비트코인으로만 받는다고 하면 당연히 사람들은 지금 쓰는 화폐로 비트코

[기존 거래와 블록체인 기반 거래 비교]

기존 거래	구분	블록체인 기반 거래
중개기관	구조	중개기관 없음
• 중앙 집중형 구조 • 개인과 '제3자 신뢰기관(은행, 정부 등)' 간 거래 • 중앙 서버가 거래 관리	개념	• 분산형 구조 • 거래 내역이 모든 네트워크 참여자에게 공유 • 모든 거래 참여자가 거래 내역 관리
• 장점: 빠른 거래 속도 • 단점: 해킹에 취약, 중앙 시스템 관리 비용	특징	• 장점: 거래 정보 투명성, 보안성, 시스템 간소화 • 단점: 느린 거래 속도

인을 사야 한다. 비트코인이 일종의 화폐 기능을 하는 것이다. 비트
코인 블록체인이 기존의 은행 시스템을 대체하게 되면 비트코인은
은행에서 거래되는 달러나 원화 같은 기존 화폐를 대신할 수 있다.

위기를 먹고 자란 비트코인

2009년 1월 비트코인이 처음 등장했을 때만 해도 1비트코인의
가치는 0.08센트였다. 이후 비트코인이 세상에 알려지고 블록체인
기술에 대한 사람들의 관심이 커지면서 비트코인 가격은 꾸준히 올
랐다. 여기에 투기 수요가 더해지면서 비트코인 가격은 급등락을
반복했다. 월별로 보면 2013년 10월 211달러였던 비트코인 가격
은 다음 달 1,205달러로 6배나 뛰었다. 하지만 2015년 2월에는 다
시 200달러대로 떨어지기도 했다. 2017년과 2021년은 비트코인
역사에서 기록적인 상승세를 보인 해다. 2017년 1월 965달러였던
비트코인 가격은 2017년 12월 1만 3,850달러까지 올랐다. 2021년
에는 6만 달러를 넘기기도 했다.

비트코인 찬성론자들은 비트코인이 기존의 화폐를 대체할 수 있
다고 주장한다. 하지만 실제 시장에서 비트코인은 화폐의 역할보다
는 투자 자산의 하나로 봐야 한다는 평가가 크다. 이 때문에 비트코
인에 대한 관심도 시간이 갈수록 조금씩 시들해졌다.

조금씩 잊히던 비트코인이 다시 사람들의 주목을 받게 된 계기는
전쟁이다. 러시아가 우크라이나를 침공하면서 기존 결제 시스템 대
신 비트코인이 대체 결제 수단으로 주목받은 것이다. 사실 따지고

보면 비트코인의 가격이 급격하게 오를 때마다 항상 국제적인 위기가 있었다. 2008년 글로벌 금융위기와 함께 탄생해 2013년에는 키프로스 금융위기, 2016년에는 브렉시트 사태 때 비트코인 거래량이 급증했다. 비트코인은 위기를 먹고 자란 셈이다.

러시아가 우크라이나를 침공하자 미국과 유럽은 러시아의 주요 은행을 스위프트(SWIFT)에서 배제했다. 스위프트는 국제 은행 간 통신협회를 말하는데, 쉽게 말해 은행들이 국제 거래에서 사용하는 결제 시스템을 의미한다. 스위프트에서 쫓겨났다는 건 러시아 기업들이 천연가스나 원유를 판 돈을 받는 게 불가능해졌다는 말이다. 러시아의 법정통화인 루블화도 전쟁으로 가치가 급락했다. 그러자 러시아에서는 비트코인을 대체 통화로 쓰려는 수요가 늘었다.

침공을 당한 우크라이나도 마찬가지다. 금융 시스템이 마비되자 우크라이나에서는 비트코인으로 일상적인 거래를 하는 사람들이 늘고 있다. 개릭 하일만 런던정경대 연구원은 기존 금융 시스템과 비교해 비트코인의 최대 강점을 "인터넷만 되면 거래가 가능하다는 점"이라고 했다. 이 장점이 전쟁 상황에서 빛을 발한 것이다.

비트코인이 증명해야 할 것들

블록체인과 비트코인에 대한 사람들의 시선은 여전히 엇갈린다. 블록체인 기술을 현대 사회의 만병통치약처럼 여기는 시선은 사라진 지 오래다. 해킹이 불가능하다는 블록체인 기술의 특성에도 불구하고 암호화폐를 저장하고 거래하는 암호화폐 거래소는 늘 해커들의 공격 대상이 됐다. 블록체인 시스템 자체는 보안성이 뛰어나지만 암호화폐 거래소의 보안 시스템을 은행이나 증권사와 비교하면 초가집 수준에 불과하다. 기업이 암호화폐를 발행해 투자금을 유치하는 것을 암호화폐 공개(ICO)라고 하는데, ICO 자문회사인 사티스그룹은 전체 ICO의 90% 이상이 사기 가능성이 크거나 실패한다고 분석한 결과를 내놓기도 했다.

비트코인의 최대 강점으로 꼽히는 '탈중앙화'도 위협받고 있다. 러시아 기업과 국민이 비트코인을 제재 회피 수단으로 쓰자 국제 사회에서 암호화폐 거래소에 러시아 계정을 차단하라고 요구하기 시작한 것이다. 암호화폐 거래소가 이런 요구를 받아들이면 '탈중앙화'라는 비트코인의 가치는 훼손된다.

비트코인이 제재와 각국 정부의 과세를 회피하는 수단으로 쓰이면서 규제 우려도 커지고 있다. 각국 정부의 규제 뉴스가 나올 때마다 비트코인 가격이 출렁이는 건 그만큼 규제에 대한 우려가 크다는 걸 보여준다. 또한, (한국인 소프트웨어 엔지니어인 권도형 씨가 설립한 블록체인 기업) 테라폼랩스가 발행한 암호화폐 루나와 테라가 최근 폰지 사기 논란에 휩싸이면서 암호화폐 전반에 대한 의구심이 커진 것도 문제다. 루나 사태 이후 비트코인 시세는 2만 달러까지 떨어졌다가 2023년 들어 다시 오르고 있다(2023년 1월 28일 기준 2만 8,000달러).

2장

코로나로 본
팬데믹 위기

누구도 몰랐던 21세기 팬데믹

'코로나19 신규 확진 주춤… 2월 정점·4월 종료, 고개 드는 낙관론.'

'뉴욕 증시, 코로나19 확산 우려 완화에 강세… 3대 지수, 사상 최고치 마감.'

신종 코로나바이러스 감염증(코로나19)에 대한 뉴스 제목들이다. 언제 나온 뉴스일까? 얼핏 봐서는 코로나가 몇 차례 변이를 거쳐 전 세계가 일상 회복을 이야기하고 있는 2022년의 기사들처럼 보인다. 하지만 2020년 2월에 나온 기사들이다. 우리가 코로나에 대해 얼마나 모르고 있었는지, 코로나로 인한 고통이 얼마나 오래 지속할지 제대로 예측하지 못했다는 것을 이 뉴스 제목만 봐도 알 수 있다.

코로나는 2019년 11월 중국 우한에서 처음 보고된 새로운 유형의 변종 코로나 바이러스의 일종이다. 코로나 바이러스 자체는 예전부터 있었는데 어떤 이유로 변종에서 바이러스가 발생했다. 처음에는 바이러스가 발견된 지역명을 따서 우한 폐렴으로 부르기도 했는데 이후 코로나19(또는 코로나)로 통일됐다.

코로나가 처음부터 세계적인 대전염병은 아니었다. 처음에는 중국을 중심으로 번졌고 이에 대한 우려도 크지 않았다. 앞에 소개한 기사들도 이즈음에 나왔다. 주로 중국에서 발생하는 확진자 규모가 뉴스거리였고 중국의 경제 성장률이나 중국과의 무역 등이 관심사였다. 하지만 코로나는 이른 시간에 다른 국가, 다른 대륙으로 확산했다.

2020년 2분기가 되자 코로나에 대한 사람들의 인식은 달라졌다. 아시아개발은행(ADB)은 2020년 4월 보고서에서 코로나로 세계 경제가 약 2조 달러에서 최대 4조 1,000억 달러의 손실을 볼 수 있다고 전망했는데 불과 한 달 뒤인 2020년 5월 보고서에서는 세계 경제 손실 규모를 5조 8,000억~8조 8,000억 달러로 늘려 잡았다. 8조 8,000억 달러는 한화로 1경 원이 넘는다. 한 달 만에 코로나의 영향력이 2배 이상 커졌다는 의미다.

그 이후에 펼쳐진 상황은 우리 모두가 지켜본 그대로다. 앞서 전 세계를 공포에 떨게 했던 전염병인 사스, 신종플루, 메르스 모두 코로나에는 비교가 되지 않는다. 21세기 흑사병이라 불릴 정도였다.

크리스탈리나 게오르기에바 IMF 총재는 2022년 1월 인터뷰에서 코로나로 빈부 격차가 심해지고 학습 손실과 더 많은 시위, 긴장, 불안이 커졌다며 코로나로 인한 세계 경제 손실 규모가 12조 5,000억 달러(약 1경 5,200조 원)에 달할 것으로 전망했다.

전 세계를 공포로 몰아넣은 코로나

2020년 3월 11일 WHO(세계보건기구)는 신종 코로나바이러스 감염증(코로나19)을 세계적 대유행, 즉 팬데믹(Pandemic)으로 선언했다. WHO가 팬데믹 판단을 내린 것은 2009년 신종 인플루엔자(H1N1) 대유행 이후 11년 만이었다. 이미 전 세계에 코로나가 퍼진 상태에서 뒤늦은 선언이라는 비난도 이어졌다. 하지만 이때만 해도 코로나가 이토록 오랫동안 전 세계적으로 사람들을 괴롭힐 줄은 몰랐다.

지구촌이라는 말답게 코로나는 빠르게 전 세계로 확산했다. 각국 정부는 국경을 폐쇄하고 봉쇄 조치를 내리는 등 강력한 통제로 확산을 막으려 했지만 막기 어려웠다. 오히려 각종 변이가 나오면서 확산 속도는 더 빨라졌다.

코로나 누적 감염자 수가 1억 명을 넘어선 때는 2019년 12월 31

일 중국 우한에서 정체불명의 바이러스성 폐렴으로 WHO에 처음 보고된 지 약 1년 1개월 만이었다. 이어 약 7개월 만인 2021년 8월 2억 명을 넘었고 5개월 만인 2022년 1월에는 3억 명을 넘었다. 확산력이 더 빠른 오미크론 변이의 등장에 확진 속도는 더 가팔라졌고 한 달 만인 2022년 2월에는 4억 명을 넘었다. 이후 증가 속도가 다소 느려지면서 2023년 1월 현재 6억 6,000만 명을 넘어선 상태다.

코로나가 전개되면서 백신이 나오고 각종 치료제도 나오면서 사망률은 점차 떨어지는 추세다. 특히 바이러스는 변이가 나오면서 확산 속도는 빨라지지만 치명률은 떨어지는데 코로나 역시 같은 모습으로 전개됐다. 하지만 워낙 감염자가 많다 보니 절대적인 사망자 수는 꾸준히 증가했다. 코로나로 인한 전 세계 사망자 수가 100만 명을 넘은 때는 코로나 확산 이후 약 9개월 만인 2020년 9월이었는데 이후 4개월 만인 2021년 1월에는 200만 명을, 이후 3개월 만인 2021년 4월에는 300만 명을 돌파했다. 그리고 2021년 7월 400만 명, 2021년 11월 500만 명, 2022년 3월 600만 명을 넘었다.

코로나는 이미 인류 역사상 가장 희생자를 많이 낸 세계적 대유행 전염병 10개 가운데 하나에 속한다. 가장 많은 사망자를 낸 전염병은 1347~1351년 유럽과 아시아를 휩쓴 흑사병이다. 당시에는 정확한 통계를 내기 어려웠지만 7,500만~2억 명이 흑사병으로 사망했다고 추정한다. 1520년에 시작돼 WHO가 1980년에 지구상에서 박멸됐다고 선언한 천연두는 2,500~5,500만 명의 희생자를 낸 것으로 보고 있다. 1918~1919년 스페인 독감은 전 세계에서 5

억 명이 감염되고 5,000만 명이 사망했다고 작한다. 이 밖에 각각 100만 명의 사망자를 냈다고 보는 1957~1958년 아시아 독감과 1968~1970년 홍콩 독감은 코로나가 이미 넘어섰다.

물론 과거와 지금의 상황을 직접 비교하긴 어렵다. 20세기 초 스페인 독감이 유행했을 당시 전 세계 인구는 20억 명이 안 됐지만, 지금은 80억 명에 육박한다. 당시 인구의 30%가 감염되고 3%가 사망한 정도였으니 스페인 독감의 파괴력과 공포감은 코로나보다 더 컸을 것이다. 1차 세계대전이 있었고 얼마 지나지 않아 2차 세계대전까지 이어졌으니 이 모든 것을 겪고도 생존한 사람은 많지 않았을 것 같다.

하지만 현재 의료기술은 20세기 초와는 비교할 수 없을 정도로 발달했다. 정보의 전달 속도도 당시보다 월등히 빨라지고 있으며 보건 의식도 당시와는 비교할 수 없을 정도로 높다. 그런데도 이렇게 많은 사람이 걸리고 사망한 것을 보면 코로나의 위력이 얼마나 대단한지 짐작할 수 있다. 이처럼 강력한 코로나는 많은 피해자를 나은 것 외에도 전 세계인에 많은 영향을 미쳤다.

자유와 안전의 충돌

코로나 유행 때 초기 방역에 성공한 나라와 실패한 나라가 극명히 갈렸다. 서둘러 공항을 폐쇄한 나라들은 초기 방역에 성공했다. 대만과 호주, 뉴질랜드 등이 대표적이었다. 당시만 해도 세계화 시대에 공항을 폐쇄한다는 것은 경제적으로나 외교적으로 상상도 하기 어려운 일이었지만 과감히 국경을 봉쇄한 나라는 초기 대유행의 위기에서 피해 나갈 수 있었다.

뒤늦게 다른 나라 대부분이 국경을 닫았지만 이미 늦은 상태였다. 국경 폐쇄보다 더 강력한 통제가 필요하게 됐다. 가장 강력한 통제를 보인 나라는 코로나의 발생지였던 중국이었다. 2020년 1월 중국은 처음 코로나가 나온 우한을 비롯해 인근 지역의 공항뿐 아니라 기차역, 고속버스 터미널, 주요 도로를 완전히 폐쇄했다. 시민들은 생필품이 없어 코로나가 아니라 굶어 죽겠다며 반발했지만 강력한 통제 국가답게 이를 묵살하며 폐쇄 정책을 펼쳤다. 이어 우한뿐 아니라 중국 대부분의 지역에서 사실상 도시 통제령을 내리고 코로나 검사에서 음성이 나온 사람들만 이동이 가능하게 했다. 훗날 오미크론 변이로 재확산이 시작되긴 했지만 중국은 2020년 10월 사실상 코로나 종식을 선언하기도 했다. 강력한 통제 덕분이었다.

코로나 대유행으로 강력한 통제를 선택한 나라는 권위주의 사회인 중국뿐이 아니었다. 우리나라도 확진자 위치 추적이나 동선 파악, 접촉자 자가격리와 같은 강력한 거리 두기 정책을 펼쳤다. 음식점 운영 시간과 사적 모임 제한, 심지어 집회 시위 금지와 같은, 평소 같으면 받아들일 수 없는 강력한 통제 정책이 펼쳐졌고 국민은 대부분 따랐다. 전시 상황이라는 정부의 말에 자유와 사생활을 포기하게 된 것이다.

오랫동안 자유와 투쟁했던 서방도 상황은 비슷했다. 봉쇄 정책을 펼치고 마스크 의무화를 넘어 백신을 맞지 않으면 이동이나 식당 출입이 제한되는 백신 패스까지 도입됐다. 사실상 백신 의무화가 도입됐다. 아시아와 달리 서방은 이 같은 강력한 통제에 반발하며 대규모 시위로 이어졌다. 캐나다에서는 백신 의무화를 반대하는 트럭 시위대로 국가가 마비되기까지 했다. 자유와 안전이 충돌하는 시기였다.

코로나가 끝나더라도 이 부분은 계속해서 곱씹어볼 문제로 남을 것이다. 자유 민주주의와 시장 경제라는 시스템을 당연하게 받아들였던 이들이 자유를 통제받았던 경험은 상흔으로 남아 훗날 어떤 식으로 표출될지 알 수 없다. 반면 방역이라는 국가의 이익을 위해 개인의 자유를 강력히 통제해본 정부 입장에서는 필요에 따라 통제를 악용하고 싶은 유혹에 빠질 수 있다. 코로나는 전 세계인의 건강뿐 아니라 자유라는 이념적 문제까지 건드린 사건이다.

백신으로 드러난 양극화

코로나의 확산이 이어지자 전 세계는 막대한 자금을 투입해 백신 개발에 나선다. 전쟁 속에 다양한 무기를 만들면서 신기술이 개발되는 것처럼 코로나에서는 mRNA 방식이라는 새로운 백신이 만들어졌다. 기존의 백신은 아주 약한 혹은 죽은 바이러스를 집어넣어 면역 시스템이 이를 기억하도록 하는 방식이다. 하지만 mRNA 방식은 항원을 만들 수 있는 설계도를 몸속에 넣어 세포가 항원을 만들도록 유도하는 방식이다. 화이자나 모더나가 만든 코로나 백신은 최초로 상용화된 mRNA 방식의 백신이었다.

백신이 처음 만들어지면 각종 부작용을 점검하기 위해 상용화되기까지 상당한 시간이 필요하다. 하지만 코로나 팬데믹이라는 비상시기라는 이유로 백신을 긴급 승인하고 앞다퉈 사들였다. 이런 가운데 전 세계적으로 백신 양극화 현상이 벌어졌다. 지금이야 백신 생산이 충분하고 이미 많은 사람이 백신을 맞아 백신이 부족하지 않지만 초기에는 그렇지 않았다. 당연히 잘 사는 나라는 백신 물량을 넉넉히 확보했지만, 상대적으로 빈곤한 국가는 그렇지 못했다. 이 때문에 잘 사는 나라에서는 1·2차 접종에 부스터 샷까지 맞을 동안 최빈국들은 백신을 한 번도 맞지 못하는 경우가 빈번했다. 백신을 맞더라도 상대적으로 선호도가 떨어지는 백신을 맞아야 했다. 이 때문에 WHO를 중심으로 백신 공동 분배 프로젝트인 코백스 퍼실리티가 만들어졌지만 선진국의 백신 입도선매로 백신 공급은 늦어질 수밖에 없었다.

이런 현상은 코로나 확산 내내 반복됐다. 초기 마스크 공급부터 진단 키트, 치료제 등 코로나 확산을 막는 데 필요한 물건이 나올 때마다 항상 양극화 현상이 이어졌다. 평소에는 전 세계가 국제사회 공조를 외치지만 비상시기에는 자국 우선주의와 힘의 논리가 작동한다는 사실을 다시 한번 확인시켜줬다.

코로나는 세계 경제를
어떻게 마비시켰나?

2019년 말 중국에서 시작돼 2년 넘게 전 세계를 휩쓴 코로나는 세계 경제에도 깊은 상흔을 남겼다. 코로나 초기에만 해도 월가를 중심으로 낙관론이 우세했다. 세계적인 유행병이었던 2003년 사스(SARS, 중증급성 호흡기증후군) 때와 마찬가지로 단기적인 충격에 그칠 것이라는 게 월가의 시각이었다.

하지만 코로나는 사스와 달리 2년 넘게 전 세계를 휩쓸었다. 이 기간 대부분의 국가가 국경을 닫고 물류와 사람의 이동을 막았다. 2020년 한 해 세계 경제는 마이너스 3.1%의 역성장을 기록했다. 글로벌 주식 시장도 충격을 받았다. 우량주 중심의 미국 S&P500 지수는 2020년 2월 3,380에서 불과 한 달 만에 1,000포인트 넘게 빠졌다.

이때만 해도 전 세계는 코로나로 인한 대공황 수준의 경제 위기를 우려했다. L자형 장기 침체를 전망하는 경제학자들도 나왔다. 코로나는 인류의 건강뿐만 아니라 경제 시스템까지 망가뜨릴 것만 같았다.

2년이 지난 2022년 4월 현재, 더는 L자형 장기 침체를 이야기하는 사람은 없다. 코로나로 인한 세계적인 경제 위기는 V자형 단기 침체로 끝났다는 게 중론이다. 2020년 역성장을 기록했던 세계 경제는 2021년 5.9%(잠정치)의 성장률을 기록했다. 1년 전과 비교하면 경제 성장률이 9%p나 상승한 것이다. IMF는 2022년에도 세계 경제 성장률이 4.9%를 기록, 성장 기조를 유지할 것으로 봤다. 주요국 경제 성장률을 봐도 V자형 회복의 모습이 뚜렷하다. 미국의 경제 성장률은 2019년 상반기 2.1%에서 2020년 상반기 마이너스 4.2%로 뚝 떨어졌다가 2021년 상반기에는 6.4%로 회복했다. 일본도 같은 기간 0.2%→—6.2%→3.2%의 흐름을 보였고, 독일도 1.1%→—6.6%→3.5%의 흐름이었다. 신흥국도 마찬가지다. 중국의 경제 성장률은 같은 기간 6.2%→—1.8%→13.1%를 기록했다.

팬데믹 경제 위기는 다르다

팬데믹으로 인한 경제 위기는 다른 경제 위기와는 여러 가지로 달랐다. 1997년 아시아 외환위기나 2008년 글로벌 금융위기처럼 굵직한 경제 위기가 여러 차례 세계를 덮쳤지만, 이번 코로나 경제 위기를 극복하는 데는 이렇다 할 참고서가 되지 못했다. 앞선 경제 위기는 금융기관의 부실이나 정부의 부실한 재정 운용 때문에 시작됐다. 반면 코로나 경제 위기는 강력한 전파력을 갖춘 감염병의 확산에서 시작됐기 때문에 모든 게 다를 수밖에 없었다. 병의 원인이 다르면 처방도 달라져야 하는 법이다.

코로나 경제 위기가 V자형 회복을 보인 것도 이런 차이에서 비롯됐다고 볼 수 있다. 코로나 초기에 전 세계는 국경을 걸어 잠그고 자국 내에서도 봉쇄령과 통금 등을 통해 사람과 물류의 이동 자체를 막았다. 영화 〈지구가 멈추는 날〉처럼 전 세계가 움직임을 멈춘 것만 같았다. 기업과 사람의 경제 활동으로 돌아가는 자본주의 시스템도 당연히 헐거워졌고 세계 경제는 급전직하했다. 하지만 이런 식의 봉쇄는 오래갈 수 없다. 백신이 나오고 치료제 개발이 본격화되고 각국 정부가 방역 대책을 하나둘 마련하면서 막혔던 국경이 열리자 사람들은 다시 집 밖으로 나오기 시작했다.

경제 위기를 극복하기 위한 각국 정부의 움직임도 재빨랐다. 재정 확대와 통화완화 정책이 전격적으로 이뤄졌다. 과거 경제 위기 때는 한참이나 걸렸던 일들이다. 과거 금융기관이나 정부의 실책에서 비롯된 경제 위기 때는 부양책에 대한 국민의 반발이 컸다. 위기를 일으킨 주체인 금융기관이나 기업, 부자들을 나랏돈으로 돕는 것에 반대하는 목소리가 컸기 때문이다. 하지만 코로나 경제 위기 극복을 위한 부양책에는 반대가 없었고, 전 세계 대부분의 국가에서 의회와 국민의 전폭적인 지지 속에 부양책이 시행됐다. 국민의 적극적인 지지와 동의 덕분에 정부도 빠른 대응에 나설 수 있었다.

2022년 들어 세계 경제는 코로나의 여파에서는 상당 부분 벗어났지만, 우크라이나 사태라는 새로운 변수에 휘청거렸다. 미국 증시의 S&P500 지수는 2022년 1월 4,800에 육박할 만큼 치솟았다. 주식 시장이 크게 흔들렸던 코로나 초기 때와 비교하면 2배 가까이 오른 것이다. 하지만 전쟁의 여파와 고물가 충격 속에 2022년 말에는 4,000선을 밑돌며 거래를 마쳤다.

코로나가 남긴 상처, 후유증은 이제 시작

눈에 보이는 경제 지표만 보면 코로나 경제 위기는 마무리된 것처럼 보인다. 하지만 전문가들은 후유증이 더 심각할 수 있다고 경고한다. 가장 두드러지는 문제는 양극화다. 세계 경제 전체로 보면 V자형 회복의 모습을 보였지만, 자세하게 상황을 뜯어보면 실상은 K자형이라는 게 전문가들의 평가다. 빠르게 백신을 보급하고 부양책에도 적극적으로 나선 선진국은 확실한 V자형 회복을 보이지만 그렇지 못한 신흥국들은 L자형 침체에 가까운 모습을 보인다.

빠르게 위기에서 벗어난 선진국들이 통화 정책을 정상화하는 것도 신흥국에게는 부담이다. 선진국들이 경제 위기 극복을 위해 펼쳤던 재정·통화정책을 정상화하면서 금리를 높이면 신흥국에 투자된 글로벌 자금이 선진국으로 빠져나가게 된다. 아직 코로나 경제 위기에서 충분히 회복하지 못한 신흥국은 이중고를 겪게 될 가능성이 크다. IMF가 내놓은 중장기 세계 경제 성장률(2020~2024년) 자료를 봐도 이런 차이를 확인할 수 있다. 이 기간 선진국의 중장기 성장률은 코로나 이전과 비교해 0.3%p 하락하는 데 비해 신흥국의 중장기 성장률은 0.6%p 하락으로 나타났다. 부자 나라와 가난한 나라 간의 격차가 '포스트 코로나 시대'에 더 벌어질 수 있다는 의미다.

빈부 격차의 문제는 개인의 차원에서 보면 더 심각하다. 코로나 경제 위기 극복과정에 많은 돈이 풀리고, 글로벌 공급망이 마비되면서 전 세계가 심각한 인플레이션 위기를 겪었다. 경제 위기 때문에 일자리는 사라지고 사람들은 더 가난해졌는데 물가는 천정부지로 치솟았다. 2022년 10월 기준, 주요국 소비자 물가 상승률을 보면 미국이 7.7%, 영국이 11.1%, 이탈리아가 11.9%, 한국이 5.7%였다. 코로나 이전인 2019년에만 해도 1%대였다. 반면 사람들의 소득은 오히려 줄었다. OECD에 따르면, 2020년 유로존 국가의 평균 가계 가처분 소득은 전년 대비 0.3% 감소했다. 미국 가계 중위 소득도 2.9% 감소했다. 임금 상승률보다 물가 상승률이 높다 보니 사람들이 실제로 쓸 수 있는 소득 자체는 줄어든 것이다.

세계은행 통계에 따르면, 절대빈곤 인구는 2020년 7억 1,000만 명에 달했다. 2015년 7억 4,400만 명을 기록한 이후 매년 감소하던 절대빈곤 숫자가 다시 늘어난 것이다. '빈익빈 부익부'의 시대다.

무너진 공급망, 회복할 수 있을까?

코로나 경제 위기에서 빼놓을 수 없는 특징이 '공급망 붕괴'다. 코로나 이전에 세계 경제를 지탱해온 건 최소한의 비용과 효율 극대화에 초점을 맞춘 글로벌 공급망이었다. FTA(자유무역협정) 같은 제도들도 결국 글로벌 공급망의 효율적인 운영이 목적이다. 국가 간

무역 장벽을 낮추고 물류의 흐름을 원활하게 하는 데 전 세계와 기업들이 동의했고 이렇게 만들어진 글로벌 공급망이 지난 수십 년간 세계 경제를 떠받쳤다.

코로나는 이런 글로벌 공급망을 마비시켰다. 국가 간 이동이 막히면서 글로벌 기업들은 심각한 타격을 입었다. 신흥국에 생산 기지와 물류 기지를 두고 본사만 본국에 뒀던 글로벌 기업들은 당장 기업 활동 자체가 위협을 받았다. 코로나가 막바지 국면에 접어들었지만 팬데믹이 일상화될 것이라는 전망까지 나오면서 글로벌 기업들이 과거의 글로벌 공급망 전략을 유지할 가능성은 크지 않다. 미국과 중국, 러시아 등 강대국의 갈등이 표면화되는 것도 글로벌 공급망 시대의 종언을 부르고 있다. 글로벌 공급망이 구시대의 유물이 될 가능성이 큰 것이다.

당장 많은 기업이 재고를 늘리고 있다. 몇 년 전만 해도 효율성을 위해 재고를 최소화하는 것이 경영의 절대선(絕對善)처럼 여겨졌다. 하지만 이제 많은 기업이 핵심 부품이나 중요 제품의 경우 1년 치 재고를 쌓아두기 시작했다. 글로벌 공급망 시대에는 재고를 쌓아둘 필요가 없었지만 이제는 언제 어디서 물류에 차질이 생길지 예상하기 힘든 시대가 됐기 때문이다. 생산 기지를 본사에서 가까운 지역으로 옮기는 '니어쇼어링(Near-shoring)'이 새로운 트렌드로 자리매김했고, 인건비 부담이 있더라도 아예 미국이나 유럽으로 생산 기지를 옮기는 기업도 적지 않다. 세계는 코로나 발발을 기점으로 이전과 이후가 완전히 달라졌다.

뉴 노멀, 달라진 세계

부동산 정보업체인 직방은 2021년 2월에 서울 강남역 한복판에 있던 사무실을 정리했다. 직방은 강남역의 유명 랜드마크인 GT타워에서 2개 층을 사옥으로 쓰고 있었는데 짐을 뺀 것이다. 대신 메타버스에 사옥을 만들었다. 350명에 달하는 임직원이 집에서 메타버스에 접속해 가상 공간에서 회의하고 일을 할 수 있게 한 것이다. 직방 관계자는 "코로나와 상관없이 완전한 원격 근무를 하기로 했다"라고 말했다.

직방처럼 사무실을 없애고 메타버스로 사옥 자체를 옮기는 건 물론 흔한 경우는 아니다. 하지만 코로나로 인해 직장인들의 근무 방식에 커다란 변화가 생긴 것만큼은 분명하다. 모두가 오프라인 사무실에 모여 근무하던 시대는 끝났다. 화상 회의나 재택근무처럼 새로운 근무 방식을 도입하는데 머뭇거리던 많은 기업이 코로나 때문에 어쩔 수 없이 변화에 나섰고 2년이 넘게 지난 지금, 많은 기업과 직장인이 새로운 변화를 '뉴 노멀(New Normal)'로 받아들이고 있다.

코로나가 마무리 국면에 접어들면서 재택근무를 줄이는 기업도 나오고 있지만 재택근무가 완전히 사라지기는 쉽지 않다는 게 전문가들의 평가다. 실제로 많은 기업이 코로나 때 달라진 근무 방식을 앞으로도 유지하겠다고 밝힌 바 있다.

2021년 12월 고용노동부가 발표한 〈2021년 고용 영향 평가〉에 따르면, 재택근무를 시행한 기업 620곳 중 48.4%는 코로나 이후에도 재택근무를 축소해서 계속 시행하겠다고 했고, 26.8%는 현재 수준을 이어가겠다고 밝혔다. 4곳 중 3곳은 코로나 이후에도 재택근무를 계속하겠다는 입장인 것이다. 재택근무를 현재 수준으로 유지하겠다고 밝힌 기업 중 53.6%는 재택근무와 사무실 근무가 생산성에서 큰 차이가 없었다고 밝혔다. 이 조사에 응답한 기업 중 55.5%는 코로나 때문에 재택근무를 처음 도입했다. 코로나 때문에 재택근무를 처음 도입해봤는데 막상 해보니 별다른 문제가 없어서 계속 유지하겠다고 답한 것이다.

코로나 이후에는 재택근무와 사무실 근무가 공존하는 하이브리드 근무체계가 일상화될 가능성이 크다. 업무의 특성, 개인의 선호에 맞게 재택근무와 사무실 근무를 병행하는 식의 근무 방식이 새로운 표준으로 자리 잡을 것으로 보인다.

이런 변화는 단순히 근무 방식의 변화에서 끝나지 않는다. 도심 내 사옥을 없앤 직방처럼 사무실 근무가 줄어들면 도시 계획 자체에도 변화가 생길 가능성이 크다. 대도시의 사무실에 모여서 일할 필요가 없어지면 이른바 베드타운으로 불렸던 비도심이 활성화되고 나아가 지방이나 소도시 인구가 늘어날 가능성도 크다. 반대로 도심의 역할은 과거와 달라질 수 있다. 이미 이런 변화의 조짐이 곳곳에서 관찰된다.

미국 맨해튼이나 영국 런던, 일본 도쿄 같은 대도시의 사무실 공실률이 코로나 팬데믹 기간에 크게 높아졌다. 영국 주간지 〈이코노미스트〉에 따르면, 런던 사무실 공실률은 18%, 뉴욕과 샌프란시스코 사무실 공실률은 각각 16%, 20%에 달한다. 코로나 이전에는 세계 오피스 공실률이 평균 8%였지만 2배 이상 높아진 것이다. 하늘 모르고 치솟던 대도시 오피스 임대료나 부동산 가격도 뚝 떨어졌다. 기업 입장에서는 재택근무가 생산성에서 별다른 문제가 없다는 걸 확인한 만큼, 막대한 임대료 부담을 지고 무리하게 도심 한가운데 사무실을 운영할 필요가 없어진 셈이다.

코로나로 엇갈린 기업들

코로나가 모든 기업에 악재였던 건 아니다. 오히려 코로나로 반등의 기회를 잡은 기업도 있다. 사람들이 집 안에 머물고 언택트(비대면)가 새로운 트렌드로 자리 잡으면서 여기에 부합한 기업에는 코로나가 기회가 됐다.

대표적으로 게임 산업이 있다. 글로벌 시장 분석 기관인 닐슨에 따르면, 코로나 이후 미국인의 평균 게임 시간은 45% 늘었다. 온라인 게임 플랫폼인 스팀은 코로나 발생 직전에 1,300만 명대였던 동시 접속자 수가 코로나 발생 직후에 2,400만 명대로 늘었다. 동영상 스트리밍 서비스인 넷플릭스도 가입자와 이용자가 크게 늘었다. 2021년 들어 이용자 증가세가 주춤하긴 했지만 코로나가 성장의 발판이 된 것만큼은 틀림없다.

온라인 쇼핑도 새로운 트렌드로 자리매김한 모습이다. 코로나 전까지만 해도 온라인 쇼핑에 익숙하지 않았던 소비자도 코로나를 계기로 온라인 쇼핑에 나섰기 때문이다. 이베이코리아에 따르면, 50대 이상 소비자의 생필품 구매액이 코로나 직후에 전년 동기 대비 70% 이상 늘었다. 온라인 장보기 서비스를 제공하는 마켓컬리는 2021년 거래액이 2조 원을 넘어섰다. 덕분에 매출액도 전년 대비 64% 증가한 1조 5,614억 원을 기록했다.

코로나 백신과 치료제 개발에 앞장섰던 바이오 기업들도 코로나 수혜를 입었다. 전 세계에서 백신과 치료제 수요가 빗발치면서 관련 기업의 실적도 고공행진을 거듭했다. 미국 제약사인 화이자는 2021년 백신 매출액이 426억 달러에 달했다. 2022년에도 540억 달러를 벌었을 것으로 추정된다. 백신으로만 2년 동안 1,000억 달러(약 123조 원)에 가까운 매출을 낸 것이다. 모더나, 아스트라제네카, 존슨앤드존슨 같은 바이오 기업들도 마찬가지다. 제약업계에서는 '유례없는 매출이 기대된다'라는 반응까지 나왔다. 코로나가 변이를 거듭하면서 토착화될 가능성까지 있어 백신이나 치료제 수요는 앞으로도 계속 있을 것으로 보인다.

반면 코로나로 심각한 타격을 받은 기업도 많다. 항공사가 대표적이다. 코로나로 국경이 닫히고 사람들이 여행을 취소하면서 글로벌 대형 항공사들은 직격탄을 맞았다. 항공화물 운송은 늘었지만 여객 부문이 심각한 타격을 받으면서 회사 자체가 존폐 기로에 놓인 경우도 많았다. 특히 코로나 첫해인 2020년의 상황이 심각했다. 글로벌 항공사들은 보유한 비행기를 팔거나 직원들을 구조조정하고 정부로부터 고용 유지금을 지원받으면서 어렵게 한 해, 한 해를 버텼다. 코로나 이후 세계 곳곳에서 크고 작은 항공사의 파산 소식이 이어졌다. 마찬가지로 여행 산업이나 호텔 산업도 코로나 초기에 심각한 어려움을 겪었다.

사람이 많이 모여야 하는 테마파크도 심각한 타격을 받았다. 디즈니월드를 운영하고 블록버스터 영화 판권을 여럿 가지고 있는 월트 디즈니는 코로나 발생 초기 때 당기순이익이 90% 넘게 감소하기도 했다. 사람들이 디즈니월드를 찾지 않고 마블 영화를 보지 않으면 월트디즈니도 무너질 수밖에 없다. 이후 월트디즈니는 넷플릭스의 경쟁 서비스인 글로벌 동영상 스트리밍 서비스 디즈니플러스에 집중해서 위기를 극복했다.

공유 경제도 위기를 맞았다. 여러 사람이 같은 공간을 이용하는 공유 경제는 감염병에 취약할 수밖에 없다. 이 때문에 코로나 초기 공유 오피스나 차량 공유 서비스, 공유 주방 같은 업체들이 위기를 맞기도 했다. 하지만 모든 공유 경제 관련 업체가 쓰러진 건 아니다. 음식 배달 플랫폼은 오히려 언택트 시대를 맞아 고객 수와 매출이 급성장하기도 했다. 코로나가 공유 경제의 몰락을 의미하기보다는 언택트 시대에 맞는 서비스를 개발한 업체 위주로 경쟁력을 가지는 '공유 경제 2.0'을 의미한다고 보는 전문가들도 있다.

3장

에너지 혁명

21세기 에너지의 패러다임이 바뀐다

　전 세계에서 원유를 가장 많이 생산하는 나라는 어디일까? 중동의 사우디아라비아나 이란, 이라크 같은 나라를 먼저 떠올리기 쉽지만, 정답은 미국이다. 미국 에너지청(EIA)에 따르면 지난 2020년 미국의 하루 평균 원유 생산량은 1,860만 배럴로 전 세계 원유 생산량의 20% 정도를 차지했다.

　미국의 하루 평균 원유 생산량 순위는 2017년에만 해도 러시아, 사우디아라비아에 이어 3위였다. 불과 몇 년 만에 두 나라를 제치고 미국이 세계 최대 산유국에 오른 것이다. 미국이 세계 최대 산유국이 된 건 1973년 이후 처음이다.

　미국이 세계 최대 산유국이 될 수 있게 해준 건 '셰일오일'이다. 셰일오일은 전통적인 원유와 달리 셰일층(유기물을 포함한 암석)에 갇혀 있는 원유를 말하는데 채굴이 어렵기 때문에 20세기 후반까지 누구도 쉽사리 손에 넣지 못하고 있었다. 하지만 20세기 후반에 새로운 셰일오일 채굴법이 등장하면서 본격적으로 주목받기 시작했고, 에너지 주권을 되찾고 싶어 하던 미국에 의해 전 세계 에너지 시장의 판도를 바꿀 게임 체인저가 됐다.

　셰일오일의 부상은 단순히 미국이 세계 최대 산유국이 됐다는 데서 그 의미가 끝나지 않는다. 중동 산유국이 중심이 돼 결성한 석유 카르텔인 '석유수출국기구(OPEC)'의 영향력이 약해질 수밖에 없고, 세계의 경찰을 자처하던 미국이 복잡한 중동 지역 문제에서 발을 뺄 수 있게 해준다. 미국의 부재는 중동과 중남미 등 전 세계 원유 생산 지역의 정치적인 혼란을 가중할 수 있다. 셰일오일에서 시작된 에너지 시장의 판도 변화가 단지 에너지 시장에서 그치지 않는 이유다.

전기차와 신재생에너지의 등장도 에너지 시장에 적지 않은 영향을 미치고 있다. 자동차는 석유의 가장 큰 수요처 중 하나였다. 전기차에 이어 수소차까지 등장하면서 점차 석유에 의존하지 않고도 운행할 수 있는 자동차가 늘고 있다. 블룸버그 뉴에너지 파이낸스(BNEF)는 전기차 시장이 커지면서 2023년에는 전 세계 하루 원유 소비량이 지금보다 200만 배럴 감소할 것으로 전망했다.

4차 산업혁명의 핵심적인 기술인 인공지능과 사물인터넷, 클라우드 컴퓨팅, 빅 데이터도 에너지 시장에 적지 않은 영향을 미치고 있다. 공장이나 가정의 에너지 소비 효율을 높여주고, 신재생에너지의 분산형 발전이 확산할 수 있도록 돕고 있다. 《에너지 혁명 2030》(원제: Clean Disruption of Energy and Transportation)의 저자로 유명한 토니 세바 미국 스탠퍼드대 교수는 "월마트가 더 이상 전력회사에 전기를 사지 않고 자체 충당하는 시대가 곧 올 것"이라며 4차 산업혁명에서 비롯된 에너지 혁명이 기존 전력 산업을 붕괴시킬 것으로 전망했다.

그런가 하면 한국에서는 탈(脫)원전 정책으로 몸살을 앓았다. 문재인 정부의 대선 공약으로 시작된 탈원전 정책은 정치적인 논란도 있지만 에너지 혁명의 관점에서 볼 필요가 있다. 원전은 국내 에너지원의 30% 정도를 담당하고 있는데, 탈원전이 성공하려면 다른 에너지원의 효율이 그만큼 좋아져야 한다. 신재생에너지의 효율이 과연 단기간에 원전을 대신할 만큼 좋아질 수 있을지, 혹은 한국이 신재생에너지를 이용한 발전에 적합한 환경인지는 전문가들 사이에서도 좀처럼 결론이 나지 않고 있다.

미국을 세계 최대 산유국으로 만들어준 '셰일'

영국의 경제 전문매체인 〈파이낸셜타임스〉는 2017년 7월 '2차 셰일 혁명(The Second Shale Revolution)'이라는 제목의 분석 기사를 냈다. 〈파이낸셜타임스〉는 이 기사에서 중동 산유국과 미국의 셰일업체 간의 지난한 가격 경쟁이 끝을 보인다며 미국의 셰일업체들이 마침내 승기를 잡았다고 분석했다. 그 이후의 결과는 앞에서 살펴본 내용을 통해 알 수 있다. 미국은 세계 최대 산유국의 자리에 올랐고, 중동 산유국 모임인 석유수출국기구(OPEC)의 영향력은 날이 갈수록 약해지고 있다. 도대체 셰일 혁명이 뭐길래 검은 황금의 제국으로 불리던 중동 산유국을 무너뜨리고 있는 걸까?

그리스 출신 미국 이민자의 손에서 시작된 셰일 혁명

셰일에너지는 퇴적암의 한 종류인 셰일층에 있는 원유와 가스를 말한다. 지하 3,000미터 지역의 암반층이어서 전통적인 원유를 채취할 때보다 더 깊이 작업해야 하고 시추 방법도 복잡해 훨씬 큰 비용이 든다. 이 때문에 20세기 후반까지만 해도 대부분의 지역에서 셰일오일은 못 먹는 감이나 마찬가지였다.

셰일오일에 새 생명을 불어넣은 사람이 바로 조지 미첼이다. 미첼의 부모는 그리스 출신의 이민자로 1919년 미국 텍사스에서 미첼을 낳았다. 텍사스에서 태어난 미첼은 17살 때부터 유전에서 일하며 기술을 익혔다. 미첼의 이름이 전 세계에 알려진 건 셰일오일을 채취할 수 있는 새로운 시추법을 찾아낸 덕분이다. 셰일오일이 있는 셰일층에는 자갈과 모래, 각종 부산물이 복잡하게 섞여 있다. 또 셰일층의 두께는 2~3미터에 불과해 수직으로 깊이 파 내려간 뒤 다시 수평으로 시추해야 한다. 당연히 전통적인 원유보다 채취하기 어렵다. 미첼은 셰일층에 모래와 화학물질을 섞은 물을 강하게 뿜어서 암석층에 균열을 낸 다음, 삼투압 현상에 따라 이 균열을 통해 셰일오일을 모아 채취하는 '수압파쇄법'을 찾아냈고, 이후 수압파쇄법이 개량을 거듭하면서 전 세계 에너지 시장은 격동기에 접어들게 된다.

지금은 미국이 셰일오일의 본고장처럼 여겨지지만 사실 셰일오일이 가장 많이 묻혀 있는 곳은 러시아다. 그런데도 미국이 러시아를 제치고 셰일오일 개발에 매진한 데에는 중동과 오랜 악연이 큰 몫을 했다. 1973년 10월 16일 중동의 6개 석유 수출국은 원유 고시 가격을 단번에 17% 인상하기로 했다. 당시 중동 국가들은 이스

라엘과 전쟁을 치르고 있었는데 미국의 개입을 막기 위해 석유를 무기화(化)한 것이다. 중동의 산유국들이 원유 생산량을 줄이고 가격을 높이자 전 세계는 에너지 위기를 맞았다. 2차 세계대전 이후 가장 심각한 불황이 전 세계에 닥쳤다. 당시 국제유가는 3개월 만에 4배나 뛰었다. 1979년에는 전 세계 원유 생산량의 15%를 차지하고 있던 이란이 원유 수출 금지 조치를 취하면서 2차 오일 쇼크가 전 세계를 덮쳤다.

두 차례 오일 쇼크를 겪으면서 미국을 비롯한 전 세계 주요국은 에너지원 다변화에 나섰다. 석유 의존도를 낮추지 않으면 중동 국가들에 끌려 다닐 수밖에 없다는 걸 깨달은 것이다. 가스, 원전, 수력, 신재생에너지 등 새로운 에너지원에 여러 국가가 관심을 가지기 시작했다. 그 결과, 전 세계 전력 생산을 위해 쓰이는 연료에서 석유가 차지하는 비율은 1971년 21%에서 2014년 4%로 줄었다.

특히 미국은 셰일에너지 개발이 본격화되면서 중동 국가들의 손

[셰일오일 매장량 순위]

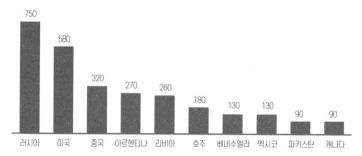

- 주 ①: 셰일오일은 셰일가스를 추출할 때 가스와 섞여 나오는 원유임.
- 주 ②: 2012년 기준, 단위는 억 배럴
- 자료: 미국 에너지정보청

아귀를 벗어날 수 있었다. 과거에는 중동 산유국이 원유 생산량을 조절하면서 정치·사회·종교 이슈에서도 영향력을 발휘했다면, 셰일에너지의 시대가 열리면서 미국이 더는 중동 산유국의 비위를 맞출 필요가 없게 된 것이다.

셰일오일은 국제유가 상승 브레이크

전문가들은 셰일오일이 국제유가 상승을 제한하는 효과도 있다고 설명한다. 이를 가리키는 용어가 '셰일 밴드'다. 셰일 밴드 효과는 국제유가가 셰일오일의 손익분기점을 기준으로 일정 구간에 갇히는 것을 의미한다. 셰일오일 채취 기술이 발전하면서 손익분기점도 40달러 정도로 내려왔다. 국제유가가 셰일오일 손익분기점인 40달러 선을 넘어서 50달러에 근접하면 셰일업체들이 생산을 재개하고 원유 공급이 늘어나면서 국제유가가 떨어지는 식이다. 셰일오일은 전통적인 원유보다 생산을 중단했다가 재개하는 데 걸리는 시간이 짧다. 그만큼 국제유가 변동에 빠르게 반응할 수 있어 셰일오일 생산이 늘어날수록 국제유가 변동 폭은 줄어들게 된다.

셰일에너지에도 단점은 있다. 셰일오일을 생산하려면 수압파쇄용 모래가 반드시 있어야 한다. 그런데 셰일오일 생산이 늘면서 이 모래의 수요도 늘었고 가격이 치솟고 있다. 가뜩이나 셰일오일은 생산 비용이 많이 드는데 원재료 단가까지 오르면서 셰일 생산업체들이 견디지 못하고 문을 닫는 일이 적지 않다.

그럼에도 불구하고 셰일에너지의 미래는 여전히 밝다는 게 대체적인 시각이다. 미국 블룸버그는 2018년 국제유가를 움직일 수 있는 원유 시장의 키맨 다섯 명을 선정했다. 주요 산유국인 사우디아라비아, 러시아의 에너지 장관들이 포함됐고, 세계에서 가장 많은 석유가 매장된 베네수엘라의 대통령과 전기차 개발을 이끄는 일론 머스크 테슬라 최고경영자(CEO)도 명단에 이름을 올렸다. 그리고 마지막 한 명이 파이오니어내추럴리소스의 팀 도브 CEO였다. 이름도 생소한 파이오니어내추럴리소스는 미국을 대표하는 셰일 생산업체다. 여전히 많은 사람이 셰일오일을 낯설어 하지만 이미 셰일오일은 전 세계 에너지 시장을 좌지우지하는 한 축으로 자리 잡았다.

전기차냐, 수소차냐, 그것이 문제로다

영상과 관련된 일을 하거나 1980년대에 유년기를 보낸 사람이라면 '베타맥스'라는 말을 들어봤을 것이다. 베타맥스는 일본의 소니가 1975년에 출시한 영상 저장 기술이다. 이듬해 소니의 경쟁사인 JVC가 '비디오 홈 시스템(VHS)' 방식의 영상 저장 기술을 내놓았다. 두 회사의 피를 튀기는 경쟁이 시작됐다.

베타맥스는 VHS보다 먼저 출시된 데다 기술적인 부분에서도 앞서 있다는 평가를 받았다. 하지만 VHS가 더 다양한 서비스를 제공하면서 결국 경쟁에서 앞설 수 있었다.

갑자기 베타맥스와 VHS 이야기를 꺼낸 건 최근 자동차 시장에서 비슷한 구도의 경쟁이 펼쳐지고 있어서다. 자동차의 미래가 달린 링에 올라온 선수들은 바로 '전기차'와 '수소차'다.

상용화 앞선 전기차, 성능은 수소차가 좋다

전기차(EV)와 수소연료전지차(수소차·FCEV)는 100년 넘게 전 세계 도로를 점령한 내연기관차를 밀어낼 차세대 후보들이다. 얼핏 보기에는 비슷해 보이지만 전기차와 수소차는 완전히 다른 방식으로 작동한다고 해도 될 만큼 큰 차이가 있다. 전기차와 수소차는 어떻게 다르고 어떤 부분이 닮았을까?

가장 큰 차이는 전기를 생산하는 방식이다. 전기차는 리튬이온배터리에 전기를 저장해놓고 조금씩 꺼내 쓰는 방식으로 구동된다. 반면 수소차는 수소로 전기를 만들어가면서 작동한다. 수소차는 배터리가 아닌 연료전지를 사용하는데, 연료전지의 충전된 수소에 산소를 넣으면 화학 반응이 일어나면서 전기가 만들어진다. 수소차도 기본적으로 전기로 구동된다는 점에서 전기차의 일종이지만, 충전한 전기를 꺼내 쓰느냐(전기차), 충전된 수소로 전기를 만들면서 움직이느냐(수소차)에서 완전히 다른 것이다.

이런 구동 방식의 차이는 전기차와 수소차의 장단점을 가른다. 수소차는 충전에 걸리는 시간이 짧고 한 번 충전하면 전기차보다 긴 거리를 주행할 수 있다. 수소차인 현대차의 투싼ix는 5분이면 충전이 끝나고 한 번 완충하면 580킬로미터를 달릴 수 있다. 반면 대표적인 전기차인 테슬라의 모델3는 '슈퍼차저'라는 급속 충전 시스템을 이용해도 1시간 넘게 걸린다. 1회 충전 시 주행 거리도 350킬로미터 정도다. 에어컨이나 히터를 켜면 당연히 주행 거리도 줄어든다. 수소는 기본적으로 물에서 채취할 수 있는 만큼 가채량(可採量)

제한이나 지역 편재성도 없다. 흔히 하는 말로 석유 한 방울 나지 않는 한국 입장에서 수소를 이용한 에너지 생산은 엘도라도가 될 수 있다.

하지만 수소차의 단점도 명확하다. 수소차의 연료전지에는 백금 촉매제가 들어가야 하는데 백금 가격이 만만치 않다. 수소차가 확산되면 백금 가격이 덩달아 뛸 수밖에 없어 수소차 확산에 걸림돌이 될 전망이다.

수소의 생산과 운송에 들어가는 비용도 적지 않다. 수소는 두 가지 방식으로 얻는다. 천연가스에서 추출하거나 물을 전기분해 해서 얻을 수 있다. 그런데 두 가지 방식 모두 문제가 있다. 천연가스에서 수소를 추출하는 과정에서는 이산화탄소가 대량으로 발생해 수소차의 장점인 '친환경'이 희석된다. 물을 전기분해 하는 과정에서도 적지 않은 전기를 써야 하는데 이럴 바에야 전기차를 쓰는 게 낫다는 지적이 나온다. 게다가 수소는 운송과정이 전기보다 복잡하고 효율도 떨어진다. 이런 이유로 테슬라 창업자인 일론 머스크는 수소차의 연료전지(Fuel Cells)를 일컬어 '바보전지(Fool Cells)'라고 부르기도 한다.

전기차와 수소차 간 경쟁은 자동차 미래를 건 패권 싸움

2019년 1월 17일, 울산시청에서 열린 '수소 경제 로드맵' 행사에는 문재인 (당시) 대통령과 정의선 현대자동차그룹 수석부회장이 참석했다. 이날 행사에서 문 대통령은 현대차의 수소차 넥쏘를 보고 "수소차는 내가 홍보모델"이라고 말하기도 했다. 한국 정부 차원에서 수소차에 올인했다는 말이 나올 정도로 파격적인 행보였다. 실제로 이날 행사에서 정부는 2040년까지 누적 기준으로 수소차를 620만 대 생산하고 수소충전소는 1,200개로 늘리겠다고 발표했다. 현대차도 전기차보다 수소차에 힘을 싣고 있다.

왜 한국 정부와 현대차가 전기차가 아닌 수소차에 베팅한 걸까? 이 차이를 이해하려면 전기차와 수소차의 진입 장벽이 어떻게 다른지 먼저 살펴야 한다. 간단히 말해 전기차는 만들기가 쉽다. 오랫동안 자동차를 생산해온 완성차업체가 아니더라도 전기차는 어렵지 않게 만들 수 있다. 자동차와 전혀 관련이 없던 일론 머스크가 테슬라를 만들고, 이렇다 할 완성차업체가 없던 중국이 전기차의 메카로 떠오른 이유도 낮은 진입 장벽에 있다. 전기차의 성능은 배터리가 좌우하는데 배터리는 완성차업체가 아니어도 조달할 수 있다. 반면 수소차는 기술적인 진입 장벽이 높다. 수소연료전지와 나머지 부품을 연결하는 기술 등은 오랫동안 완성차를 만들어온 업체가 아니면 흉내 내기 쉽지 않다. 완성차 입장에서는 수소차가 미래 자동차의 표준이 돼야 기존에 가지고 있던 헤게모니를 유지할 수 있다.

물론 모든 완성차업체가 수소차를 택한 건 아니다. 오히려 대세는 수소차보다 전기차라는 게 전문가들의 일반적인 평가다. 더 많은 업체가 전기차를 택하면서 전기차 기술 개발에 더 많은 투자가 이뤄졌고, 그에 비례해 전기차 기술이 수소차보다 더 빠른 속도로 발전하고 있다. 일반 소비자 입장에서 지금 당장은 전기차가 수소차보다 싸고 효율적인 만큼 당분간은 전기차의 입지가 더욱더 튼튼해질 것으로 보인다.

　전문가들은 당장 전기차와 수소차의 패권이 가려지기보다는 전기차는 단거리, 수소차는 장거리 운송에 특화해 발전할 것이라는 전망도 한다. 일반인들이 주로 타는 승용차는 전기차가, 화물차나 버스 등 상용차(商用車)는 수소차가 유리한 만큼 수소차는 전기차의 보완재가 될 수 있다는 설명이다.

탈원전에서 탈원전 백지화로, 계속되는 원전 논쟁

2011년 3월 11일, 일본 도호쿠 지방에서 발생한 대지진과 쓰나미로 후쿠시마 원자력발전소(원전)에서 다량의 방사성 물질이 누출되는 사고가 발생했다. 1986년 체르노빌 원전 사고 이후 가장 큰 규모의 원전 사고였다. 사고로 인한 경제적 피해 규모가 일본 1년 국내총생산(GDP)의 절반에 달한다는 분석이 나올 정도였다.

후쿠시마 원전 사고는 일본뿐 아니라 전 세계에서 탈(脫)원전 논란을 일으켰다. 당장 사고의 당사국인 일본이 가동 중인 원전을 순차적으로 멈춰 세웠다. 2013년 9월 16일, 후쿠이 원전 4호기가 가동을 중단하면서 일본은 '원전 제로' 상태에 들어갔다. 유럽의 경제 대국인 독일도 발 빠르게 움직였다. 독일은 후쿠시마 원전 사고 두 달 뒤인 2011년 5월, 독일 내 모든 원전을 2022년까지 폐쇄하겠다고 발표했다. 대만 정부도 차이잉원 총통이 2016년 5월에 취임하면서 모든 원전을 폐쇄하겠다고 밝히는 등 여러 국가가 탈원전에 동참했다.

한국도 마찬가지다. 2017년에 집권한 문재인 정부는 에너지 정책의 방향을 '탈원전 및 탈석탄'으로 전환했다. 과거 한국의 에너지 정책은 가계와 기업에 싼 가격으로 전기를 공급하는 경제급전(經濟給電)에 방점을 뒀다. 이에 비해 문재인 정부의 에너지 정책은 환경 문제와 지속가능성에 중점을 두는 환경급전(環境給電)을 전면에 내세웠다. 문재인 정부는 이를 바탕으로 탈원전 정책을 잇달아 내놨다.

하지만 탈원전 정책은 시간이 지나면서 바뀌고 있다. 탈원전을 시도하기에는 에너지 비용이 너무 비싸고 원전이 탄소를 발생하지 않는 친환경 전력이라는 주장에 힘이 실려서다. 유럽은 원전을 친환경에너지로 분류했으며 2022년에 집권한 윤석열 정부도 5년 만에 '탈원전 백지화'를 선언했다.

5년 만에 뒤집힌 탈원전 계획

문재인 정부는 집권과 함께 탈원전 정책을 펼쳤다. 신고리 5·6호기 공사 중단을 추진했고, 월성 1호기 조기 폐쇄를 결정했다. 천지 1·2호기 건설 사업은 백지화했다. 건설하고 있던 신한울 3·4호기도 공사를 중단했다.

이 과정에서 거센 반대 목소리가 나왔다. 결국 신고리 5·6호기는 공론화위원회까지 거친 끝에 공사 재개가 결정됐다. 월성 1호기는 폐쇄 결정을 위한 경제성 평가가 조작됐다는 혐의로 검찰에 관계자들이 기소되기도 했다. 공사가 중단된 신한울 3·4호기는 윤석열 정부에서 공사 재개가 추진 중이다.

이처럼 탈원전 정책이 5년 만에 뒤집힌 가장 큰 원인은 원전을 대체할 신재생에너지가 너무 비싸고 불안해서다. 문재인 정부는 원전과 석탄 전력의 비중을 낮추고 대신 액화천연가스(LNG) 비율을 점차 늘린다는 계획을 내놨다. 하지만 정부 계획대로 에너지원별 전력 생산 구성비를 바꾸면 대대적인 전기요금 인상이 불가피했다. 에너지원별 발전단가는 원전이 1킬로와트시당 67.9원으로 LNG(99.4원)의 3분의 2 수준이기 때문이다.

탈원전의 이점으로 꼽혔던 친환경부분도 논란이었다. 문재인 정부는 원전과 석탄 발전을 줄이고 LNG 발전을 늘리는 게 환경 친화적인 방향이라고 설명하지만 여기에 반론을 제기하는 전문가도 많았다. 예컨대 원전은 미세먼지를 배출하지 않지만 LNG는 발전과정에서 초미세먼지가 배출된다. 환경부에 따르면, 경기도 분당 LNG발전소는 1메가와트시당 초미세먼지 46그램을 배출한다. 반면 석탄 발전소 가운데 가장 적게 미세먼지를 배출하는 강원도 삼척 그린파워의 배출량은 16그램에 불과하다. 발전소의 노후화 정도 등에 따라 LNG발전소가 석탄발전소보다 더 많은 초미세먼지를 배출하기도 하는 것이다.

해외도 원전 재확대

해외에서도 상황은 비슷하다. 원전 축소의 길을 걸었지만 치솟는 가격 부담을 줄이고 탈탄소 정책 가속화를 위해 원전 확대로 정책 방향을 되돌리는 상황이다.

대만은 2018년 11월 국민투표에서 차이잉원 총통이 내세운 탈원전 정책을 폐기하기로 했다. 원전을 멈춰 세웠던 일본도 2015년 8월 11일 가고시마현의 센다이 원전 1호기를 재가동하면서 23개월간 이어졌던 '원전 제로'에서 벗어났다.

미국은 2022년 4월 탈탄소 에너지 전략의 하나로 60억 달러를 들여 노후 원전 자금 지원 프로그램을 도입했다. 자금 부족으로 폐쇄하려던 원전에 지원금을 지급해 원전 가동을 늘리기 위해서다. 이에 앞서 프랑스는 2022년 2월 최소 6기의 원전을 추가로 짓겠다고 밝혔다. 또 기존 원자로의 폐쇄 일정도 중단하기로 했다. 프랑스는 56기 원자로 중 가동 40년이 넘어 노후화한 원전 12기를 폐쇄해 70%인 원자력 발전 비율을 50%까지 낮추기로 했지만 이를 번복한 것이다. 영국도 2050년까지 최대 7기의 원전을 건설하기로 했으며 벨기에는 기존 계획을 수정해 원전을 10년 더 가동하기로 했다. 무엇보다 유럽연합은 택소노미(녹색 분류체계) 확정안에서 '원전=녹색에너지'로 확정했다.

한국의 원전 산업 부활할까?

한국은 원전 건설 기술을 가진 몇 안 되는 국가 중 하나지만 문재인 정부 5년간 탈원전 시대를 겪으며 산업도 크게 침체를 겪었다. 전체 사업에서 원전이 차지하는 비중이 20%가 넘는 두산중공업은 경영진 교체와 구조조정 등 어려움을 겪었고 원전 부품을 만드는 하청업체들은 더 큰 어려움을 호소하고 있다.

이런 상황은 당장 원전 시장에서도 악재로 작용하고 있다. 한국은 아랍에미리트(UAE)에 한국형 원전(APR-1400)을 수출했지만, 정비 업무는 UAE 기업이 총괄 책임지고 한국 업체들은 하도급으로 참여하게 됐다. 당초 UAE 원전 정비는 한국이 장기 계약으로 단독 수주할 수 있을 것으로 기대했다. 그러나 계약 기간은 5년으로 줄었고 한국 업체는 UAE 측이 요청할 때만 인력을 지원하게 됐다. 탈원전 정책으로 한국의 원전 시장이 쪼그라들면서 이런 결과가 나왔다는 것이 전문가들의 분석이다.

하지만 윤석열 정부 들어 스마트 모듈형 원전(SMR)에 대한 정부 지원을 늘리기로 하고 세계 원전 시장에서도 SMR에 대한 수요가 늘어나고 있어 한국의 원전 산업의 부활이 점쳐지는 상황이다.

신재생에너지는
우리의 미래를 책임질 수 있을까?

2007년 유엔 산하 기관인 IPCC(기후 변화에 관한 정부 간 협의체)는 보고서 하나를 발간했다. 지구 온도가 앞으로 섭씨 2~3도만 올라도 지구 생물의 20~30%가 멸종할 것이라는 내용이었다. 이 보고서는 전 세계를 충격에 몰아넣었고 세계 각국 지도자들이 구체적인 행동에 나서게 했다. 그 결과물이 2015년에 체결된 파리기후협약이다. 세계 195개국이 합의한 파리기후협약은 지구 평균 온도를 산업화 이전과 비교해 섭씨 2도 이상 오르지 않도록 유지하자는 목표를 담고 있다. 이를 위해 협약에 참여한 모든 국가가 5년마다 온실가스 감축 목표를 제출하게끔 했다. 한국은 2030년 온실가스 배출 전망치 대비 37%를 감축하겠다는 목표를 제출했다.

각국이 온실가스 배출량을 줄이기 위해서는 신재생에너지를 늘릴 수밖에 없다. 후쿠시마 원전 사고의 여파가 겹치면서 태양광, 풍력 등 신재생에너지 말고는 이렇다 할 다른 선택지가 없기 때문이다. 일찌감치 신재생에너지 개발에 뛰어든 스웨덴, 덴마크 등 북유럽 국가들의 경우 전체 에너지 생산에서 신재생에너지가 차지하는 비율이 50%를 넘기도 했지만, 대부분의 국가는 여전히 신재생에너지 비율이 한 자리 숫자에 머물고 있다. 한국의 신재생에너지 비율도 2016년 기준으로 4.7%에 불과했다. 정부는 신재생에너지 투자를 늘려서 이 비율을 2030년에는 20%까지 높이기로 했다.

신재생에너지, 이상과 현실의 괴리

신재생에너지는 신에너지와 재생에너지로 나뉜다. '신에너지 및 재생에너지 개발·이용·보급촉진법'에 따르면 신재생에너지는 '기존의 화석연료를 변환시켜 이용하거나 햇빛, 물, 지열, 강수, 생물유기체 등을 포함해 재생 가능한 에너지를 변환시켜 이용하는 에너지'로 정의된다. 신에너지에는 수소에너지, 연료전지, 석탄액화가스화 및 중질잔사유가스화 등이 있고, 재생에너지에는 태양광, 태양열, 바이오, 풍력, 수력, 폐기물, 지열 등이 있다. 우리가 흔히 신재생에너지라고 말하는 건 사실 재생에너지를 일컫는다.

정부는 오래전부터 신재생에너지를 늘리는 데 큰 노력을 기울였다. 하지만 뚜렷한 성과는 내지 못하고 있다. 이유가 있다. 신재생에너지는 원래 발전 효율이 낮다. 효율을 올리려면 규모를 늘려야 하는데, 한국은 지리적인 특성이 더해져 대규모 발전이 불가능하니 발전 효율은 더 떨어진다. 한국에서 태양광 발전의 설비 이용률은 평균 15%에 그친다. 태양광 발전은 밤이나 구름이 낀 낮에는 발전이 불가능하다. 발전 연료만 있으면 가동할 수 있는 다른 에너지원과 효율 면에서 큰 차이가 날 수밖에 없다. 풍력 발전도 마찬가지다. 바람이 불어야 풍력 발전소가 가동되는데 바람이 불지 않을 땐 방법이 없다. 신재생에너지원에 따라 차이가 있지만 보통 설비 이용률은 10~30% 정도에 그친다. 9메가와트급 풍력 발전기를 설치해놔도 실제 만들어내는 전기는 3메가와트급에 불과한 것이다. 이 때문에 신재생에너지는 설비 총량이 아니라 실제 가동해 얻는 평균 발전량을 봐야 한다. 예컨대 정부는 전북 새만금 일대에 4기가와트 규모의 태양광·풍력 발전단지를 조성한다고 밝히면서 1기가와트급 원전 4기를 대체할 수 있는 규모라고 소개했다. 하지만 설비 이용률을 고려하면 새만금 일대에 계획대로 대규모 태양광·풍력 발전단지가 조성되더라도 실제 발전량은 0.7기가와트 정도에 그칠 전망이다. 원전 1기에도 못 미치는 발전량이다.

태양광 발전은 많은 태양광 패널을 설치해야 하는 만큼 넓은 땅이 필요하다. 원전 1기 분량의 전기를 생산하려면 여의도 면적의 4.6배에 달하는 13.2제곱킬로미터의 부지가 필요하다. 반면 원전 1기를 짓는 데 필요한 부지는 0.6제곱킬로미터다. 쓸 수 있는 땅이 많지 않은 데다 산림이 많은 한국의 특성상 태양광 발전 같은 신재생에너지는 언감생심이라는 지적이 나오는 이유다. 이런 상황에도 정부가 태양광 발전에 적지 않은 보조금을 주기로 하는 등 정책적인 지원을 늘리자 태양광 발전을 위해 산림이 파괴되는 아이러니한 일들까지 벌어지고 있다.

많은 사람이 신재생에너지에 대해 오해하는 부분 중 하나가 신재생에너지원별 보급 비율이다. 보통 신재생에너지가 전체 에너지원에서 차지하는 비율까지만 살피고 신재생에너지원별로는 비율이 어떻게 되는지까지는 잘 보지 않는다. 이 때문에 많은 사람이 태양광이나 풍력이 대표적인 신재생에너지라고 잘못 알고 있다. 한국의 경우 태양광과 풍력이 전체 신재생에너지에서 차지하는 비율은 10% 정도에 불과하고, 80% 이상은 폐기물과 바이오 매스가 차지한다. 폐기물 발전은 종이, 나무, 플라스틱 등을 파쇄하는 등의 과정을 거쳐 에너지로 만든 것을 의미하고, 바이오 매스 발전은 농림 부산물, 산업체 부산물 등 바이오 매스를 연료로 얻는 에너지를 말한다. 폐기물이나 바이오에너지를 제외하면 신재생에너지의 규모는 형편없이 작아진다.

문제는 폐기물에너지를 활용한 발전을 신재생에너지로 볼 수 있느냐이다. 특히 플라스틱 쓰레기 등 생활폐기물로 만든 고체 재생연료(SRF)를 활용한 발전이 논란이다. SRF를 사용하면 땅에 묻어야

[원전을 다른 에너지원으로 대체했을 때 전기요금 인상 추정치]

에너지원	인상률
유연탄	9.7
중유	16.7
LNG	25.5
신재생에너지	79.1

• 단위: %
• 자료: 에너지경제연구원

하는 폐기물을 태워 없앨 수 있으니 폐기물을 줄이는 장점이 있다. 그러나 대기오염 물질이 나와 친환경에너지로 보기 어렵다. 이 때문에 국제 사회에서는 사실상 신재생에너지원으로 분류하지 않는다. 한국에서도 SRF는 신재생에너지원에서 배제해야 한다는 이야기가 나온다.

에너지 소비 줄이는 기술과 습관이 중요

신재생에너지로의 전환이 성공하기 위해서는 에너지 수요를 줄이고 소비 효율을 높이는 작업도 필요하다. 에너지 공급 측면에서 신재생에너지 발전을 늘리는 것뿐 아니라 수요 측면에서의 변화도 함께 따라줘야 한다는 뜻이다. 2000년대 이후 선진국 대부분은 에너지 소비가 하락세로 돌아선 상황이다. 반면 한국은 상승 폭이 조금 둔화했을 뿐 여전히 에너지 소비가 늘고 있다. 한국의 에너지 소비는 2000년 이전에는 연평균 7.9%, 2000년 이후에는 연평균 2.7% 늘었다.

'에너지 소비를 줄인다'가 단순히 에너지 절약을 하자는 말은 아니다. 에너지를 더 똑똑하게 쓰는 게 곧 에너지 소비를 줄이는 길이다. 4차 산업혁명의 핵심 기술인 인공지능(AI)과 사물인터넷(IoT), 클라우드 컴퓨팅, 빅데이터 등을 활용해 스마트 그리드(지능형 전력망) 능력을 올리는 것이다. 지금은 전기를 생산했다가 쓰지도 못하고 버려지는 경우가 많다. 그러나 스마트 그리드 기술이 발전하면 전력 수요에 따라 전기 생산량을 조절하고, 전기가 남는 지역에서 모자라는 지역으로 옮기면서 에너지를 효율적으로 쓸 수 있다. 또 에너지 저장 장치(ESS) 기술은 남는 전기를 모았다가 필요할 때 사용할 수 있게 해 신재생에너지의 발전 효율을 높여주고, 불필요한 전력 낭비를 막을 수 있게 도와준다.

4장

신냉전 시대의 발발

미·중 무역 갈등은 경제 갈등이 아니다

2021년 12월 6일, 미국 정부는 공식적으로 2022년 2월에 열리는 베이징 동계올림픽에 정부 사절단을 보내지 않겠다고 선언한다. 중국 신장 지역에서 중국 정부의 종족 학살과 반인도적 범죄, 인권 유린이 계속된다는 이유였다. 미국의 외교적 보이콧 선언에 캐나다, 호주, 영국, 일본, 벨기에 등 미국의 우방국이 뜻을 같이했다.

2022년 2월 논란 속에 베이징 동계올림픽이 열렸고 블라디미르 푸틴 러시아 대통령은 베이징으로 날아갔다. 러시아의 우크라이나 침공이 임박했다는 이야기가 계속되던 때였다. 푸틴 대통령과 시진핑 중국 주석은 정상회담을 하고 북대서양조약기구(NATO) 확장 중단 등을 요구하는 공동 성명을 발표했다. 중국은 확실히 러시아 편이라는 선언이었다. 〈뉴욕타임스〉는 중국이 러시아의 침공 계획을 미리 알고 있었지만 중국의 주문은 단 하나, 올림픽 이후로 침공을 미뤄달라는 것이었다고 보도했다. 실제로 러시아는 베이징 동계올림픽 폐막 후 나흘 만인 2월 24일 새벽 우크라이나 전면 침공에 들어갔다.

이를 놓고 매튜 포팅어 전 백악관 국가안전보장회의(NSC) 아시아 담당 선임보좌관은 "냉전이 현실화한 1950년 한국전쟁에서는 스탈린이 허락하고 마오쩌둥이 군대를 보냈다면 이번에는 시진핑이 스탈린 역할을, 푸틴이 마오쩌둥 역할을 하고 있다"라고 말했다. 베이징 동계올림픽과 러시아의 우크라이나 침공이 '신(新)냉전 시대'가 본격화했음을 확인해준 것이다.

냉전은 2차 세계대전 이후 전 세계가 미국을 중심으로 한 자유 민주주의 국가들과 소련을 중심으로 한 공산주의 국가들로 나뉘어 대결을 펼쳤던 시기를 말한다. 다시 시작된 신냉전에서는 매튜 포팅어 전 선임보좌관의 말처럼 과거 소련의 역할을 이제 중국이 맡고 있다. 도광양회(韜光養晦) 정신으로 숨죽이며 힘을 키우던 중국은 시진핑 주석의 등장과 함께 중국몽을 선언하며 명실상부 미국과 어깨를 나란히 하게 됐다. 중국의 존재를 무시할 수 없던 미국은 2018년 중국과 무역 전쟁을 선언하며 본격적인 대결에 돌입했다. 세계적인 역사학자 니얼 퍼거슨은 미·중 무역 전쟁을 신냉전의 시작으로 본다.

미·중 대립을 단순 무역 갈등을 넘어 신냉전으로 보는 이유는 두 나라가 경제 대결을 넘어 본격적인 이념 대결, 세력 대결에 들어섰기 때문이다. 미국은 중국 신장 지역에서 벌어지는 위구르족 정책을 '제노사이드(종족 말살)'라고 규정하며 각종 제재에 들어갔다. 자유 민주주의와 공산주의라는 이념 갈등이 이번에는 '인권'이라는 이름으로 다시 펼쳐진 것이다.

세력 대결이라는 점도 중요하다. 2021년 유럽연합(EU)은 중국의 위구르족과 홍콩 문제를 이유로 중국 제재에 동참했다. 우크라이나 침공에 대한 러시아 제재에도 미국의 우방국이 뜻을 모았다. 반면 중국을 비롯해 옛 소련의 영광을 재연하려는 러시아와 구소련 국가들, 남미의 전통적인 반미 국가들은 '미국 제국주의 반대'를 외치며 결집하고 있다.

대영제국의 몰락과 미국의 부상

1997년 7월 1일 0시를 기점으로 홍콩의 주권이 영국으로부터 중국에 반환됐다. 155년에 걸친 영국의 홍콩 식민통치가 막을 내리는 순간이었다. 홍콩 반환식에는 전 세계 주요 지도자들이 대거 참석했다. 영국에서는 찰스 왕세자가 참석했고, 코피 아난 유엔 사무총장, 매들린 올브라이트 미국 국무장관 등이 홍콩의 주권이 중국에 넘어가는 순간을 지켜봤다. 행사가 끝난 직후 찰스 왕세자를 비롯한 영국 대표단은 빅토리아항에 정박 중인 영국 왕실 소속 브리타니아호를 타고 홍콩을 빠져나갔다. 이 장면도 전 세계로 생중계됐다.

영국의 홍콩 반환은 대영제국의 마침표를 찍는 순간이었다. 대영제국은 15세기부터 20세기 초반까지 영국연방이 전 세계에 건설한 식민지와 통치 지역을 일컫는 말이다. 대영제국의 최전성기 때에는 전 세계 인구 4분의 1이 대영제국에 속해 있었다. 대영제국의 영토가 전 세계에 걸쳐 있다 보니 언제나 대영제국 영토에는 해가 떠 있다는 뜻에서 '해가 지지 않는 나라'로도 불렸다.

하지만 대영제국은 20세기 전반기에 두 차례 세계대전을 거치면서 급속도로 힘이 약해졌다. 특히 2차 세계대전을 끝으로 영국 파운드화가 누리던 세계 1위 무역통화 지위를 미국 달러에 넘겨줄 수밖에 없었다. 이때만 해도 영국 정부는 보유한 막대한 금을 바탕으로 파운드화를 금 태환 화폐로 활용해 전 세계에서 유일하게 믿을 수 있는 통화로 만들었다. 그러나 2차 세계대전을 겪으면서 유럽 국가들은 미국에 전쟁 물자를 의지하며 대규모 무역 적자를 낼 수밖에 없었고 이는 유럽 국가들이 보유한 금 대부분이 미국으로 넘어가게 했다. 1944년 7월 미국의 브레턴우즈(Bretton Woods)에서 체결된 '브레턴우즈체제'는 달러를 유일한 금 태환 화폐로 만들었다. 미국이 명실상부 세계 1위 국가로 올라서는 순간이었다.

반면 영국은 2차 세계대전 뒤 대영제국에 속해 있던 수많은 국가가 독립을 선언하는 걸 속수무책으로 지켜볼 수밖에 없었다. 인도와 팔레스타인이 독립을 선언했고, 이집트의 나세르 정권이 수에즈 운하의 국유화를 선언하면서 벌어진 수에즈 사태는 대영제국에 마지막 일격을 가했다. 영국은 프랑스, 이스라엘과 함께 수에즈 운하의 주도권을 둘러싼 전쟁에서는 승리했지만, 국제사회의 비난이 쏟아지자 결국 물러날 수밖에 없었다. 수에즈 사태를 기점으로 대영제국은 사실상 해제됐다. 홍콩 주권 반환은 대영제국이 수 세기에 걸쳐 정복한 50여 개국 가운데 마지막으로 남아 있던 국외 영토를 포기하는 순간이었다. 홍콩 주권을 반환하면서 대영제국은 공식적으로 소멸했다.

세계 최강대국으로 우뚝 선 미국

2차 세계대전을 겪으며 자유세계의 구세주 역할을 한 미국은 경제력과 군사력 모두에서 패권국가의 반열에 올랐다. 패권 국가 미국의 첫 라이벌은 소련(소비에트 사회주의 공화국 연방)이었다. 2차 세계대전 당시 미국과 소련은 연합군에 속해 나치에 맞섰지만, 전쟁이 끝나자 이제는 서로에게 총부리를 돌렸다. 군사적인 긴장뿐 아니라 경제와 산업에서도 미국과 소련은 사사건건 부딪쳤다. 자유무역을 내세운 미국과 달리 소련은 마르크스-레닌주의 이념을 기반으로 하고 있었고, 자유무역의 이념을 거부했다. 결국 미국과 소련은 2차 세계대전 이후부터 1991년 소련이 붕괴하기까지 수십 년에 걸쳐 냉전에 돌입하게 된다. 한국 전쟁과 베트남 전쟁은 모두 냉전에서 비롯된 측면이 있다.

그렇다면 미국은 어떻게 소련을 꺾을 수 있었을까? 두 세력은 직접적으로 전쟁을 벌인 적이 없다. 대리전만 몇 차례 벌어졌을 뿐이다. 두 국가의 차이를 가른 건 군사력이 아니었다. 바로 경제였다. 군사력도 경제력 없이는 유지하기 힘든 법이다.

유엔 통계국에 따르면 냉전이 가장 치열하게 전개되던 1970년 미국의 국내총생산(GDP)은 1조 759억 달러로 세계 1위였다. 2위는 소련으로 4,334억 달러였다. 당시 3위는 일본으로 2,090억 달러 정도였다. 이때까지만 해도 소련은 미국 경제력의 절반 정도 수준을 유지하고 있었다. 하지만 1983년에는 상황이 확 달라진다. 1983년 미국의 GDP는 3조 6,381억 달러로 13년 동안 3배 이상 증가했다. 반면 소련의 GDP는 9,930억 달러로 2배 정도 증가하는 데 그쳤다. 두 나라의 경제력 격차는 눈 깜짝할 사이에 천지 차이로 벌어졌다.

소련 경제는 시간이 지날수록 성장이 더뎌졌다. 1950년대에만 해도 10% 가까운 성장률을 기록했지만 매년 하락세를 기록하다가 1980년대에는 3%대까지 낮아졌다. 미국 CIA가 추산한 자료를 보면 1980년대 성장률은 0%대였다. 이런 결과는 당연한 수순이었다. 국가가 생산과 소비를 통제하는 계획 경제는 경제 규모가 커질수록 국가가 통제할 수 있는 범위를 넘어서고 효율이 크게 떨어진다. 천연자원과 군수품을 제외하면 이렇다 할 수출품도 없었다. 미국과의 군비 경쟁 탓에 비효율적인 투자도 많았다. 결국 소련은 1980년대 후반 개혁 개방을 선언하면서 사실상 두 손을 들었다. 1991년 12월 25일 당시 고르바초프 대통령이 사임하면서 소련은 공식적으로 해체됐다.

떠오르는 태양 '일본'을 꺾은 환율 공격

미국은 자신의 지위를 위협할 수 있는 경쟁자가 나타나면 가차 없이 꺾었다. 소련과 치열한 냉전을 벌이는 와중에도 자유 시장 진영에 대한 감시를 소홀히 하지 않았다. 그리고 그 레이더망에 걸려든 국가가 바로 일본이었다.

미국의 닉슨 대통령은 1968년 공화당 전당대회에서 일본산 섬유 규제를 공언했고 이 덕분에 남부의 지지를 얻어 대통령까지 됐다. 닉슨은 대통령이 된 직후 일본 총리인 사토 에이사쿠와 비밀 협약을 맺었다. 미국이 오키나와를 반환하고, 대신 일본은 섬유 수출을 제한하기로 한 것이다. 하지만 사토 총리는 약속을 지키지 않았다. 닉슨 대통령은 가만히 넘어가지 않았다.

1971년 8월 15일 일요일 저녁, 인기리에 방영 중이던 TV 드라마 〈보난자〉의 방영을 중단하고 닉슨 대통령은 긴급 성명을 발표했다. 달러와 금의 교환을 중단하고 수입품에 10%의 관세를 물린다는 내용이었다. 미국은 금본위제를 포기하고 달러 가치를 평가절하하면서 재정 적자를 줄이는 데 성공했다. 반면 엔화 대비 달러화 환율이 약세를 보이면서 일본은 큰 타격을 받았다. 당시 일본은행이 엔화 환율을 유지하기 위해 쓴 돈만 13억 달러에 달했다. 일본은 이 사건을 계기로 섬유 수출을 제한하는 내용의 섬유협정을 미국과 맺었고, 사토 총리는 이듬해 사임했다. 닉슨 대통령이 긴급 성명을 발표한 8월 15일은 일본의 태평양 전쟁 패전기념일이었다.

이후 미국은 환율을 무기로 삼았다. 대표적인 사건이 1985년의 '플라자합의'다. 1985년 9월 22일 미국 뉴욕의 플라자호텔에 미국과 영국, 프랑스, 독일, 일본 등 5개국 재무장관이 모였다. 미국은 달러화 가치를 떨어뜨려 무역 적자를 줄이려고 했다. 당시 미국의 경상수지 적자는 1,190억 달러에 달했는데 이 중 430억 달러가 일본과의 무역에서 발생한 적자였다. 미국 재무장관인 베이커는 엔화와 독일 마르크화를 절상하고 달러화를 절하해야 한다고 주장했고, 결국 플라자합의가 체결됐다.

협약 체결 당시 달러화 대비 엔화 환율은 235엔이었는데 1년 뒤에는 120엔까지 떨어졌다. 환율이 1년 만에 반 토막이 난 것이다. 일본 기업들 입장에서는 평소 팔던 제품 가격이 두 배가 됐다. 반면 미국은 가만히 일본에 지고 있던 부채를 절반으로 줄였고, 일본은 미국과의 무역에서 벌어들이는 돈의 절반을 허공에 날려버려야 했다. 물론 그만큼 일본의 자산 가치는 뛰었고, 일본 부동산 가격은 치솟았다. 일본의 거품 경제가 시작된 것이다.

1971년과 1985년의 일은 미국이 패권을 유지하기 위해 어떻게 경쟁국을 견제하는지를 잘 보여준다. 그리고 이런 방식은 미국과 함께 'G2'로 불리는 중국과의 대결에서 다시 한 번 등장한다.

중국의 부상과 신냉전의 발발

리콴유 전 싱가포르 총리는 2012년 한 언론 인터뷰에서 이런 말을 남겼다.

"중국(中國)은 '중앙 왕국'이라는 의미를 가진 말입니다. 중국인의 마음 깊은 곳에는 식민지로 전락했던 19세기 이전의 세계가 아직 남아 있습니다."

리콴유 전 총리가 말하는 '19세기 이전의 세계'란 중국이 수천 년에 걸쳐 동아시아를 주름잡으며 패권 국가로 군림하던 시절을 뜻한다. 중국이 세계의 중심이라는 중화(中華)사상도 그때 만들어졌다. 지금은 미국과 러시아, 유럽연합, 일본 등 여러 강대국이 중국과 어깨를 나란히 하고 있지만 중국인들의 마음속에는 자신들이 세계의 중심이던 수백 년 전의 민족적 기억이 아직도 고스란히 남아 있다는 것이다.

불과 10여 년 전까지만 해도 중화의 꿈은 말 그대로 꿈처럼 보였다. 미국과 일본, 유럽연합 같은 강대국들 사이에서 중국이 패권을 쥐는 건 좀처럼 상상하기 쉽지 않은 일이었다. 하지만 이제는 달라졌다. 경제력은 물론 전 세계에 미치는 영향력이나 군사력에서도 미국과 어깨를 나란히 하는 상황이 됐다. 특히 경제력은 중국이 머지않아 미국을 추월할 것이라는 전망이 많다. 도대체 중국은 언제 이렇게 급성장한 것일까?

40여 년 전 개혁 개방을 택한 중국

중국은 공산당이 경제 정책을 결정하는 당정 국가의 형태다. 국유기업이 산업을 이끄는 국가자본주의 모습도 있다. 좀처럼 시장 경제체제에 어울리지 않는 모습이다. 덩샤오핑(鄧小平)이 1978년 사회주의 계획 경제체제를 개혁 개방체제로 전환하겠다고 선언했을 때만 해도 이 계획이 성공하리라 생각한 사람은 많지 않았다. 하지만 덩샤오핑과 중국 정부는 국가자본주의와 시장 경제를 조합해 세계에서 가장 빠르게 성장하는 경제체제를 만들어내는 데 성공했다.

중국의 개혁 개방체제 전환은 단계적으로 이뤄졌다. 1970년대 말 농가 생산책임제가 도입되면서 농업 부문의 개혁이 먼저 이뤄졌고, 1980년대에는 기업에 자율 경영권을 보장해주고 가격 자유화 정책을 시작했다. 중국 경제의 급성장을 이끈 하이난 경제특구, 상하이 푸둥 신구가 설립된 것도 이때다. 1990년대에는 중앙은행 역할을 하는 인민은행과 상업은행이 분리됐고, 금리 자유화와 관리 변동 환율제 시행 등 금융 부문의 개혁이 이뤄졌다. 이 같은 개혁 개방 정책에 힘입어 중국은 2001년 세계무역기구(WTO)에 가입한다. 중국이 자본주의 세계 질서에 완전히 편입된 사건이다. 중국 정부는 WTO 가입을 계기로 대외개방에 더욱 박차를 가했다. 저렴한 인건비를 찾던 글로벌 기업이 중국에 투자를 늘리면서 중국 경제는 빠르게 성장하기 시작했다.

덩샤오핑이 개혁 개방 정책을 선언한 1978년부터 2020년까지 중국의 실질 국내총생산(GDP)은 연평균 9% 넘게 늘어났다. 이 기간에 중국의 1인당 GDP는 무려 67배나 증가했다. 전 세계 GDP에서 중국이 차지하는 비율도 1978년 1.8%에서 2020년에는 14.9%로 크게 늘었다. 중국은 구매력 기준으로는 이미 미국을 넘어서 세계에서 경제 규모가 가장 큰 국가로 자리 잡았고, 무역 측면에서도 미국을 넘어 세계 최대 교역국 지위를 누리고 있다.

21세기판 실크로드 '일대일로'

중국 정부는 단순히 경제 규모를 키우는 데 그치지 않고 적극적인 확장 정책에 나서고 있다. 바로 일대일로(一帶一路)다. 일대일로에서 일대는 중앙아시아와 유럽을 연결하는 육상 실크로드를 의미하고, 일로는 동남아시아에서 유럽과 아프리카로 이어지는 해상 실크로드를 뜻한다. 시진핑 주석이 2013년 중앙아시아와 동남아시아를 순방하면서 처음 제시한 '신(新)실크로드 구상'이다. 일대일로가 통과하는 지역에 산업공단, 철도, 항만, 도로 등 대대적인 인프라 투

[중국 일대일로 구상도]

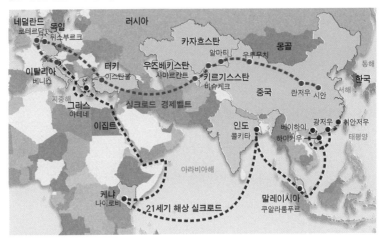

• 자료: 중국 언론 종합

자를 해 중국과 유럽을 잇는 지역을 발전시키는 전략이다.

이 과정에서 해당 지역에 대한 중국의 영향력이 커지는 건 당연지사다. 중국 입장에서는 중화 세력을 확장하는 동시에 인프라 투자를 통한 경제적인 이득까지 얻을 수 있는 대형 프로젝트다. 일대일로 프로젝트가 완성되면 세계 인구의 63%와 세계 GDP의 24%를 포함하는 거대한 경제권이 만들어진다.

중국이 아무리 경제 대국이라도 80여 개국에 이르는 거대한 인프라 투자를 혼자 힘으로 할 수는 없다. 이 때문에 중국이 주도해서 만든 것이 '아시아인프라투자은행(AIIB)'이다. AIIB는 일대일로를 비롯한 아시아 지역의 인프라 개발에 투자하기 위해 2014년에 설립됐다. 기존 세계은행(WB), 아시아개발은행(ADB)이 비슷한 역할을 하고 있지만, 이들 기구는 미국과 일본이 주도하고 있다. 중국도 이런 상황을 고려해 직접 세계은행 같은 기구를 만들어버린 것이다. 2015년 말에 출범한 AIIB는 매년 회원국을 늘리며 규모를 키우고 있다.

사상 최대 규모 대중 무역 적자에 뿔난 미국

2018년 7월 6일, 미국 정부는 340억 달러 규모의 중국산 수입품 818개 상품에 25%의 추가 관세를 부과했다. 중국 정부도 지체하지 않고 340억 달러 규모의 미국산 수입품에 똑같이 25%의 보복 관세를 부과했다. G2(주요 2개국)로 불리며 세계 최강대국의 반열에 오른 미국과 중국이 무역 전쟁을 시작한 것이다.

미국은 왜 갑자기 중국과 일전에 나섰을까? 도널드 트럼프 당시 대통령의 예측 불가능한 성격 때문일까? 이런 설명에 전문가들은 고개를 젓는다. 트럼프든, 힐러리든 누가 대통령이 됐어도 미·중 무역 전쟁은 불가피했을 것이라는 반응이 더 많다.

미국의 대중 무역 적자는 심각한 수준에 이르렀다. 미국 상무부에 따르면, 무역 전쟁이 시작되기 전인 2017년 기준 미국의 대중 무역 적자는 3,752억 달러(약 450조 원)로 사상 최대를 기록했다. 중국의 대미 수출액이 미국의 대중 수출액보다 3배 이상 많았다. 이런 격차가 정상적인 무역의 결과물이라면 어쩔 수 없겠지만, 트럼프 대통령을 비롯한 미국 정치권의 생각은 달랐다. 트럼프 대통령의 핵심 참모 중 1명인 피터 나바로 백악관 무역제조업정책국장은 "중국이 미국의 미래를 훔치고 있다"라며 강경한 발언을 거침없이 쏟아내기

[대미 무역 흑자국 순위]

순위	국가	2017년
1	중국	3,752
2	멕시코	711
3	일본	688
4	독일	643
5	베트남	383
6	아일랜드	381
7	이탈리아	316
8	말레이시아	246
9	네덜란드	245
10	인도	229
	한국	229

• 단위: 억 달러
• 자료: 미국 상무부

도 했다.

미국이 중국에 갖는 불만 중 하나가 바로 중국의 금융 정책이다. 통상 세계에서 두 나라의 무역은 기본적으로 '윈윈(Win-Win)' 게임이 돼야 한다. 서로 상호 우위에 있는 분야를 수출해 두 나라 모두 이득을 봐야 한다. 미국과 중국 관계에서는 값싼 노동력을 바탕으로 세계의 공장이 된 중국이 가격 경쟁력을 앞세워 미국의 내수 시장에 물건을 마구 팔아치우고 있다. 반면 미국이 우위에 있는 분야는 금융 시장이지만 중국은 여전히 금융 시장을 개방하지 않고 있다. 미국 입장에서는 중국에 안방을 내줬는데 중국은 (미국에 유리한) 금융 시장을 꽁꽁 닫아놓고 있으니 불만이 생길 수밖에 없다.

금융 정책 중 특히 중국의 환율 정책에 미국의 불만이 컸다. 중국 정부는 공식적으로 환율 조작을 하지 않는다고 밝혔지만, 미국 정부는 중국이 외환 시장에 개입해 환율을 조작한다고 의심했고 결국 2019년 미국은 25년 만에 중국을 환율조작국으로 지정했다.

정보기술(IT) 분야에서 중국 기업의 약진도 미국 입장에서는 가만히 두고 볼 수 없는 부분이다. 미국이 세계 최강대국의 지위를 누리는 배경에는 IT 분야에서 다른 나라를 압도하는 경쟁력을 가진 덕이 크다. 하지만 중국 IT 기업들이 거대한 내수 시장을 바탕으로 빠른 속도로 미국 기업을 추격하면서 미국 정부가 가만히 있을 수 없는 상황이 됐다. 특히 미국 정부는 중국 기업이 투자나 인수·합병(M&A) 등을 통해 미국 기업의 첨단 기술을 빼간다고 의심하고 있다.

미국 법무부가 나서서 중국의 통신장비업체인 화웨이와 중싱(中興·ZTE)의 기술 탈취 의혹에 대한 조사를 진행했고, 미국 현지에서는 '중국 IT 기업이 스파이'라는 말까지 나왔다. 실제로 화웨이 창업자의 딸이자 화웨이 부회장인 멍완저우가 미국 정부의 요청으로 캐나다에서 체포되기도 했다. 미국은 동맹국들에 노골적으로 화웨이 제품이나 장비를 사용하지 말 것을 요구하고 있다.

'무역은 핑계', 중국의 패권 도전 싹 자르기 분석도

사실 미국과 중국의 갈등은 단순한 무역 전쟁이 아닌 세계 질서를 놓고 싸우는 '패권 전쟁'으로 봐야 한다는 해석이 지배적이다. 애초에 미국이 중국과 전쟁을 시작한 이유가 '무역'이 아니라 '정치'이기 때문이다.

두 나라의 무역 갈등은 2020년 1월 1단계 무역 합의를 통해 중국이 2년 동안 2,000억 달러어치 미국 제품을 구매하기로 하면서 어느 정도 봉합되는 듯했다. 하지만 미국은 중국 신장 지역의 위구르족 탄압을 이유로 중국 기업들을 블랙 리스트에 올리고 신장 지역에서 생산되는 제품에 대한 금수 조치를 내리는 등 중국에 대한 제재를 이어가고 있다. 2022년 베이징 동계올림픽을 앞두고는 외교적 보이콧을 선언하기도 했다. 미·중 갈등이 도널드 트럼프 대통령 시절에 이어 조 바이든 정부에서도 기조가 이어지며 본격적인 패권 전쟁으로 넘어가는 모습이다.

사실 미국은 그동안 소련이나 일본 등 미국의 패권을 위협하는 나라가 생기면 다양한 방법으로 싹을 잘라냈다. 이제 중국이 그 대상이 된 것이다. 중국은 급성장을 거듭하면서 미국이 누리고 있는 세계 최강대국의 지위에 도전할 수 있는 유일한 국가로 평가받는다. 중국 정부도 중국이 세계의 중심이었던 과거의 영광을 21세기에 되살리겠다는 의미의 '중국몽(中國夢)'이라는 표현을 꺼내 들며 미국의 심기를 건드렸다.

지난 20세기 후반부에 미국이 누린 지위는 단순히 경제력 1위 국가가 아니었다. 미국은 자유 민주주의와 인권, 국제법 등 다양한 분야에서 자신들이 생각하는 '이상적인 가치'를 전 세계에 전파했다. 미국의 경제력과 군사력이 이를 가능하게 했다. 하지만 중국이 부상하면서 미국이 이상적으로 여겼던 가치관과 전혀 다른 가치관이 세계 곳곳에서 득세하기 시작했다. 이번 미국과 중국의 갈등은 표면적으로는 무역 전쟁의 형태를 띠지만 패권 전쟁의 성격이 강하다는 분석이 나오는 이유다. 일각에서는 미국이 중동 문제에 정신이 팔려 대중국 견제가 예상보다 늦어졌다는 이야기도 나온다.

미국과 중국의 패권 전쟁은 이제 시작됐다. 과연 중국이 미국을 꺾고 새로운 질서를 차지할지, 아니면 이번에도 미국이 도전자의 추격을 꺾어버릴지는 알 수 없다. 다만 확실한 것은 이제 팍스 아메리카의 세계는 끝나고 새로운 냉전체제에 접어들었다는 점이다.

잠자던 러시아의 재등장

"현대 러시아는 소련이 붕괴한 뒤에도 전 세계에서 가장 강력한 핵 강국으로 남아 있으며 여러 첨단 무기에서도 우위에 서 있다."

2022년 2월 24일 새벽, 블라디미르 푸틴 러시아 대통령은 러시아 국영방송을 통한 대국민 연설에서 우크라이나에 대한 특별 군사 작전 시작을 알렸다. 우크라이나에 대한 전면 침공이 시작된 것이다.

미국을 중심으로 한 서방은 대규모 제재로 러시아를 압박했다. 국제 통신망인 국제은행간통신협회(SWIFT·스위프트)에서 러시아 중앙은행과 주요 은행들의 접근을 차단하면서 러시아는 채무불이행(디폴트) 위기에 몰리게 됐다. 각종 금수 조치로 무역도 마비됐고 해외 투자자들도 줄줄이 러시아를 떠났다. 전쟁을 일으킨 대가로 엄청난 경제적 손실을 보게 됐다. 러시아는 왜 막대한 손해를 감수하면서까지 우크라이나를 침공했을까?

소련 붕괴와 러시아의 부활

1991년 소련의 해체 후 러시아는 급격한 시장 개방과 가격 자유화 등을 추진하면서 최악의 장기 불황을 보냈다. 보리스 옐친 대통령 집권 시절 하이퍼 인플레이션을 겪으며 중산층이 대거 몰락했다. 1992년 러시아의 물가 상승률은 연 2,500%, 1993년 800%에 달했다. 옐친 정부 때 누적 물가 상승률은 60만%가 넘었다. 성장도 꾸준히 뒷걸음질 치면서 1991년 5,180억 달러에 이르던 GDP는 1,959억 달러까지 떨어졌다. 1998년에는 러시아 정부가 재정 부족으로 모라토리엄(상환 유예)을 선언하기도 했다. 그야말로 경제가 엉망이 된 것이다.

도저히 자리를 보전할 수 없던 옐친 대통령은 1999년 12월 31일 건강을 이유로 자리에서 물러났고 총리였던 푸틴이 대통령 권한 대행을 맡는다. 그리고 이듬해 3월 대선에서 압승하며 대통령에 취임한다.

푸틴 정권이 들어선 뒤 마침 세계 경제도 호황을 맞았다. 특히 중국을 중심으로 개발도상국들이 대규모 생산 확대 정책을 펼치면서 원자재 가격이 빠르게 뛰었다. 1990년대 배럴당 평균 20달러 수준이던 유가는 2000년 들어 꾸준히 상승해 2008년에는 배럴당 100달러를 넘어섰다. 경제에서 석유와 가스 수출 비중이 큰 러시아 입장에서는 그야말로 호황기가 찾아온 것이다. 1990년대 마이너스 성장을 했던 러시아는 푸틴 대통령의 첫 번째 집권기인 2000년부터 2008년까지 연 7%대 성장을 기록했다.

경제 성장을 등에 업은 푸틴은 국내 정치에서도 강력한 카리스마를 바탕으로 정치적 안정을 이뤘다. 1994년 체첸이 독립을 선언하며 러시아와 전쟁을 벌였을 때 불황에 휘청이던 러시아는 체첸의 독립을 저지하기 위해 기계화 군대를 보냈다가 속수무책으로 당했다. 망신을 당한 러시아는 평화 협정을 통해 간신히 체첸의 독립을 막아냈다. 하지만 1999년 2차 독립 전쟁이 벌어지자 푸틴은 분리 독립주의자를 강경 진압했다. 이 과정에서 러시아군은 열압력탄이나 집속탄처럼 광범위하게 피해를 주는 무기를 사용했는데 대규모 민간인 희생까지 발생했다. 그런데도 2008년 푸틴이 임기를 마쳤을 때 지지율은 80%를 넘을 만큼 강력한 지지를 받았다.

3번 연속 대통령직에 오를 수 없는 러시아 헌법에 따라 푸틴은 최측근인 드미트리 메드베데프에게 대통령직을 넘기고 총리로 물러난다. 대통령 자리에서는 물러났지만 푸틴이 러시아의 강력한 실권자임을 부정하는 사람은 없었다. 푸틴은 메드베데프의 임기가 끝나자 2012년 5월 다시 대통령에 출마했고 새로운 임기를 시작했다.

소련 부활을 꿈꾸는 러시아

2008년 8월 8일 베이징 (하계)올림픽 개막식 날, 당시 총리였던 푸틴은 베이징으로 날아가 개막식에 참석했고, 행사가 끝나갈 즈음 통역을 대동하고 조지 W. 부시 당시 미국 대통령에게 다가간다. 푸틴이 뭔가를 말하자 부시 대통령이 깜짝 놀라는 모습이 카메라에 잡혔다. 러시아의 조지아 침공을 알린 것이다.

푸틴 대통령은 소련 붕괴를 '21세기 최대의 지정학적 재앙'이라고 묘사하며 호시탐탐 옛 소련의 영광을 재현할 기회를 엿봤다. 2008년 러시아의 조지아 침공은 러시아의 부활을 알리는 선언과 같았다. 러시아를 등에 업은 남오세티야가 조지아로부터 독립을 선언하자 조지아는 군대를 보내 남오세티야를 공격한다. 그러자 러시아는 해외에 있는 러시아 민족을 보호한다며 약 8만 명의 병력을 투입해 압도적인 전력으로 1주일도 안 돼 조지아의 군대를 격퇴했다. 러시아는 남오세티야를 접수한 뒤 조지아로부터 독립시켰고, 독립을 외치던 또 다른 자치공화국 압하지야도 독립하게 된다. 해외에 있는 러시아 민족을 보호한다며 병력을 투입하는 논리는 이후 우크라이나전에서도 사용된다.

힘을 입증한 러시아는 옛 소련 국가들로 영향력을 넓혀간다. 2011년 11월 18일, 모스크바 크렘린궁에 모인 드미트리 메드베데프 러시아 대통령과 누르술탄 나자르바예프 카자흐스탄 대통령, 알렉산드르 루카셴코 벨라루스 대통령은 '유라시아 경제 통합에 관한 선언서'에 서명했다. 소련에 속했던 러시아와 카자흐스탄, 벨라루스를 중심으로 경제 통합을 이루고 이후 다른 소련 국가들을 끌어들여 유럽연합(EU)과 유사한 경제공동체로 발전시킨다는 내용이었다. 이어 아르메니아와 키르기스스탄이 참여했으며 유라시아 경제공동체는 2015년 유라시아 경제연합(EAEU)으로 재탄생한다.

EAEU는 정치, 경제, 군사, 문화를 통합하는 유럽연합(EU)과 같은 국가 연합을 추구한다. 서방에서는 구소련의 부활을 추진하는 것 아니냐고 우려한다. 가입 자격은 유럽과 아시아 모든 나라에 열려 있어 구소련 국가 외에도 몽골, 시리아, 이란 등이 가입을 추진하고 있다.

피할 수 없는 나토와의 영토 싸움

2004년 3월에 불가리아, 루마니아, 슬로바키아, 슬로베니아, 에스토니아, 라트비아, 리투아니아 등 7개국이 나토에 가입한다. 소련을 막기 위해 만들어진 나토에 옛 공산권 국가가 대거 가입한 것이다. 특히 발트 3국(에스토니아, 라트비아, 리투아니아)의 나토 가입은 러시아 입장에서는 받아들이기 어려운 일이었다. 옛 소련에서 함께 있던 국가이자 러시아와 국경을 맞대고 있는 나라였기 때문이다.

러시아는 소련 시절부터 서방과 직접 국경을 맞대는 것을 매우 꺼렸다. 그래서 폴란드를 시작으로 불가리아까지 이어지는 동유럽 동맹국들로 완충 지역을 만들었고, 북유럽에서는 핀란드를 사실상 식민지화해 서방과 바로 맞닥뜨리는 것을 피했다. 독일 통일 당시 소련을 설득할 수 있었던 것도 서방이 동유럽으로 세력을 확장하지 않기로 약속해서다.

2004년 동유럽 국가들이 대거 나토에 가입하면서 상황이 달라지기 시작했다. 2004년에 힘도 제대로 써보지 못했던 러시아는 2008년 4월 루마니아 부쿠레슈티의 나토 정상선언문을 보고 또다시 충격에 빠진다. 나토는 선언문을 통해 '조지아, 우크라이나 두 나라의 나토 가입 염원을 환영한다'라며 이 국가들의 가입을 본격적으로 논의하기 시작한 것이다. 두 나라 모두 옛 소련 국가이자 러시아와 국경을 마주한 나라다.

상황이 급해진 러시아는 2008년 조지아를 침공하며 나토 가입을 반드시 저지하겠다는 의지를 보여준다. 우크라이나에서는 친러시아 세력이 정권을 잡을 수 있도록 지원한다. 2013년 친러시아였던 빅토르 야누코비치 우크라이나 대통령이 유럽연합(EU)과의 무역 협정을 무기한 연기하면서 대규모 시위가 시작됐다. 바로 유로마이단 혁명이다. 대규모 시위에 야누코비치 정권이 무너지자 러시아는 다시 무력을 사용한다. 친러시아 세력이 다수였던 크림반도를 강제 합병하고 역시 친러시아 세력이 많은 우크라이나 동부 돈바스 지역의 분리 운동을 지원하며 우크라이나를 압박했다.

하지만 다시 친서방 정권이 들어선 우크라이나는 2019년 헌법에 나토 가입 추진을 명기했다. 이후 러시아는 2022년 2월 우크라이나를 전면 침공한다. 2008년 조지아 침공 때처럼 우크라이나 동부 도네츠크 공화국과 루한스크 공화국의 독립을 인정한 뒤 해외에 있는 러시아 민족을 지키겠다는 명분이었다. 러시아는 30여 년 전으로 시계를 돌려 본격적으로 서방과 군사적 대결에 접어들었다. 이제는 경제보다 정치가 더 중요해진 시대가 열렸다.

분열되는 유럽연합

2016년 6월 23일에 깜짝 놀랄 만한 뉴스가 전 세계에 전해졌다. 영국에서 진행된 브렉시트(Brexit) 국민투표에서 예상을 깨고 유럽연합(EU)에서 탈퇴하자는 브렉시트 찬성표가 더 많이 나온 것이다. 차이는 크지 않았다. 탈퇴를 선택한 찬성표는 51.9%, 잔류를 택한 반대표는 48.1%였다.

사실 투표 결과가 나오기 전까지만 해도 실제 브렉시트가 가능하다고 생각하는 사람은 많지 않았다. 대부분 유럽연합에 대한 영국 정부와 국민의 불만을 표출하는 대형 이벤트 정도로만 여겼다. 투표 후에도 브렉시트가 현실화할지 의문이 이어졌다. 실제 영국은 3차례나 브렉시트 단행을 연기했다. 하지만 2020년 12월 31일 오후 11시, 영국은 유럽연합과 완전히 이별했다.

팍스 유로피아나를 꿈꾸다

유럽연합은 유럽 전역을 아우르는 초국가적인 정치·사회·경제 연합체다. 유럽 외에도 여러 지역에서 이 같은 연합체를 추진했다. 동아시아, 북미, 중남미, 아프리카 등 여러 지역이 유럽연합을 본뜬 연합체를 꿈꿨지만, 유럽연합만큼 성공한 사례는 아직 나오지 않았다.

유럽연합의 출발점을 콕 집어서 이야기하는 건 쉽지 않다. 유럽연합은 오랜 시간에 걸쳐서 조금씩 쌓아 올린 체제다. 유럽연합의 모체는 1957년에 만들어진 유럽공동체(EC)다. 서유럽 지역을 중심으로 구성된 유럽공동체는 역내에서 관세를 철폐하고 통행의 자유를 보장했다. 1993년 유럽공동체가 시장 통합을 넘어 정치·경제적 통합체로 결합하기로 한 마스트리흐트 조약이 발표되고 유럽공동체에 참여하지 않던 국가까지 줄줄이 가입하면서 지금의 유럽연합이 완성됐다.

유럽연합의 성공 요인은 크게 2가지를 꼽을 수 있다. 우선 유럽연합 내에서 국경을 사실상 없앤 솅겐 조약이다. 솅겐 조약 덕분에 유럽연합 회원국 내에서는 자유로운 이동이 가능해졌다. 개별 국가의 국민이라는 정체성보다 유럽연합이라는 거대한 공동체의 일원이라는 정체성이 유럽 시민들 안에 자리 잡게 됐다.

유로화 도입을 통한 거시경제 통합도 빼놓을 수 없다. 유럽연합 회원국 간에는 경제적 격차가 크다. 독일이나 프랑스처럼 세계적인 경제 대국이 있는가 하면 그리스같이 경제 규모가 크지 않은 국가도 있다. 단일 화폐인 유로화는 이렇게 경제적 격차가 큰 국가들이 동등하게 유럽연합에 참여할 수 있는 계기가 됐다. 이동의 자유를 보장한 솅겐 조약과 경제 통합이 가능하게 해준 유로화 도입은 유럽연합을 사실상 거대한 하나의 나라가 되게 했고, 단단한 결속력을 만들었다.

1950년대 유럽공동체가 처음 출발했을 때만 해도 회원국은 서독, 프랑스, 이탈리아, 베네룩스 3개국 정도였다. 하지만 연합체가 안정기에 접어들고 계속 확장하면서 2022년 현재 27개국이 참여하고 있다. 유럽연합은 민주화나 경제 개혁의 수준에서 서유럽보다 떨어지는 남유럽, 동유럽 국가들에 유럽연합 가입을 대가로 민주화와 경제 개혁을 요구했다. 자연스럽게 팍스 유로피아나의 영역을 넓혀 온 것이다.

유로존 위기와 브렉시트

잘 나가기만 하던 유럽연합에 위기의 그림자가 드리운 건 2009년이다. 2008년 글로벌 금융위기의 여파가 유럽에 전해지면서 그리스를 시작으로 유로화를 쓰던 여러 국가(유로존)가 재정 위기에 빠졌다.

유로화를 쓰기 시작한 이후 그리스나 스페인 같은 남유럽 국가는 유로화라는 국제통화를 등에 업고 낮은 이자로 쉽게 돈을 빌릴 수 있었다. 통상 경제가 안 좋아 재정 건전성이 나빠진 나라는 환율도 불안해 국채 발행이 어렵고 돈을 빌려도 높은 금리를 감당해야 한다. 그러나 유로화라는 안정적인 통화를 쓰니 재정 상황이 좋지 않아도 돈을 쉽고 싸게 빌릴 수 있었고 재정 상황은 더 나빠졌다.

이런 상황에서 금융위기가 터지자 많은 빚을 지고 있던 남유럽 국가들은 재정 위기에 처하게 된다. 결국 2010년 그리스 정부는 유럽연합과 IMF에 구제금융을 요청했고, 그 대가로 강도 높은 개혁을 단행해야 했다. 이 과정에서 대규모 실업 사태가 발생했다. 극심한 경제 위기는 극우 정치 세력에 힘을 실어줬다. 이들은 유럽연합체제가 독일이나 프랑스와 같은 경제 대국에만 유리하다며 탈(脫)유럽연합을 주장하고 있다.

난민 사태도 유럽연합의 결속을 불안하게 만드는 요소다. 아랍의 봄 이후 중동과 북아프리카 지역에서 발생한 대규모 난민이 유럽연합으로 밀려들었다. 민족주의에 기반한 포퓰리즘 극우 세력은 난민 거부 정책과 함께 셍겐 조약이 난민 사태의 원인이라며 유럽연합 탈퇴를 주장하고 있다.

영국의 브렉시트도 이런 영향이 작용한 결과다. 유럽에 발을 들인 난민들은 유럽에서도 사회복지 정책이 잘되어 있는 영국으로 몰려들었고 반난민 정서를 키우게 했다. 유럽연합의 금융 감독 정책도 영국의 불만을 키웠다. 유럽연합은 금융위기와 재정위기를 겪으면서 금융 규제를 강화했다. 전체 경제에서 금융 비중이 큰 영국 입장에서는 이런 금융 규제 정책은 불만일 수밖에 없었다.

사실 영국과 유럽 대륙은 문화적 가치관도 크게 달랐다. 유럽연합에 속한 국가들이 유럽연합을 정치·사회 공동체로 보는 데 반해 영국은 유럽연합을 하나의 단일 시장 차원에서 바라봤다. 그런 영국 입장에서는 다른 나라에서 시작된 각종 위기와 난민 사태 등으로 영국이 져야 할 부담이 커지자 유럽연합에서 발을 빼는 게 낫다고 판단한 것이다.

우크라이나 사태로 드러난 동서 유럽의 갈등

우크라이나 사태도 유럽을 갈라놓고 있다. 우크라이나는 지리적으로 유럽연합과 러시아의 사이에 자리 잡고 있는데 정치적으로도 친러 세력과 친서방 세력으로 나뉘어 있었다.

정치적 갈등이 깊던 우크라이나는 2013년 유로 마이단 시위로 친러 세력이던 빅토르 야누코비치 대통령이 사임하자 친서방 정권이 들어설 것을 우려한 러시아가 2014년 2월 기습적으로 우크라이나 영토인 크림반도를 강제 병합했다. 우크라이나는 북대서양조약기구(나토)의 보호를 받기 위해 나토 가입을 서둘렀지만 러시아는 2022년 2월 우크라이나에 대한 전면적 침공에 나섰다.

우크라이나 사태는 유럽을 반러시아로 하나 되게 했지만, 동시에 동유럽과 서유럽 간의 갈등을 수면 위로 끌어올리는 계기가 됐다. 동유럽은 직접 전투에 참여하거나 더 강력한 제재가 필요하다고 했다. 우크라이나 사태가 다음에는 자신들이 될 수 있다는 우려 때문이다. 반면 서유럽은 러시아를 비난하면서도 확전되지 않는 것에 더 신경 썼다.

동유럽은 러시아에 대한 서유럽의 높은 에너지 의존도도 문제로 보고 있다. 2021년 기준, 유럽연합은 천연가스 수요의 40%를 러시아산에 의존하고 있다. 특히 독일의 러시아산 에너지 의존도는 55%에 달했다. 독일이 탈원전을 선언할 수 있었던 것도 러시아산 가스 덕분이었다. 러시아의 우크라이나 침공 이후 유럽연합은 황급히 러시아산 에너지 독립을 선언했지만 지켜질 수 있을지는 미지수다.

5장

통일 한국

통일 한반도는 기회의 땅이 될 수 있을까?

"제 인생에 가장 성공적인 투자는 1990년대 말 원자재였습니다. 그다음은 중국이라고 생각합니다. 그런데 그보다 더 큰 성공을 가져올 투자는 북한 투자입니다."

원자재, 중국, 그리고 북한까지, 어지간한 사람이 아니고서는 불가능해 보이는 투자 목록을 자랑하는 이 사람은 누굴까? 바로 '투자의 귀재'로 불리는 짐 로저스다. 로저스홀딩스 회장인 짐 로저스는 2015년 12월 한국에서 열린 '2016 대한민국 재테크박람회'에서 가장 성공적인 투자가 무엇이냐는 질문에 이렇게 답했다. 워런 버핏, 조지 소로스와 함께 세계 3대 투자가로 꼽히는 짐 로저스가 북한에 주목한 이유는 뭘까? 그는 2019년 1월, 한국의 한 TV 프로그램에 출연해 그 이유를 이렇게 밝혔다.

"한반도가 통일되고 개방되면 앞으로 20년간 한반도가 세상에서 가장 주목받는 지역이 될 것이다. 지금 북한은 1981년 중국의 덩샤오핑이 한 것과 같은 길을 가고 있다. 북한은 통일을 원하고 있고, 드디어 변화할 준비를 마쳤다."

김정은이라는 젊은 지도자를 맞이한 북한은 짐 로저스의 말대로 전에 없던 새로운 모습을 보여주고 있다. 여전히 북한은 세계에서 인권이 가장 열악한 국가이고 독재 정권인 것은 변함없지만, 경제적인 측면에서 보면 새로운 변화를 모색하는 것만은 분명하다. 김정은 북한 국무위원장은 이미 여러 차례에 걸쳐 도널드 트럼프 (당시) 미국 대통령을 만났고 문재인 (당시) 대통령과도 계속해서 대화하고 있었다. 문재인 대통령이 적극적으로 북한과의 관계 개선에 나서면서 어느 때보다 대북 경제 협력과 통일에 대한 가능성이 커진 것도 사실이다.

북한이 세계 외교 무대에 나서면서 베일에 싸여 있던 북한 사람들의 일상도 조금씩 공개되고 있다. 물론 북한에서도 잘사는 사람들만 모여 산다는 평양 정도만 공식적으로 공개되고 있지만, 이 정도에도 많은 사람이 놀라고 있다. 우리 생각보다 훨씬 개방적이고 자본주의적인 모습이 눈에 띄기 때문이다. 또 비공식적으로 알려지는 북한의 장마당 이야기는 이미 자본주의가 북한식으로 자리 잡기 시작했음을 알려주고 있다. 이 때문에 일각에서는 김정은 위원장이 변화를 시도하면서 북한 주민들의 삶이 달라진 것이 아니라 북한 주민들이 자본주의적인 삶에 익숙해지면서 김정은 위원장이 변화를 시도할 수밖에 없다는 분석을 내놓기도 한다. 전후 관계가 어떻든 간에 북한에서 일고 있는 변화는 북한을 넘어 한반도 전체에 큰 영향을 줄 것이다.

불과 몇 년 전까지만 해도 통일은 불가능한 일, 혹은 아주 먼 미래의 일로 여겨졌다. 하지만 이제는 통일의 가능성에 대해 진지하게 검토하고 그 충격에 대비해야 한다는 이야기들이 심심치 않게 나온다. 통일을 결정하는 건 정치적인 문제지만 통일을 준비하는 과정, 그리고 통일 이후에 나올 여러 문제는 경제와 관련된 내용이 더 많을 수밖에 없다.

가장 가까우면서도 가장 멀리 있는 이웃, 북한의 경제는 어떤 상황일까? 통일 한반도의 경제는 어떻게 될까? 통일은 우리의 일상에 어떤 변화를 가져올까?

북한에 뿌리내린 시장 경제

한 나라의 경제를 살피는데 가장 기본이 되는 것은 통계다. 북한도 마찬가지다. 북한은 폐쇄적인 독재 정권의 특성상 경제 통계가 정확하게 집계되지 않는다. 그런데도 한국은행, 유엔 통계국 등이 약간의 시차를 두고 북한의 경제 통계를 집계해 발표한다. 통계로 보이는 북한의 경제는 어떤 상황일까?

우선 모든 경제 활동의 기본이 되는 인구의 경우 북한은 한국의 절반 수준이다. 2017년 기준으로 북한 인구는 2,501만 4,000명이 었다. 한국의 인구는 5,144만 6,000명으로 북한의 두 배를 조금 웃돈다. 남북한을 합치면 7,646만 명으로 전 세계에서 20위에 해당한다. 적지 않은 규모다. 인구만 놓고 보면 '통일 대박'이라는 말이 맞을 것 같다. 하지만 실질적인 소득 수준을 따져보면 인구 규모는 무색해진다.

2017년 기준으로 북한의 국민총소득(명목 기준)은 36조 6,310억 원이었다. 한국은 1,730조 4,614억 원으로 한국이 북한보다 47배 많다. 1인당 국민총소득은 북한이 146만 원, 한국이 3,364만 원이다. 명목 기준 국내총생산(GDP)도 북한은 36조 3,818억 원으로 한국(1,567조 416억 원)의 43분의 1에 불과했다. 북한의 인구는 한국의 절반 수준이지만 경제 규모로 보면 30분의 1 혹은 40분의 1 정도에 그친다. 통일이 되더라도 북한의 인구가 소비 증가나 경제 활동에 당장 긍정적인 영향을 주기는 힘들 것으로 보이는 이유다. 영국의 싱크탱크인 경제경영연구소(CEBR)는 한국과 북한이 통일하면 통일 한국의 경제 규모가 2030년쯤에는 영국, 프랑스를 제치고 세계 6위에 오를 것으로 내다봤다. 하지만 단순히 덩치만 커질 뿐 한국과 북한 주민 간의 경제적인 격차를 해소하지 않으면 내실 있는 성장은 어려울 수밖에 없다.

　　전문가들은 북한의 경제 상황을 한국의 1970년대 수준으로 보고 있다. 같은 사회주의 국가인 중국이나 베트남, 라오스보다도 북한의 경제 수준은 현저히 낮다. 북한의 산업별 GDP 비중을 보면 농림어업(22.8%)이 서비스업(31.7%) 다음으로 크다. 한국이 서비스업(58.3%) 다음으로 제조업(30.4%)이 가장 큰 것을 고려하면 북한은 산업화가 제대로 이뤄지지 않은 상황이다. 각종 인프라 설비 규모를 보면 이런 상황을 더욱 분명하게 알 수 있다. 2017년 기준으로 북한의 발전 설비 용량은 7,721메가와트로 한국(11만 7,158메가와트)의 15분의 1에 불과하다. 실제 생산하는 전력량 차이는 더 크다.

해방 직후, 발전 설비 대부분이 북한에 몰려 있어서 서울을 비롯한 한국은 전력 공급 상황이 여의치 않았다. 하지만 불과 한 세기가 지나기 전에 정반대 상황이 됐다. 도로와 철도의 총연장 거리는 물론 질적인 면에서도 북한은 한국에 비교해 크게 떨어진다. 통일되더라도 당장 각종 인프라부터 깔아야 북한이라는 땅을 이용할 수 있는 상황이다. 적지 않은 시간이 필요한 것이다.

북한에 뿌리내리는 시장 자본주의

북한을 연구하는 전문가들은 이런 통계상의 수치만으로는 북한 경제를 파악하는 데에는 한계가 있다고 본다. 정확한 통계를 구하기 어려울뿐더러 숫자만으로는 북한 주민들의 상황을 알 수가 없기 때문이다.

실제 북한의 경제체제는 우리가 흔히 생각하는 것보다 복잡하다. 미국의 〈워싱턴포스트〉는 몇 년 전에 북한 평양의 모습이 미국 맨해튼을 닮았다며 '평해튼(Pyonghattan)'이라는 신조어를 만들어 보도했다. 이 기사가 묘사한 평양의 모습은 자본주의의 심장으로 불리는 맨해튼에 비유될 정도였다. 평양의 최고위급 부유층들은 피트니스센터에서 요가를 하고, 아이스 모카커피를 9달러에 사서 마신다. 소비 수준만 보면 한국은 물론이고 미국의 뉴요커 못지않은 모습이다. 심지어 100달러가 넘는 돈을 주고 쌍꺼풀 수술도 받는다.

북한은 공산주의 국가이기 때문에 평양에 사는 고위층이라고 해서 특별히 월급이 많지 않다. 그런데 이들 소수의 특권층이 엄청난 소비 수준을 과시할 수 있는 이유가 뭘까? 바로 '돈주'라는 신흥 상인 계층이 지난 20년 사이 북한 사회에서 큰 목소리를 내기 시작했기 때문이다. 북한은 1994년까지는 철저하게 시장 경제를 통제했다. 하지만 1990년대 중후반 자연 재해와 국제적인 고립 탓에 극도로 어려움을 겪으면서 배급제가 폐지되고 북한 주민들이 각자도생에 나서게 됐다. 자연스럽게 시장 경제가 자리 잡게 된 것이다. 이른바 '장마당'으로 불리는 북한의 시장은 전국적으로 퍼졌고 북한 경제의 중추 역할을 하고 있다. 함경북도 청진에는 축구장 3개를 합친 정도의 장마당이 있는데 여기에서만 1년에 85만 달러 정도의 세금이 걷히는 걸로 북한 전문가들은 보고 있다. 현재 북한에서 운영 중인 장마당은 400개가 넘는다. 10년 전보다 두 배 이상 증가했다.

우리의 시장 같은 장마당이 성행하면서 자연스럽게 돈주가 나타났다. 돈주는 한국의 사채업자와 비슷한 개념인데, 은행이 없는 북한의 특성상 민간 금융기관 역할까지 맡고 있다. 돈주는 장마당뿐 아니라 북한 정부가 추진하는 다양한 사업에 돈을 대면서 세를 키웠다. 이들이 바로 평해튼에서 한국이나 미국 못지않은 소비력을 과시하는 북한의 신흥 세력이다. 일각에서는 김정은 국무위원장도 이들 신흥 세력을 무시할 수 없기 때문에 북한의 개방은 자연스러운 수순이라고 전망한다.

북한의 돈주는 한국의 재벌처럼 소수에 국한되어 있지만, 북한의 평범한 주민들 사이에서도 시장 경제의 흔적은 쉽게 찾아볼 수 있다. 영국 주간지 〈이코노미스트〉의 한국 특파원을 지낸 다니엘 튜더와 제임스 피어슨은 북한의 자본주의를 분석한 책에서 뇌물에 기반을 둔 개인 사업이나 음주·가무와 같은 여가 생활은 이제 북한에서 어렵지 않게 찾아볼 수 있는 평범한 일상이라고 전하기도 했다. 한국 입장에서는 이런 변화가 향후 통일을 바라볼 때 나쁘지 않은 신호다. 많은 탈북자가 한국에 와서 시장 경제의 개념을 이해하고 적응하는데 어려움을 호소하고 있지만, 북한에서 시장 경제가 확산한다면 통일 이후 남북한의 격차를 좁히는 데 도움이 될 수 있기 때문이다.

통일 선배 독일은 어떤 길을 걸었나?

독일은 한반도 통일을 이야기할 때 빠지지 않고 등장하는 '모범 사례'다. 많은 사람이 독일에서 이념으로 갈라진 나라를 하나로 합친 경험을 배워야 한다고 말한다. 박근혜 전 대통령이 '통일 대박론'을 외치며 찾은 곳도 독일의 드레스덴이었다. 그렇다면 모범사례로 불리는 독일 경제는 통일을 전후로 어떤 변화를 겪었을까?

통일 독일의 첫 총리였던 헬무트 콜은 "통일 후 2년 안에 모든 독일 땅에 꽃을 피우겠다"라고 말했다. 그는 통일 비용을 마련하기 위해 국민들에게 별도로 세금을 걷을 필요도 없다고 했다. 그야말로 낙관적인 전망이었다. 하지만 모든 독일 땅에 꽃을 피우겠다던 약속은 2년은커녕 30년 가까운 시간이 흐른 지금까지도 제대로 지켜지지 않고 있다.

독일은 1990년 10월 3일에 통일됐다. 독일의 통일은 낙관적인 전망 속에 이뤄졌지만 사실 서독과 동독, 어느 쪽도 제대로 준비된 곳은 없었다. 베를린을 동서로 나누고 있던 장벽이 무너지면서 갑작스럽게 통일이 진행됐고, 준비 없는 통일은 양쪽 모두에게 큰 상처를 남겼다.

독일은 통일 이후 매년 1,000억 유로(약 150조 원)를 옛 동독에 지원했다. 이른바 통일 비용이다. 한국의 연간 예산 절반에 가까울 정도로 많은 돈이 동독에 투입됐다. 그렇다고 이 비용이 동독의 경제를 재건하고 사회간접자본(SOC)을 세우는 데 들어간 것도 아니었다. 절반 이상의 비용이 동독 주민의 소득을 보전하고 복지 혜택을 제공하는 데 투입됐다.

통일 당시 서독과 동독 간 경제적 격차는 상당했다. 1991년 서독의 GDP(명목 기준)는 1조 3,620억 유로였지만 동독은 1,060억 유로였다. 통일 직후인 1992년의 자료를 보더라도 동독의 1인당 국민총생산(GNP)은 서독의 38.9%에 불과했다. 노동 생산성도 서독이 100일 때 동독은 43.5에 그쳤다.

서독보다 한참 뒤처져 있던 동독 국민의 소득을 보전하는 데 많은 돈이 들어가다 보니 독일 경제 전체가 한동안 정체될 수밖에 없었다. 1991년 서독의 경제 성장률은 5%였는데 동독은 마이너스 18.7%였다. 두 지역을 합친 통일 독일의 GDP 성장률은 2.8%였다. 이후 동독의 성장률은 빠르게 회복했지만, 서독은 오히려 급락했다. 1993년에는 서독의 GDP 성장률이 마이너스 2.1%를 기록하며 독일 전체 경제 성장률도 마이너스 1.2%를 기록했다.

상황이 이렇다 보니 헬무트 콜 전 총리의 호언장담에도 불구하고 통일 독일 국민들은 적지 않은 세금을 내야 했다. 통일 비용을 부담하기 위한 세금은 크게 3가지였다.

우선 독일 정부는 1991년 7월에 통일연대세를 만들었다. 통일연대세는 소득세와 법인세의 7.5%를 추가로 부담하게 한 세금이다. 통일연대세는 1992년 6월에 폐지됐다가 1998년에 다시 도입됐다. 독일 정부는 간접세도 올렸다. 부가가치세율을 14%에서 19%로 높이고 유류세, 연초세도 함께 올렸다. 사회보험료 부담도 덩달아 높아졌다. 실업 보험료가 2.5%에서 6.5%로 오르고, 연금 보험료는 17.7%에서 20.3%로 각각 올랐다.

매년 150조 원 쏟아 부어도 좁혀지지 않는 동서 격차

통일 독일이 직면한 문제는 단순히 많은 돈을 썼다는 데 있지 않다. 그보다는 많은 돈을 썼는데도 성과가 신통치 않았다는 것이 문제였다. 동독의 인구가 유출되고 대기업이 해체되면서 아무리 정부가 많은 돈을 쏟아부어도 동독과 서독 간의 격차가 줄어들지 않았다. 통일 이후 서독의 실업률은 한 자릿수를 유지했지만, 동독의 실업률은 10~18% 수준을 보였다.

동독의 주민들이 서독으로 빠져나온 데에는 독일 정부의 정책적인 실책도 영향이 있었다. 독일 정부는 통일하면서 동독과 서독의 화폐를 '1대 1' 비율로 통합했다. 당시 4.4대 1인 실효 환율을 무시한 것이다. 동독 기업들 입장에서는 화폐 가치가 갑자기 올라가게 됐고, 그 결과는 치명적이었다. 당장 가격 경쟁력을 잃었고 임금이 뛰면서 기업을 유지하기 어렵게 됐다. 일자리가 사라지고 물가도 빠르게 오르자 결국 동독 주민들은 서독으로 향할 수밖에 없었다.

다행히 2000년대 들어 동독에 외국인 투자가 늘고 제조업 생산 기지 역할을 하게 되면서 통일 독일의 경제도 비로소 안정을 찾아갔다. 통일을 통해 확보한 거대한 내수 시장과 많은 인구도 독일이 유럽 1위의 경제 대국에 오르는 데 큰 힘이 됐다. 동독의 1인당 GDP도 연평균 5% 이상 빠르게 증가했다.

그렇다고 독일이 통일의 후유증을 모두 떨쳐낸 건 아니다. 여전히 동서 간의 격차는 적지 않다. 그리고 이 격차가 독일의 사회 불안을 야기하는 요인이 되고 있다. 동독의 1인당 GDP는 여전히 서독의 73% 수준에 그친다. 실업률도 8% 수준으로 독일 평균의 두 배에 달한다.

이렇다 보니 동독 주민들은 통일 이후 현재 상황에 대해 불만이 많다. 통일 이전으로 돌아가고 싶어 하는 주민도 많다. 동독 주민의 절반 이상이 통일 이후 삶이 행복하지 않다고 대답하는 등 실질적인 사회 통합은 여전히 갈 길이 멀다. 독일의 극우 정당인 '독일을 위한 대안당(AfD)'은 반난민·반이슬람 노선을 내세우며 2017년 총선에서 12.6%의 득표율로 94석을 획득해 제3당에 올랐다. 특히 AfD는 과거 동독에서 20~40%의 높은 득표율을 올렸다.

이대론 답 없는 한국의 미래, 통일이 돌파구?

2019년 3월, 〈장래 인구 특별추계(2017~2067년)〉라는 제목의 보고서가 한국 사회에 깊은 충격을 줬다(통계청 발표). 이 보고서는 한국 총인구가 2028년에 정점을 찍고 감소하기 시작할 것이라는 내용을 담고 있었다. 인구가 줄면 경제 성장이 멈추고 사회는 급속하게 고령화된다.

문제는 이 보고서가 당시에 '장밋빛 미래'를 담고 있었다는 것이다. 연구진은 보고서를 작성하면서 한국의 합계 출산율이 1.27명을 유지하고 이민자를 적극적으로 받아들이는 상황을 가정했다.

그로부터 3년이 지난 2022년 3월, 통계청은 한국의 2021년 합계 출산율이 0.81명으로 역대 최저치를 기록했다고 발표했다. 한국의 총인구는 2021년 5,174만 5,000명으로 이미 2020년(5,183만 6,000명) 때보다 감소했다. 인구 감소가 시작된 것이다.

인구 감소 쓰나미 덮친 한국 사회

2009년에만 해도 한국은 인구 감소를 걱정할 필요가 없어 보였다. 2009년 신생아 수는 44만 4,000명으로 사망자 수(24만 7,000명)보다 19만 7,000명이나 많았다. 하지만 저출산과 고령화 현상이 동시에 가파르게 나타나면서 인구 감소에 대한 우려가 현실로 다가왔다. 통계청에 따르면, 2021년 합계 출산율은 0.81명으로 역대 최

[총인구(위) 및 중위연령(아래) 추이]

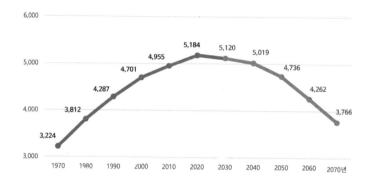

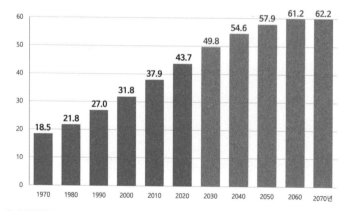

- 주: 총인구 단위는 만 명, 중위연령 단위는 세
- 자료: 통계청

저치를 기록했다. '합계 출산율'이란, 여성 1명이 평생 낳을 것으로 예상되는 평균 출생아 수를 말한다.

한국 사회는 저출산과 고령화 현상이 전 세계 주요국 가운데 가장 심각하게 나타나는 국가 중 하나다. OECD 38개 회원국의 평균 합계 출산율은 1.61명이다. 한국은 OECD 평균의 절반 수준이고 부동의 꼴찌다. OECD 회원국 중 유일하게 합계 출산율이 0명대다.

고령화 속도도 빠르다. 65세 이상 고령 인구는 2020년 815만 명에서 2024년 1,000만 명을 넘고, 2049년에는 1,900만 명을 넘길 것으로 보인다. 전체 인구에서 노인이 차지하는 비중은 2025년에 20%, 2035년에 30%, 2050년에 40%를 넘을 전망이다. 전국 인구를 나이순으로 줄 세웠을 때 정중앙에 있는 사람의 나이를 뜻하는 중위연령은 2020년에 43.7세였는데 2070년에는 62.2세가 될 것으로 보인다. 2070년에는 60대나 돼야 중년으로 불린다는 의미다.

인구 감소는 사회의 존폐를 결정할 문제

인구 감소는 한 국가와 사회의 존폐를 결정할 수 있는 심각한 문제다. 경제 성장에 영향을 미치는 요인을 꼽으면 결국 둘로 나뉜다. 자본과 노동이다. 생산성을 제외하면 자본과 노동의 투입량에 따라 한 사회의 경제 성장이 결정된다. 여기서 노동을 결정하는 가장 큰 요인이 생산 가능 인구(15~64세)다. 생산 연령대의 인구가 감소하면 당연히 노동력도 줄 수밖에 없고 경제 성장에 부정적이다.

한국의 경제 성장이 더뎌지는 가장 큰 원인 중 하나도 인구 감소다. 글로벌 컨설팅회사인 딜로이트는 2017년에 발표한 보고서에서 향후 10년간 한국의 경제 규모가 9.8% 감소할 것으로 예측했다. 이런 비관적인 예측의 근거도 인구 구조 변화였다.

인구 감소는 국민 한 사람, 한 사람의 삶과 생활에 지대한 영향을 끼친다. 가장 큰 변화는 세금과 각종 사회보험료 등 준조세의 부담이 늘어난다는 점이다. 2017년에만 해도 한국의 부양비(생산 가능 인구 100명당 비생산 가능 인구수)는 36.7명으로 주요 선진국 가운데 가장 낮은 편이었다. 그런데 2065년에는 117.8명으로 전 세계에서 가장 높은 국가가 될 전망이다. 부양비가 높으면 당연히 세금, 국민연금, 건강보험 같은 준조세 부담이 늘어나게 된다.

한국 정부는 인구 정책 태스크 포스(TF)를 만들고 저출산·고령화 대책 마련에 부산하지만 이렇다 할 해결책은 찾지 못하고 있다. 청년 세대가 결혼과 출산 자체를 꺼리는 데에는 주거 부담과 일자리 부족이 결정석이다. 근본적인 문제 해결 없이 내놓는 저출산 대책은 헛발질에 그치기 마련이다. 한국 정부는 정권이 바뀔 때마다 저출산·고령화 대책을 내놨지만 뚜렷한 성과를 거둔 적은 없다. 2006년에는 '저출산·고령화 사회 기본 계획'이 만들어져 13년 동안 126조 원의 예산을 투입됐지만 인구 감소를 막지 못했다.

통일이 저출산과 고령화 만병통치약이 될까?

통일에 대한 2030세대의 관심은 이전 세대와 비교해 부정적이다. 그 이유 중에는 막대한 통일 비용이 든다는 점도 있다. 예상 통일 비용은 연구기관마다 차이가 있지만 적게는 수백조 원에서 많게는 수천조 원에 달한다. 통일 비용이 천차만별인 건 통일 방식, 북한의 경제 수준, 통일 시점 등 너무나 많은 변수가 존재하기 때문이다.

예컨대 과거 독일이 통일했던 것처럼 한국과 북한이 하루아침에 통일하게 되는 경우를 가정하기도 하는데 이렇게 되면 경제 수준과 생활 방식이 전혀 다른 두 사회를 통합해야 해 많게는 수천조 원이 필요할 것으로 계산된다. 그래서 통일을 대비해 국가 채무 비율을 더 낮게 유지해야 한다는 목소리가 나오기도 한다.

이명박 정부에서는 통일세가 논의되기도 했다. 문화체육관광부가 2018년에 실시한 남북관계에 대한 인식 여론 조사 결과에 따르면, 응답자의 47.1%가 통일세를 부담하겠다고 답했다. 통일세를 부담할 경우 통일세의 적정 규모로는 '1~2만 원 미만'을 택한 응답자가 26.2%로 가장 많았다.

실제 통일 비용의 상당 부분은 세금을 더 걷어서 정부 재정을 투입하는 방식보다는 민간의 투자로 이뤄질 가능성이 크다. 아시아개발은행(ADB), 아시아인프라투자은행(AIIB) 같은 글로벌 개발은행이나 산업은행, 수출입은행 등 국내 정책금융기관이 마중물을 댈 것으로 보인다. 금융기관의 마중물을 활용해 전 세계 민간 기업이 북한의 인프라 건설 프로젝트에 투자하는 방식이다. 금융위원회가 2014년에 통일 비용을 추산하면서 낸 보고서에 따르면, 5,000억 달러의 통일 비용 중 2,500~3,000억 달러는 정책금융기관이 담당하고 국내외 민간투자자금이 1,072~1,865억 달러를 담당할 것으로 예상했다.

통일 비용에 대한 부담이 크지만 많은 전문가가 통일의 이점도 그에 못지않다고 지적한다. 일단은 분단 비용의 해소다. 분단 비용은 지금 같은 분단 상황이 계속되면서 발생하는 기회 비용을 말한다. 직접적인 군사 비용뿐 아니라 분단으로 인해 한국 기업이나 주식 시장이 제 가치를 인정받지 못하는 일명 '코리아 디스카운트'도 분단 비용에 포함될 수 있다. 정세현 전 통일부 장관은 2019년 초 한 방송에서 통일 비용이 한국 GDP의 6~6.9%, 분단 비용은 한국 GDP의 4~4.3% 정도라고 설명했다.

통일이 저출산과 고령화 같은 고질적인 한국 사회의 문제점을 해결하는 계기가 될 수 있다는 시선도 있다. 한국 경제는 새로운 성장 동력을 찾지 못한 상황이고 내수 시장도 작다. 여기에다 인구 감소의 파도까지 덮친 형국이다. 북한은 총인구가 2,600만 명 수준이다. 이민자에 보수적인 한국 사회의 특성상 통일이 되면 많은 북한 주민이 경제 활동 인구로 편입될 수 있다. 북한의 합계 출산율은 1.9명으로 전 세계 평균(2.4명)보다는 낮지만 한국보다는 2배 이상 높다.

북한의 풍부한 지하자원도 도움이 될 전망이다. 북한에 매장된 지하자원의 잠재적인 가치는 6조 달러에 육박하는 것으로 알려져 있다. 석탄, 마그네사이트, 철광석 등이 적지 않게 매장돼 있다. 마그네사이트는 한국에는 없어서 100% 수입하는 광물이다.

그렇다고 무조건 '통일이 대박'이라고 외칠 건 아니다. 통일의 혜택은 장기간에 걸쳐 천천히 나타나지만 그 고통은 즉각 나타날 가능성이 크다. 가뜩이나 실업 등으로 어려움을 겪고 있는 청년 세대 입장에서 통일은 새로운 일자리를 늘리기보다는 경제적인 부담과 사회적인 혼란을 늘리는 계기가 될 수 있다. 아직 다가오지 않은 통일을 얼마나 충실히 준비하고, 통일이 닥쳤을 때 얼마나 유연하게 대처하는지에 따라 '통일 대박'이 될 수도 있고 '통일 쪽박'이 될 수도 있다.

돈의 감각을 길러주는
경제 지식 첫걸음

2022년 7월 13일 개정판 1쇄 발행
2023년 7월 19일 개정판 2쇄 발행

지은이 | 박의래, 이종현
펴낸이 | 이종춘
펴낸곳 | (주)첨단

주소 | 서울시 마포구 양화로 127 (서교동) 첨단빌딩 3층
전화 | 02-338-9151
팩스 | 02-338-9155
인터넷 홈페이지 | www.goldenowl.co.kr
출판등록 | 2000년 2월 15일 제2000-000035호

본부장 | 홍종훈
편집 | 전용준, 홍종훈
전략마케팅 | 구본철, 차정욱, 오영일, 나진호, 강호묵
제작 | 김유석
경영지원 | 이금선, 최미숙

ISBN 978-89-6030-602-8   13320

황금부엉이에서 출간하고 싶은 원고가 있으신가요? 생각해보신 책의 제목(가제), 내용에 대한 소개, 간단한 자기소개, 연락처를 book@goldenowl.co.kr 메일로 보내주세요. 집필하신 원고가 있다면 원고의 일부 또는 전체를 함께 보내주시면 더욱 좋습니다. 책의 집필이 아닌 기획안을 제안해주셔도 좋습니다. 보내주신 분이 저 자신이라는 마음으로 정성을 다해 검토하겠습니다.